供应链质量管理

陈　静　张小栓　著

中国财富出版社

图书在版编目（CIP）数据

供应链质量管理 / 陈静，张小栓著 . —北京：中国财富出版社，2024.3
ISBN 978 - 7 - 5047 - 6778 - 3

Ⅰ.①供… Ⅱ.①陈… ②张… Ⅲ.①供应链管理—质量管理—研究 Ⅳ.①F252.1

中国版本图书馆 CIP 数据核字（2018）第 240013 号

策划编辑	郑欣怡	**责任编辑**	赵雅馨	**版权编辑**	李 洋
责任印制	尚立业	**责任校对**	孙丽丽	**责任发行**	敬 东

出版发行	中国财富出版社			
社　　址	北京市丰台区南四环西路 188 号 5 区 20 楼	**邮政编码**	100070	
电　　话	010 - 52227588 转 2098（发行部）	010 - 52227588 转 321（总编室）		
	010 - 52227566（24 小时读者服务）	010 - 52227588 转 305（质检部）		
网　　址	http://www.cfpress.com.cn	**排　版**	义春秋	
经　　销	新华书店	**印　刷**	北京九州迅驰传媒文化有限公司	
书　　号	ISBN 978 - 7 - 5047 - 6778 - 3/F · 2945			
开　　本	710mm×1000mm　1/16	**版　次**	2024 年 3 月第 1 版	
印　　张	16.5	**印　次**	2024 年 3 月第 1 次印刷	
字　　数	314 千字	**定　价**	68.00 元	

前　言

随着经济全球化的发展，供应链的发展理念已经得到了全球企业的认可，尤其是制造业领域，如汽车、电子、服装等，供应链已经成为企业核心竞争力的一个非常重要的环节，一个企业如果拥有一个完整、高效、经济的供应链体系，不仅对企业自身的发展有利，而且对整个供应链都有非常重要的意义。供应链在发展过程中需要对其质量进行控制，无序的供应链和低质的供应链不仅会浪费大量的企业资源，而且会对整个供应链上的企业产生不良影响，因此，供应链质量管理方面知识的学习与应用显得尤为重要。为了使读者能够更好地了解和学习供应链质量管理的精髓，本书将供应链理念和质量管理体系融会贯通，将质量管理的思维与供应链的发展相结合。

本书共分为 9 个章节，第 1 章为供应链管理概述，主要介绍了供应链、供应链管理、供应链管理的目标和关注点；第 2 章为供应链质量管理理论，主要介绍了质量管理、供应链质量管理内容、供应链质量管理系统及供应链质量管理的发展；第 3 章为供应链质量模型与方法，主要介绍了预测和需求建模、需求建模方法、多目标决策、供应链质量管理博弈模型等；第 4 章为供应链质量管理工具及方法，主要介绍了六西格玛管理、全面质量管理（TQM）、大数据分析在供应链质量管理中的应用以及供应链质量管理方法；第 5 章为供应链质量控制，主要介绍了供应链质量控制的概念、对象、策略，供应链质量风险管理及其他相关控制研究；第 6 章为供应链质量协调，主要介绍了供应链协调理论、供应链协调机制研究、供应链契约协调理论及供应链质量协调研究等；第 7 章为供应链质量绩效管理，主要介绍了供应链绩效的概念、供应链绩效管理、供应链质量绩效管理及BSC 与 KPI 整合供应链质量绩效管理等；第 8 章为物流质量管理，主要介绍了物流质量、物流质量管理、物流全面质量管理、物流质量管理体系等；第 9 章为电子商务供应链质量管理，主要介绍了电子商务质量管理、电子商务供应链管理、电子商务环境下供应链质量控制等内容。

本书的内容在相关研究基础上做了更新与发展，希望通过本书对相关内容的介绍，能有助于供应链质量管理的研究发展。书中部分内容参考了有关单位和个人的研究成果，均已在参考文献中列出，并在此表示感谢。如果由于个人的疏忽遗漏了引用资料的出处，在此向各位专家、学者表示万分的歉意。

供应链质量管理的发展推动供应链的发展，供应链的发展也在推动供应链质量管理的更新与发展，在经济全球化的发展中，供应链质量管理的发展也面临着机遇与挑战，需要更多的学者和同行共同努力，一起推动供应链质量管理的发展，促进我国供应链的健康发展。书中难免有不足之处，恳请同行及读者不吝赐教，以便在今后的修订中不断改进和完善。

作　者

2022 年 6 月

目　录

1 供应链管理概述

1.1 供应链的概念

1.1.1 供应链定义

供应链（Supply Chain）的概念出现在 20 世纪 80 年代左右，直到现在也没有形成统一的定义。供应链是一个开放性的概念，其内涵和外延随着经济技术水平和相关研究的不断发展而不断深化和拓展。一般认为，供应链的理论源头是现代管理学之父彼得·德鲁克（Peter Drucker）提出的"经济链"，而后经由美国哈佛大学商学院教授迈克尔·波特（Michael Porter）发展成为"价值链"，最终演变为"供应链"。《中华人民共和国国家标准：物流术语（GB/T 18354—2021）》把供应链定义为"生产及流通过程中，围绕核心企业的核心产品或服务，由所涉及的原材料供应商、制造商、分销商、零售商直到最终用户所形成的网链结构"。

中国学者马士华对供应链的概念进行了细化的描述：供应链是围绕核心企业，通过对信息流、物流、资金流的控制，从采购原材料开始，制成中间产品以及最终产品，最后由销售网络把产品送到消费者手中的，将供应商、制造商、分销商、零售商直到最终用户连成一个整体的功能网链结构模式。它是一个范围更广的企业结构模式，包含所有加盟的节点企业，从原材料的供应开始，经过供应链中不同企业的制造加工、组装、分销等过程直到最终用户。它不仅是一条连接供应商到用户的物料链、信息链、资金链，而且是一条增值链。物料在供应链上因加工、包装、运输等过程而增加其价值，给相关企业带来利润。

清华大学兰博雄教授认为：所谓的供应链，就是原材料供应商、生产商、分销商、运输商等一系列企业组成的价值增值链，原材料及零部件通过链上的各个环节（企业），经过一道道工序，形成了最终的产品，在此过程中产品随着不断地完善而增值，最终交到用户手中，这一轨迹形成了一个完整的供应链。

全球供应链论坛将供应链定义为：为消费者带来有价值的产品、服务以及信息，从源头供应商到最终消费者的集成业务流程。

供应链协会（SCC）将供应链定义为：供应链是涵盖从供应商的供应商到消费者的消费者，自生产至制成品交货的各种工作。供应链协会从计划、采购、生产、销售这四个基本过程定义了这些活动，主要内容包括管理供应和市场需求、采购原材料和半成品、制造和装配、管理库存、跟踪和管理订单、建立分销渠道以及配送货物等。

哈理森（Harrison）将供应链定义为：供应链是采购原材料，将它们转换为中间产品和成品，并且将成品销售到用户的功能网链。

美国学者史蒂文斯（Stevens）认为：通过增值过程和分销渠道控制从供应商的供应商到用户的用户的流程就是供应链，它开始于供应的源点，结束于消费的终点。因此，供应链就是通过计划（Plan）、获得（Obtain）、存储（Store）、分销（Distribute）、服务（Serve）等活动而在顾客和供应商之间形成的一种衔接（Interface），从而使企业满足内外部顾客的需求。

D. Thomas（托马斯）和 P. Girfif（格菲福）提出协调供应链的理论，即通过买卖双方、产销双方、库存与销售的相互关系，主张各合作公司之间一致"协调对外"，以便对顾客需求产生快速反应，使各成员保持竞争优势，获取更大利润。

从上述专家、学者的研究我们可以总结出供应链的概念，即它是围绕核心企业，上游连接供应商或供应商的供应商，下游连接用户或用户的用户，通过信息流、物流、资金流、商流的控制和流动，从采购原材料运至核心企业，通过生产加工制成中间产品或最终产品，再由核心企业通过销售网络及物流运输将产品送到用户的指定地点，从原材料到产成品送至终点形成的轨迹构成的一条完整的链条；在这个链条上存在很多节点，这些节点分别由供应商（甚至供应商的供应商）、制造商、分销商、零售商直至最终用户构成，整条链条上的各个节点都非常重要，各节点之间建立良好的战略合作伙伴关系，有利于核心企业与重要的供应商和用户更好地开展合作，一旦其中某一环节出现问题，接下来的几个节点会随之将问题演变得越来越大，最终导致整条链条的断裂或堵塞。

1.1.2　供应链的特点

供应链由所有加盟的节点企业组成，其中一般有一个核心节点，各节点在需求信息的驱动下，通过供应链的职能分工与合作实现整个供应链的不断增值。供应链主要具有复杂性、动态性、面向用户需求、交叉性和虚拟性等特征。

1. 复杂性

供应链往往由多个不同性质、规模和类型的节点企业组成，因此供应链的结构模式呈现出复杂性。

2. 动态性

供应链中的企业都是从众多企业中筛选出来的合作伙伴，合作关系既是非固定式的，也是在动态中调整的。为适应市场变化和企业的发展战略，供应链的节点企业需要随时更新，从而使供应链呈现明显的动态性。

3. 面向用户需求

供应链的形成、存在、重构，都是基于一定的市场需求而发生的，并且在供应链的运作过程中，用户需求是拉动供应链中信息流、物流和资金流运作的驱动源。

4. 交叉性

整个供应链系统中通常包括很多的供应商，不但存在供应商到多个客户的链，也存在供应商到供应商的链，甚至是"客户到客户"的链。"链"被"网"所替代，这些链条交会在一起形成了网络或网链结构。同时，节点企业既可以是这个供应链的成员，同时也可以是另一个供应链的成员，众多不同的供应链之间形成了交叉结构，增加了协调管理的难度。

5. 虚拟性

供应链的虚拟性主要表现为它是一个协作组织，而并不一定是一个集团企业或托拉斯企业。这种协作组织的方式组合在一起，依靠的是信息网络的支撑和相互信任，为了共同的利益，强强联合，优势互补，协调运转。由于供应链需要永远保持高度竞争力，所以组织内的吐故纳新、优胜劣汰是必然的。供应链犹如一个虚拟的强势企业群体，在不断地整合优化。

1.1.3 供应链的分类

1. 根据网状结构划分

（1）"V"形供应链。这种供应链的主要特征是生产中间产品的企业往往客户多于供应商，如图 1-1 所示。

（2）"A"形供应链。这种供应链的主要特征是企业的客户少于供应商，如图 1-2 所示。

（3）"T"形供应链。该供应链是介于"V"形和"A"形供应链之间的一种，如图 1-3 所示。

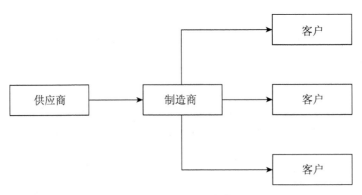

图 1-1 "V" 形供应链

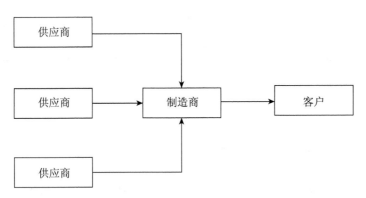

图 1-2 "A" 形供应链

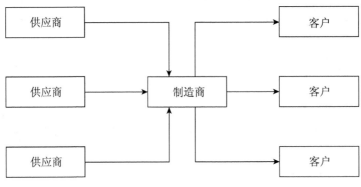

图 1-3 "T" 形供应链

2. 根据供应链中驱动生产的原因划分

根据供应链中驱动生产的原因划分，可将供应链分为推动型供应链、拉动型供应链及混合型供应链。

（1）推动型供应链。

根据长期预测进行生产决策的供应链称为推动型供应链，如图 1-4 所示。一般来说，制造商利用从分销商、零售商仓库接到的订单来预测顾客需求并进行生产。

因此，推动型供应链对变化市场做出反应需要更长的时间，可能导致以下几种情况发生。

①没有能力满足变化的需求；

②某些产品的需求消失时，供应链库存可能会过时；

③紧急生产转换时会引起运输成本的增加、库存水平的提高和制造成本的增加。

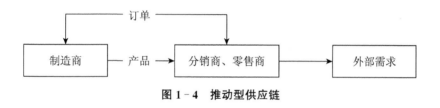

图 1-4　推动型供应链

（2）拉动型供应链。

在拉动型供应链中（见图 1-5），生产是由需求驱动的，因此生产根据实际顾客需求而不是预测需求进行协调，这使拉动型供应链具有以下优点。

①可以更好地预测零售商的订单，缩短提前期；

②提前期缩短可以让零售商减少库存；

③提前期缩短还可以减少系统的变动性，这对制造商尤其重要，变动性减少，生产准确性就会提高，库存也会降低。

因此，在拉动型供应链中，库存水平会明显下降，而资源管理能力则明显加强。与相应的推动型供应链相比，成本会降低。

但是，由于外部需求变化很快，要准确地按需求进行生产，就必须及时掌握外部的需求变化。所以要使拉动型供应链真正发挥优势，就必须引入快速信息流机制，从而把顾客需求信息〔例如销售点数据（POS）〕传送给制造机构。此外，当提前期很长时，导致无法切合实际地对需求信息做出反应时，拉动型系统就很难实施。同样，在拉动型系统中，更难以利用制造和运输的规模经济，因为系统并不是提前很多时间进行计划安排。

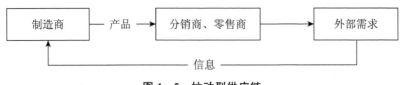

图 1-5 拉动型供应链

（3）混合型供应链。

大部分的供应链并不是单一的推动型或者拉动型，而是两者兼而有之。推动型系统只适合其中的某一段，而拉动型系统又适合整个链中的其余段，所以整个供应链是混合型的，如图 1-6 所示。两种系统优势互补、取长补短，使整个供应链的运作更加顺畅。

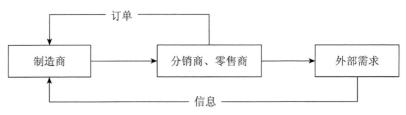

图 1-6 混合型供应链

3. 内部供应链和外部供应链

内部供应链是指一个企业内部的设计部门、采购部门、制造部门和销售部门等组成的相互关联的网络，相当于整条供应链的一个节点企业。外部供应链是指除了本身以外，同企业相关联的原材料供应商、制造商、运输商、批发商、零售商和最终客户组成的一个复杂的供需网络。二者构成了整条供应链系统，内部供应链只是外部供应链的一部分，外部供应链涉及很多的节点企业，管理也比内部供应链复杂很多。

4. 稳定的供应链和动态的供应链

根据供应链存在的稳定性，可将供应链分为稳定的供应链和动态的供应链。基于相对稳定、单一的市场需求而组成的供应链，稳定性较强，称为稳定的供应链；而基于相对频繁变化、复杂的需求而组成的供应链，动态性较强，称为动态的供应链。在实际管理运作中，我们需要根据不断变化的需求，相应地改变供应链的组成。

5. 有效性供应链和反应性供应链

根据供应链的功能模式可以把供应链划分为两种：有效性供应链和反应性供应链。有效性供应链主要体现供应链的物理功能，即以最低的成本将原材料转化成零部件、半成品和成品，以及在供应链中的运输等；反应性供应链主要体现供应链市场中介的功能，以及把产品分配到满足用户需求的市场，对未预知的需求做出快速反应等。

6. 平衡的供应链和倾斜的供应链

根据供应链容量与用户需求的关系，可以将其划分为平衡的供应链和倾斜的供应链。一个供应链具有一定的、相对稳定的设备容量和生产能力，但用户的需求处于不断变化的状态，当供应链的容量能满足用户需求时，供应链处于平衡状态；而当市场变化加剧，造成供应链成本增加、库存增加、浪费增加等时，企业不是在最佳状态下运行，供应链则处于倾斜状态。

此外，按照供应链中核心企业的不同，可以将供应链分为以制造企业为主导的供应链、以零售企业为主导的供应链和以集成物流供应商为主导的物流服务供应链。

1.2 供应链管理的概念

1.2.1 供应链管理模式的产生

鉴于"纵向一体化"管理模式（产业链上的各个环节全部由企业自己完成）的种种弊端，从 20 世纪 80 年代后期开始，国际上越来越多的企业放弃了这种经营模式，随之而来的是"横向一体化"思想的兴起，即利用企业外部资源快速响应市场需求，本企业只抓最核心的东西：产品方向和市场。至于生产，只抓关键零部件的制造或全部委托其他企业制造。例如，福特汽车公司的 Festiva（费斯蒂瓦）车就是由美国人设计，由日本的马自达汽车公司生产汽车发动机，由韩国的制造厂生产其他零件和装配件，最后在美国市场上销售。制造商把零部件生产和整车装配都放在了企业外部，这样做的目的是利用其他企业的资源促使产品快速上马，避免自己投资带来的基建周期长等问题，赢得产品在低成本、高质量、早上市等方面的竞争优势。"横向一体化"依次连接了供应商、制造商和分销商，贯穿了所有相邻企业，从而形成了供应链（Supply Chain）。

供应链上的节点企业必须同步、协调运行，才有可能使链上的所有企业都受益，于是便产生了供应链管理（Supply Chain Management，SCM）这一新的经营与运作模式。

根据美国的 A. T. Kearney（科尔尼）咨询公司的研究，企业应该将供应职能提高到战略层次的高度才有助于企业降低成本、提高投资回报。创造供应优势取决于建立一个采购的战略地位，企业和供应商伙伴形成一个共同的产品开发小组。伙伴成员从共享信息层面上升到共享思想层面，决定如何在哪里生产零部件或产品，或者如何重新定义使双方获益的服务。所有伙伴成员一起研究和确定哪些活动能给自身带来最大的价值，而不是像过去那样由一个企业设计和制造一个产品的绝大多部分零件。比较发现，美国厂商普遍采用"纵向一体化"模式进行管理，而日本厂商更多采用"横向一体化"模式。美、日两国企业管理模式的选择，与它们的生产结构有着密切的联系，美国企业生产一辆汽车，定购价的45％由企业内部生产制造，55％由企业外部生产制造。而日本厂商生产一辆汽车，只有25％的定购价由企业内部生产制造，外包比例很大。这在某种程度上说明了美国汽车缺乏竞争力的原因。

在美国，随着劳动力成本上升，越来越多的企业选择了"外包"（Outsourcing）策略。据统计，美国工业在1996年就产生了1000亿美元的外包业务。实施业务外包策略的最主要原因是控制和降低成本、提高公司的核心业务能力和积蓄形成世界级企业的能量。总而言之，就是为了在新的竞争环境中提高企业的核心竞争力。由此可见，敏捷制造和供应链管理的概念都是把企业资源的范畴从过去单个企业扩大到整个社会，使企业之间为了共同的市场利益而结成战略联盟，因为这个联盟要解决的往往是具体顾客的特殊需要（至少有别于其他顾客）。例如，供应商需要与顾客共同研究如何满足顾客的需要，还有可能要对原设计进行重新思考、重新设计，这样在供应商和顾客之间就建立了一种长期联系的依存关系。供应商以为顾客服务为目标，顾客当然也愿意依靠这个供应商，当原来的产品用完或报废需要更新时，顾客还会找同一个供应商。这样一来，通过实施敏捷制造战略，供应链管理也得到越来越多的关注，成为当代国际上有影响力的一种企业运作模式。

供应链管理利用现代信息技术，通过改造和集成业务流程，与供应商及客户建立协同的业务伙伴联盟，实施电子商务，大大提高了企业的竞争力，使企业在复杂的市场环境下立于不败之地。有关资料统计，供应链管理的实施可以使企业总成本下降10％；供应链上的节点企业按时交货率提高15％以上；订货—生产的周期时间缩短25％～35％；供应链上的节点企业生产率增值提高10％以上；

等等。这些数据说明，供应链各节点企业在不同程度上都取得了发展，其中以"订货—生产周期时间缩短"最为明显。能取得这样的成果，完全得益于供应链各节点企业的相互合作、相互利用对方资源的经营策略。如果制造商从产品开发、生产到销售完全自己来做，不仅要背负沉重的投资负担，而且要花费相当长的时间。采用供应链管理模式，则可以使企业在最短的时间里寻找到最好的业务伙伴，用最低的成本、最快的速度、最好的质量赢得市场，受益的不止一家企业，而是一个企业群体。因此，供应链管理模式吸引了越来越多的企业。

马克·理查斯指出，21世纪的竞争不是企业和企业之间的竞争，而是供应链与供应链之间的竞争。那些在零部件制造方面具有独特优势的小型供应商企业，将成为大型的装配主导型企业追逐的对象。日本一名学者将供应链比喻为足球比赛中的中场争夺战，他认为谁能拥有这些具有独特优势的供应商，谁就能赢得竞争优势。显然，这种竞争优势不是某一个企业所独有的，而是整个供应链的综合能力。

1.2.2 供应链管理概念的发展历程

1. 20世纪80年代中期之前，是供应链管理思想的萌芽阶段

在这一时期，人们认为供应链是制造企业中的一个内部过程，注重企业自身资源的利用，研究的重点是库存和运输等物流运作技术。在这一时期，物流管理技术和方法飞速发展，为供应链管理理论的出现奠定了基础。1980年，迈克尔·波特在《竞争优势》一书中提出"价值链"（Value Chain）的概念。此后，供应链的概念、基本思想和相关理论在美国和全世界迅速发展。

2. 20世纪80年代中期到90年代中期，是供应链管理思想形成阶段

1989年，美国的史蒂文斯（Stevens）提出："通过增值过程和分销渠道控制从供应商的供应商到用户的用户的流程就是供应链，它开始于供应的源点，结束于消费的终点。"这被认为是最早提出的供应链的概念，代表着供应链管理理论的产生。由于竞争环境日益激烈，供应链成员之间的利益冲突常常导致供应链管理的效率低下，削弱了整个供应链的竞争力。人们开始重视供应链中企业间的合作，同时信息技术的飞速发展和大量应用，促进了供应链管理思想的发展，提高了供应链管理水平。但此时企业间的合作强调以本企业利益为出发点，一切以本企业为中心，企业间的合作多注重短期利益，难以形成长期的战略合作关系。1996年成立于美国的供应链协会将供应链管理定义为："供应链管理是为了生产和提供最终产品，包括从供应商的供应商，到顾客的顾客的一切活动。"伊文斯

（Evesn）认为："供应链管理是通过前馈的信息流和反馈的物料流及信息流，将供应商、制造商、分销商、零售商，直到最终用户连成一个整体的管理模式。"

3. 20 世纪 90 年代中期至今，供应链管理思想日益完善

人们越来越重视从战略的角度来看待供应链管理。企业通过供应链与其他企业建立战略合作关系，将各企业的资源集成、信息共享，提高整个供应链的竞争力。同时，供应链管理开始重视以顾客需求为导向，以更好地满足顾客需求为最终目标。菲利普（Phillip）认为："供应链管理不是供应商管理的别称，而是一种新的管理体制策略，它把不同企业集成起来以提高整个供应链的效率，注重企业之间的合作。"D. Thomas（托马斯）和 P. Girfif（格菲福）提出协调供应链的理论，即通过买卖双方、产销双方、库存与销售的相互关系，主张各合作公司之间一致"协调对外"，以便对顾客需求产生快速反应，使各成员保持竞争优势，获取更大利润。而日本的学术团体 CSM 研究会从顾客角度出发，提出了自己的供应链管理定义："将整个供应链上各个环节的业务看作一个完整的、集成的流程，以提高产品和服务的顾客价值为目标，跨越企业边界所使用的流程整体优化的管理方法的总称。"

1.2.3 供应链管理的含义

供应链管理，是指在满足一定的客户服务需求的条件下，为使整个供应链系统成本降到最低，而把供应商、制造商、仓库、配送中心和渠道商等有效地组织在一起进行产品制造、转运、分销及销售的管理方法。根据这一定义，我们可以解读出供应链管理的丰富内涵。

首先，供应链管理把产品在满足客户需求过程中对成本产生影响的各个成员单位都考虑在内，包括供应商、制造商、仓库、配送中心和渠道商。不过，在实际的供应链管理中，有必要考虑"供应商的供应商"和"顾客的顾客"，因为其对整个供应链也是有影响的。

其次，供应链管理的目的是追求供应链整体效率和整体费用的有效性，因此，供应链管理的重点不在于使某个供应链成员的运输成本降到最低或减少库存，而在于通过系统方法来协调供应链成员，使整个供应链成本最低并使整个供应链系统处于最流畅的运作状态。

最后，供应链管理围绕如何把供应商、制造商、仓库、配送中心和渠道商有机结合成一体这个问题来展开，因此，它包括企业多层次上的活动，如战略层、战术层和作业层等。

在实际的物流管理过程中，只有通过供应链的有机整合，企业才能显著地降低成本和提高服务水平，但是在实践过程中，供应链的整合是比较困难的，这主要有以下两方面原因。

一是供应链中的不同成员有不同的目标。比如，供应商一般希望制造商进行稳定数量的大量采购，交货期可以灵活变动；与供应商相反，尽管大多数制造商愿意进行长期生产，但其必须顾及顾客的需求变化并作出积极响应，这就要求制造商灵活地制定采购策略。因此，供应商的目标与制造商追求灵活性的目标之间就不可避免地存在矛盾。

二是供应链是一个动态的系统，随着时间变化而不断变化。事实上，不仅顾客需求和供应商能力随时间变化而变化，供应链成员之间的关系也会随时间变化而变化。因此，如果跟不上发展形势，供应链就会出现脱节。

1.2.4　供应链管理发展阶段及趋势

供应链管理的演变经过了以下的过程，如表1-1所示。

表1-1　　　　　　　　供应链管理的演变过程

项目	职能部门化阶段	集成供应链阶段	价值链网络阶段
供应链计划	在各独立职能部门内制订供应链计划；信息缺乏横跨企业的标准，可视性有限，供应链计划效率低下	关注业务流程变革；由于企业内部信息的标准化，供应链效率得以提高；集成的供应链计划、需求预测、计划与调度	协同计划；把企业计划流程扩展到企业之外，包括签约制造商、主要客户和供应商
供应链执行	基于独立部门的供应链执行，通常是被动反应；决策通常由部门经理及其主要助手制定	集成的跨部门决策，仍主要属于被动反应模式；有限协作	决策由企业内最适当的管理人员制定；更高比例的协同、预见性决策

根据供应链管理演变的过程，供应链管理方式随之发生了变化。当前，供应链的发展趋势朝着集中计划与分散执行相结合的模式发展。

1. 分散式——职能部门化阶段

从20世纪50年代到80年代，企业的组织结构以其一系列各自为政的职能化或者区域性的条条框框为特征。供应链执行决策是由各独立业务部门的核心管理人员制定的，很少考虑对其他部门产生的影响。这些决策是被动反应式，仅仅依据该决策将根据涉及的特定职能部门的需求而制定。由于业务信息缺乏标准化程度低、数据完整性较差、分析支持系统不足、各自完全不同的技术系统，以及推动信息共享的激励机制不完善，管理层在此环境下试图进行集中供应链的计划几乎是不可能的。

2. 集中式——集中供应链阶段

20 世纪 80 年代末到 90 年代后期，生产规划排程（APS）系统、企业资源规划（ERP）系统的迅速传播和广泛应用，以及后来与业务流程重组（BPR）的相结合，逐步形成了这一阶段。

随着 BPR 的出现，企业领导人逐渐认识到，把企业的组织结构与主管人员的相关业务目标和绩效激励机制结合起来，可获得效益。技术的进步以及计算机处理成本的降低，加快了 ERP 系统在企业范围的应用。如今，高层管理者可以很容易地得到标准化的业务信息，以及制定不同业务、职能部门和地理区域的评价指标。随着 APS 系统的引入，供应链优化成为一项切实可行的选择，这也提高了日益集中的供应链计划流程的效率。跨职能部门团队的协作推动了供应链计划流程更加一体化。现在，采购和制造部门能够共同进行原材料的采购决策，从而实现产品总体生产成本的最小化，而不仅是最低的采购价格。同样，客户服务、分销和物流部门也可以通过共同制定订单履行的决策，实现客户服务成本的最小化。

3. 集中与分散结合式——价值链网络阶段

互联网提供了一个对供应链具有深远影响的强有力手段——协同工作。随着计划流程所需的大部分输入信息已经可以从底层迅速传递到整个企业，以及更多的数据直接来自最终用户，一体化的集中供应链计划将变得更加有效。相关人员也可以根据业务的最新进展来检查和调整有关信息，销售代表能够掌握最新的客户信息，迅速更新预测，并逐步做到支持客户直接更新。同时，购买方和销售方有关产品季节性、促销活动以及新产品发布等信息的共享，将进一步促进此趋势的发展，从而提高相关利益，如更高的客户服务水平和更低的供应链成本。

供应链执行决策也将体现出集中和分散相结合的特性，即集中计划与分散执行相协调的模式。新的供应链系统将包括供应链流程管理和事件管理，这样可以使基于事件的实时信息在企业内逐步被提交到适当的人以便进行有效决策，使该事件对企业的影响降到最低或充分利用该事件来创造新的机会，大大提高供应链执行决策的预见性。因此，这对供应链的实时可视性提出了很高的要求，必须具备基于事件监控管理的快速反应机制，对出现的问题进行迅速调整和补救。因此，有效的供应链计划和管理必将采取包括执行层、中高级管理层的多层面一体化团队组织架构，并通过实际的或虚拟的途径执行计划和决策。

1.2.5　供应链管理与传统的物料管理和控制模式的区别

供应链管理与传统的物料管理和控制模式有着明显的区别，主要体现在以下几个方面。

1. 供应链管理把供应链中所有节点企业看作一个整体

供应链管理涵盖从供应商到最终用户的采购、制造、分销、零售职能领域的过程，如图1-7所示。

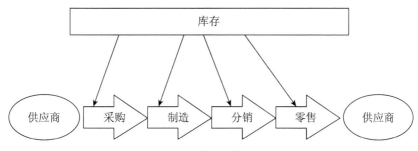

图 1-7　供应链管理过程

2. 供应链管理的概念比传统物流管理的概念更加广泛

从本质上讲，物流是计划编制的导向和框架，它为商业活动所涉及的物料流和信息流构建专门计划。供应链管理给出这个框架，并在整个链条的各环节之间实现无缝连接与合作，如在供应商、客户以及组织自身之间。在订单处理过程中，供应链上的各个组织需要确保有缓冲库存。供应链管理的目标之一就是通过共享需求信息和现有库存水平来减少甚至消除缓冲库存。

3. 与过去相比，供应商管理发生的明显变化包括所涉及的范围，以及与竞争对手的关系

过去，买卖双方只看重自己的利益；现在，买卖双方更加注重在整条链上的互信与合作，通过正确的管理方式，使供应链的整体功能大于链条上各部分功能之和。

因此，供应链管理的焦点是通过管理相互"关系"，为整条链中的所有成员带来更多的利益。但当把"供应链"作为一个整体来考虑其利润最大化时，就可能出现链中某个成员受益减少的情况，这是供应链管理面临的难题。

传统物流管理与供应链管理的特征对比，如表1-2所示。

表1-2　　　　　　　传统物流管理与供应链管理的特征对比

因素	传统物流管理	供应链管理
库存控制	以公司为主	管理协调
存货流	间断	平衡/可见
成本	公司最小	最终客户成本
信息	公司控制	分享
风险	以公司为主	共担
计划	公司内部	供应链团组
组织间关系	公司内降低成本	基于最终成本的合作

1.3　供应链管理的目标和关注点

1.3.1　供应链管理的目标

主导企业实施供应链管理的目标是建立一个高效率、高效益的扩展企业并为最终用户创造价值，通过贸易伙伴间的密切合作，以最小的总成本和费用提供最大的价值和最好的服务。主导企业对供应链管理日益重视主要基于市场方面考虑：根据市场需求的扩大，提供完整的产品组合；根据市场需求的多样化，缩短从生产到消费的周期；根据市场需求的不确定性，缩短供给市场及需求市场的距离；根据物流在整个供应链体系中的重要性，企业要减少各种损失，从而降低整个物流成本水平，使货物在整个供应链中的库存下降，并且通过供应链中的各项资源（人力、市场、仓储、生产设备等）运作效率的提升，赋予经营者更大的能力来适应市场的变化并及时作出反应，从而做到物尽其用、货畅其流。

1. 把握真实需求

在瞬息万变的动态市场中，需求不仅包括一般性产品和服务，还包括个性化产品和特殊服务需求。在供应链多层次需求信息反馈中存在着"牛鞭效应"，往往导致需求信息失真。准确把握真实的需求信息与准确的需求量，使企业的供应活动建立在真实可靠的市场需求基础之上，可以减少生产过剩和库存积压，提高运输、包装、订单处理等活动的效率。

2. 组织快速供应

要使供应链主导企业比竞争对手更快捷、更准确、更经济地将货物供应给客户，就需要借助计算机、移动通信、动态跟踪等技术，避免供应链任何环节上的低效运作和无效停滞现象，从而提高企业物流运作效率，最大限度地提高服务质量和用户满意度。

3. 实现整体优化

传统的供应链存在很多缺陷，如库存过大、生产盲目、渠道复杂等。同时，由于不同组织之间相互独立，常导致不同组织之间相互冲突。因此，必须站在全局供应链管理的高度，从企业整体角度出发，对产品发展方向和获利性、业务流程和组织机构、企业内外部各种资源利用、生产及疏通计划与交货期、销售、服务及仓库布局等各方面进行全方位优化。

4. 实施集成管理

在仓库、作业点布局、取送货和装卸现场管理中，如果没有供应链一体化的集成化管理，供应链上的每个企业就会只管理自己的库存，并以这种方式来防备由于链中其他组织的独立行动而给本企业带来的不确定性。例如，一个零售商会需要完全库存来防止分销商货物脱销情况的出现，而分销商也会需要安全库存以防止生产商出现供货不足的情况，由于供应链的各个界面中都存在不确定因素，而且相互间没有沟通与合作，所以会出现重复库存。而在供应链集成化管理中，链中的全部库存管理可通过供应链所有成员间信息沟通、责任分配和相互合作来协调，这样就可以减少资金占用量、削减库存管理费用，从而降低成本。通过对供应链每个成员信息处理行为和产品处理行为的检查，可以鉴别出整条链上的冗余行为和非增值行为，从而提高整个供应链的效率和竞争力。

1.3.2　供应链管理模式的关注点

1. 横向一体化管理

传统物流管理模式仅仅局限于一个企业的内部采购、生产、销售等部门的管理，是将供应链中的采购、制造、市场营销、配送等功能分割开来、独立运作，使这些功能都具有相互独立而又经常冲突的目标和计划。每个功能都有自己的任务，虽然这是一种已经被广泛使用的组织形式，但这种组织形式的问题是过度集中于内部资源的使用，而不是集中于产品价值的创造。供应链管理把供应链中所有节点企业看作一个整体，涵盖物流的全部过程，即从供应商到最终客户的采购、制造、分销、零售等职能领域过程。供应链管理更注重利用整个供应链的资源，促使整个供应链的成本降低、效益提高。

2. 注重客户

在传统物流管理模式下，各企业的目标是自身利益最大化，将利润作为企业管理的重点，而很少考虑最终客户的利益和要求。但现代管理认为，客户是核心，主导着企业的生产和消费活动，客户是主要的市场驱动力，所以客户的需求、购买、潜在消费偏好及意见等都是企业争夺的重要资源。供应链中参与者的首要目标是使整个供应链的总成本最小、效益最高，共同提高客户满意度。这也是所有参与者制定决策时的首要标准。只有客户管理取得成功，供应链才能延续与发展，客户是供应链上重要的一环，客户管理已成为供应链管理的重要内容。

3. 更多强调企业间的合作

在传统物流管理模式下，企业都是独立运作的，更多体现的是竞争关系，所考虑的主要是眼前的既得利益，因此不可避免地出现供应链伙伴之间，为了自身利益而牺牲他人利益的情况。在供应链管理下，更多强调的是供应链各节点企业合作与协调，提倡在各节点企业之间建立战略伙伴关系，变过去企业之间的敌对关系为紧密合作的伙伴关系。这种伙伴关系主要体现在共同解决问题、共同制定决策和信息共享等方面。在传统物流管理模式下，通常是一个实力雄厚的企业处于支配地位，而其他企业则处于从属地位，它们的生产、采购、销售等决策的制定都是被动的，因此，企业之间的地位是不平等的；而在供应链管理模式下，提倡供应链所有参与者的地位是平等的，虽然通常也存在一个核心企业，但核心企业更多的是帮助其他节点企业，它们之间更多的是合作与互助的关系，而非支配与被支配的关系。供应链管理通过协调供应链成员之间的关系，以增加供应链各方的利益。

4. 集成化管理

传统物流管理模式以职能部门为主，往往由于职能矛盾、利益目标冲突、信息分散等原因，各职能部门无法完全发挥其潜在效能，因而很难实现整体目标最优。供应链管理则是以流程为基础，物流、信息流、资金流等贯穿于供应链的全过程，以集成化的管理代替传统管理模式下的节点企业、技术方法等资源简单的连接。通过业务流程重构，消除各职能部门及供应链成员企业的自我保护主义，实现供应链组织的集成与优化；通过核心企业管理思想在整个供应链上的扩散和移植，实现管理思想的集成；通过准时制、企业资源计划、物流需求计划、快速响应、高效率客户响应、全面质量管理等管理技术与方法的综合运用，实现供应链管理方法的集成；通过现代信息技术手段的运用和信息共享，实现供应链管理方法的集成；通过资源整体化配置，有效运用价值链激励机制，寻求非增值活动及相应结构的最小化，实现供应链管理效益的优化与集成。

5. 更高级的库存管理

传统物流管理模式着重于企业的库存管理，是把存货向前推或向后延，根据供应链成员的主导权而定。把存货推向供应链并降低渠道中的存货投资，仅仅是转移了存货。因而企业与其上下游企业之间在不同的市场环境下只是实现了库存转移，整个社会库存总量并未减少。供应链管理用信息代替库存，使企业持有"虚拟库存"，而不是实物库存，只有供应链的最后一个环节才交付实物库存，以降低企业持有库存的风险。因此，用及时、准确的信息代替实物库存就成为供应链理论的一个重要观点。

1.4 案例分析

利丰贸易的供应链管理实践

（一）利丰贸易业务模式的转变

从 1906 年至今，利丰贸易的业务角色经历了从简单的采购代理到全球性的供应链管理者的演变。在业务角色经历演变的同时，利丰贸易为客户提供的增值服务日益增加，利丰贸易创造的附加值也不断增长。利丰贸易业务转变经历了以下阶段。

1. 采购代理

利丰贸易成立的时候，它只是充当客户和供货商之间买卖的中介人角色，由于利丰的创办人通晓英文，利丰贸易成为厂家及海外买家的桥梁。随后，利丰贸易逐渐把简单的采购代理扩展到其他更广泛的业务。

2. 采购公司

第一阶段，利丰贸易扮演一个采购公司的角色，即地区性的货源代理商的角色，通过在亚洲的不同地区，如中国、韩国和新加坡等，开设了办事处拓展业务。除了不时提供市场最新信息给买家之外，利丰贸易所提供的服务还包括了对不同的厂家进行产品、生产力及质量方面的评估，然后向买家提供适合的厂家及供货商，利丰贸易还代表买家向厂家商讨价钱及做品质的管理工作以达到他们可以用合理的价钱采购到所需的产品。此外，利丰贸易还协助工厂做生产管理，帮助买家监控工厂在劳工法例、生产环境及环保方面的相关处理，以保证他们符合国际的相关标准。总而言之，作为一个采购公司，利丰贸易主要的目标是希望能够建立起厂家及买家长期伙伴的关系而达到双赢的局面。

利丰贸易在发展过程中不断引进一些先进的业务及管理概念，从而使其进入了一个新的发展阶段。

3. 无疆界生产

除了作为一个采购公司外，利丰贸易于 20 世纪 80 年代也向前迈进了一步，成为无疆界生产计划管理者与实施者，客户会给予利丰贸易一个初步产品概念，例如产品的设计、外形、颜色和质量方面的要求等，再由利丰贸易为客户制订一个完整的生产计划，根据客户市场及设计部门所提出的草案，利丰贸易会进行市场调查，在各地采购合适的配件，例如布料、花边等，以及提供一个最适合的成品制造商。在生产过程中，利丰贸易还会对生产工序进行规划及监控，以确保产品质量并及时交货。

在这种无疆界生产模式下，利丰贸易在中国香港从事如设计和质量控制规划等高附加值的业务，而将附加值较低的业务，例如生产工序，分配到其他最适合的地方，例如中国内地，使整个生产程序及流程实现真正的全球化。

4. 虚拟生产

在推行无疆界生产计划及管理的基础上，利丰贸易又发展了另一个业务模式，称为虚拟生产，在这种生产模式中，利丰贸易不再是一个中介人或代理采购者，而是客户的供货商，利丰贸易会直接和海外买家签订合同，利丰贸易依旧不会拥有工厂，但是会把生产任务外派给有实力的工厂，而利丰贸易会负责统筹并密切参与整个生产流程，从事一切产品设计、采购、生产管理与控制以及物流与航运的其他支持性的工作。

5. 整体供应链管理

虚拟生产企业实际上已经是某个产品全面的供应链管理者。在虚拟生产模式的基础上，为了使整条供应链的运作更加合理与顺畅，利丰贸易继续开发更全面的供应链服务。除了负责一系列以产品为中心的工作包括市场调查、产品设计与开发、原材料采购、选择供货商和生产监控外，利丰贸易还监管一系列的进出口清关手续和当地物流安排，包括办理进出口文件、办理清关手续、安排出口运输和当地运输等。另外，利丰贸易还会选择性地对有潜质的原材料供货商、工厂、批发商和零售商等进行挑选。这些在供应链中占据关键位置的企业进行融资，使供应链上供求双方的各个节点的企业能够以最佳状态运作。事实上，在整体供应链的规划上面，利丰贸易会对整条供应链进行深入分解，对每个环节进行分析与计划，如制订策略性的库存安排和库存补充等方案，力求不断优化供应链的运作。简单归纳，利丰贸易供应链管理的主要目的是为境外买家以合理的价格采购合适的产品并缩短交付周期。可以说利丰贸易供应链的原动力来自客户的订单，根据客户的需求，利丰贸易为每一份订单都创造一条最有效益的供应链，为客户提供具有成本竞争力的产品。

（二）利丰贸易的供应链信息管理

现今的采购业务不再是"左手交右手"的中介人模式，而是在客户与供货商之间做出合适的搭配，利用信息科技去缩短订单的完成时间、降低成本和增强灵活性。利丰贸易通过制定客户供应链中的采购及生产流程，将由接到订单至产品出厂的时间从 3 个月缩短到 5 个星期。要在最短时间内以最低成本为客户采购，就需要拥有一套完善的管理运作机制，以信息科技推动供应链管理能够令信息流和物流更畅顺，从而提升整体的供应链效率。

利丰贸易专门为硬产品客户开发了一个电子商贸应用软件 Import Direct（直接进口），是利丰贸易经营硬产品贸易部门的核心管理系统。Import Direct 为供货商和客户提供一个网上商务交易平台，不但为供货商提供一个产品推广的接口，也为客户提供一个极方便的产品采购及追踪工具。供货商可把旗下产品的相片上传到 Import Direct，系统中的软件便会把相片整理成一个个产品目录（Catalogue），供客户查阅；客户也能够在系统中查询采购资料及提交订单。Import Direct 连接了利丰贸易的"订单追踪系统"（Order Tracking System，OTS）和出口贸易系统 XTS-5。供货商、客户和利丰贸易员工在互相交换信息的同时，也可以实时在 Import Direct 系统里进行产品订购，形成一个信息与商贸合二为一的网络。

利丰贸易的信息管理系统不仅可以整合公司的内外部信息，还能够与公司的合作伙伴，包括客户、生产商和物流公司随时保持联系与沟通，缩短了供应链成员的反馈时间，并借助这些信息与合作伙伴建立更紧密的关系。

全球经济走向一体化，企业在面向世界市场的同时也面对来自全世界的竞争。消费者和企业客户从各种渠道寻找价格最低，但素质最高的产品和服务。产品的竞争力已非单一企业能够决定，竞争方式已从单体竞争转向企业间的网络竞争和供应链间的竞争。

供应链包含了由客户需求开始，贯穿从产品设计到原材料供应生产、批发、零售等过程，直到把产品送到最终用户的各项业务活动。供应链管理就是把供应链最优化，以最少的成本，使供应链从采购开始，到满足最终客户的所有流程。在供应链管理模式下，所有环节，从供应原料到最终用户，都看作一个整体，供应链上的企业除了自身的利益外，还应该一同去追求整体的竞争力和盈利能力。因为最终客户选择一件产品，整条供应链上所有成员都会得益；如果最终客户不要这件产品，则整条供应链上的成员都会被淘汰。可以说，产品的竞争其实是供应链与供应链之间的竞争。供应链内的成员需要高度合作，减少环节间的浪费，提升供应链的长期竞争力。

利丰贸易从一家传统贸易商成功转型为以供应链管理概念运作的现代跨国贸易集团。多年的企业实际运作经验，使利丰贸易对供应链管理有深刻而独到的理解。利丰贸易以客户的需求为中心，为客户提供有效的产品供应，达到为全世界消费者提供合适、合时、合价的产品的目标。利丰贸易还利用供应链管理有效地节约了成本，通过共用设备、降低库存等手段，减少企业资产的占用，做到以更少的资源，做更多的生意，带来可观的回报。

2 供应链质量管理理论

2.1 质量管理概述

2.1.1 质量的基本概念

质量已经成为现代工业社会的共同语言。美国著名质量管理学专家朱兰（Juran）博士曾提出：20 世纪是生产力的世纪，将要来临的 21 世纪是质量的世纪。

"质量"一词的含义在不同时期、不同角度的诠释存在着不同程度的差异，比较具有代表性的质量概念主要有：符合性质量、适用性质量、波动性质量、全面质量和广义质量。

1. 符合性质量

零缺陷的创始人菲利浦·克劳士比（Philip B. Crosby）将质量定义为：符合要求和规格，即以符合明确的技术标准和规范要求为目标，其本质是以企业为中心来考虑质量问题。这是长期以来人们对质量的理解，但是，"规范"和"标准"有先进和落后之分，过去认为是先进的规范和标准，现在看来可能就是落后的。即使是百分之百的符合落后的标准，也不能认为是质量好的产品。

2. 适用性质量

朱兰博士将质量定义为：适用性，该产品在使用时能成功地适合用户目的的程度。它要求产品的质量必须满足用户的需求，以用户满意为目标。这种"适用性"显然比"符合性"对质量提出的要求更高，同时表示了人们逐渐认识到应该把用户的需求放在首位。

3. 波动性质量

日本著名质量工程学家田口玄一（Taguchi）将质量定义为：产品出厂后对社会造成的损失大小，包括由于产品技能变异对顾客造成的损失以及对社会造成的损害。这种质量观将质量所涉及的对象扩展到整个社会，一方面，将顾客的利益放在首位，而且可以用质量损失来度量不同类型产品的质量；另一方面，提出质量改进的方向是不断减少产品的功能波动。由于服务质量的损失难以量化，所以波动性质量的概念仍然有其局限性。

4. 全面质量

20 世纪 90 年代，阿曼德·费根堡姆（Armand V. Feigenbaum）和菲利浦·克劳士比等一批著名专家不约而同地提出"全面质量"的新概念，并逐步被人们认同。所谓全面质量，不仅指最终的产品，同时包括与产品相关的一切过程的质量，涵盖产品的整个生命周期，具体包括工作质量、服务质量、信息质量、过程质量、部门质量、人员质量、系统质量、公司质量及目标质量等。整个过程要求组织中的全体人员参与，包括设计部门、采购部门、生产部门、人事部门、运输部门和销售部门等。

5. 广义质量

国际标准化组织总结质量的不同概念，对其加以归纳和提炼，并在 2000 年版的 ISO 9000 标准中从更为广义的角度定义质量为"一组固有特性满足要求的程度"。2000 年版 ISO 9000 标准中的"产品"是指过程的结果，而"过程"是指一组将输入转化为输出的相互关联或相互作用的活动，"要求"可以是明示的、隐含的或必须满足的需求或期望。这个定义是一种比较严密的表述，使质量内涵更加丰富，既反映了要符合标准的要求，也反映了要满足顾客的需要；既包含了产品质量，又包含了过程质量和体系质量。

可见，随着科学技术的进步、工业生产和经济贸易的发展，质量概念也随之演变和深化，其主要表现在质量所涉及对象进一步扩展、质量概念的内涵进一步丰富。

2.1.2 质量管理理论及内容

1. 质量管理的定义及其内涵

质量管理在 20 世纪得到了广泛而全面的研究，随着社会经济和科学技术的发展，人们对质量管理的定义也在不断地深入和发展，其中朱兰将质量管理定义为：质量就是适用性的管理，市场化的管理；费根堡姆认为质量管理是"为了能够在最经济的水平上并考虑到充分满足顾客要求的条件下进行市场研究、设计、制造和售后服务，把企业内各部门的研制质量、维持质量和提高质量的活动合为一体的一种有效的体系"；ISO 9000 国际标准对质量管理的定义是：在质量方面指挥、控制、组织和协调的活动。本书将质量管理定义为：规定质量方针、目标、职责和程序，并通过建立和保持相关体系进行过程管理、质量策划，通过质量控制、质量保证和质量改进使其实施和实现的所有质量职能和活动。

对此定义的内涵解释如下。

（1）质量管理是组织的全部管理工作的中心，应由最高管理者领导。

（2）应规定以下几点。

①质量方针——组织应遵循的质量政策、质量观念和活动准则，以及质量追求和承诺；

②质量目标——产品质量、服务质量等应在一定时期内实现的量化要求；

③质量职责——与质量有关的各部门、各类人员应遵守的明确规定的质量职责和权限；

④质量程序——形成文件的程序是质量管理过程的控制依据。

（3）实施质量方针和实现质量目标是开展的根本目的。

（4）质量管理通过体系进行过程管理、质量策划、质量控制、质量保证和质量改进，确保质量方针、质量职责和形成文件的程序的实施和质量目标的实现，满足顾客要求，提高顾客满意度。

（5）质量管理通过组织体系系统有效地开展，涉及组织中所有与产品质量直接和间接有关的职能和活动。

（6）开展应考虑经济性，在确保质量和改进质量的同时，使成本适当，实现质量和效益最佳。

从20世纪早期至今，质量管理一直在持续发展，其发展历史如表2-1所示。

表2-1　　　　　　　　　　　质量管理发展历史

20世纪早期	泰勒和杰布雷斯的科学管理
20世纪20年代	沃尔特·休哈特的统计过程控制
20世纪30年代	道奇和罗米格引入抽样控制
20世纪40年代	引入军用标准
20世纪50年代	戴明和朱兰全面研究了质量管理
20世纪60年代	田口方法得到使用
20世纪70年代	质量成为美国工业重要的战略
20世纪80年代	全面质量管理得到广泛认同
20世纪90年代	流程再造和六西格玛管理得到传播
21世纪	精益六西格玛和质量的权变理论持续得到重视

2. 质量管理相关理论概述

现代质量管理在其产生和发展的历程中，不断吸收和借鉴了现代科学技术、应用数学及管理科学等内容，其理论日趋完善，实践日益丰富，已形成了比较完整的理论体系，包括质量检验理论、质量控制理论、质量保证理论、质量监督理论和生态质量管理理论等。

1）质量检验理论

（1）基本概念。

质量检验是指对产品的一种或多种特性进行测量、检查、试验、计量，并将这些特性与规定的要求进行比较，以确定其符合的活动。质量检验的目的是判断被检产品是否合格，决定接受还是拒收，同时也为改进产品质量和加强质量管理提供信息。

（2）质量检验的过程。

质量检验的功能是通过质量检验过程形成的。质量检验的过程包括：定位（define）、测量（measure）、比较（compare）、判断（determine）、处置（act）和改进（improve）六个步骤，如表2-2所示。

表2-2　　　　　　　　　　　　质量检验的过程

质量检验的过程	描述
定位	质量检验的手段及相关资源的配备均与检验的目标有关，必须依据质量特性确定质量检验的类型及实施的方法
测量	测量包括监视、试验和验证，即对产品质量特性进行具体的观察，得到观测的结果
比较	比较是指将所有测量的结果与检验的依据进行对照
判断	判断受检的质量特性是否符合要求，作出合格与否的结论
处置	处置是指对于合格品予以放行、转序、出厂以及接收等，对于不合格品做出返修、返工、让步接收或报废处置，并及时反馈质量信息
改进	改进是指分析检验结果，评价产品实现过程，提出改进方向和途径

质量检验的上述过程构成一个完整的运行体系，即质量检验体系是质量管理体系的有机组成部分，从而实现检验所具备的鉴别、保证和报告的职能。

（3）质量检验的方法体系。

质量检验的方法体系如表2-3所示。

表 2－3　　　　　　　　　　质量检验的方法体系

职能分类	技术分析	管理分类
检验 试验 监视 验证 确认 审验 评审	理化检验： 　　度量衡 　　光学、热学 　　机械、电子	按检验方式： 　　自检 　　互检 　　专检
	化学检验： 　　常规化学分析、仪器分析、重量分析、光学分析、滴定分析、色谱分析、质谱分析、微生物分析	按检验对象的数量： 　　抽检 　　全检 　　免检
	感官检验： 　　味觉、嗅觉 　　听觉、视觉、触觉	按产品形成阶段： 　　进货检验 　　过程检验 　　成品检验

（4）质量检验过程和职能的改进与创新。

质量检验的过程和职能随着产品质量概念的发展而变化，也随着生产技术发展的水平不断完善、改进和创新。

①检验过程的集成化。随着生产过程的自动化、智能化的飞速发展，以及检验和测量技术的不断创新，检验过程的集成化程度明显增强。自动生产、自动检验、自动判断及自动反馈可以在很短的时间内一次完成，大大提高了生产效率。

②检验准则的国际化。经济的全球化、生产过程的跨国际化，必然出现检验准则的国际化。广泛地采用国际标准化及所涉及的法律法规，是提高国际竞争力的重要方法之一。

③检验手段的现代化。检验手段的测量和监视的试验设备是一个国家技术水平的重要标志，是产品创新和技术创新的物质基础。需要注意的是，管理过程的科学化是其手段现代化的重要补充，二者缺一不可。

④检验职能重心的转移。由于技术的高速发展以及企业在质量管理上的不断努力，检验中"把关"职能的作用变得越来越小，呈现逐步弱化的趋势；而由于产品的技术寿命日益缩短，技术创新对信息提出了更高的要求，信息的传递、反馈加速，强化了报告和预防的功能。

⑤提高检验人员的综合素质，优化人员结构。检验职能的转变、检验手段的现代化对检验人员提出了更高的要求。在某种意义上讲，检验结果的观察和测量

取决于检验人员的"感觉"。检验过程能否科学、准确地实现预期的目标，关键在于检验人员的素质高低。

随着质量的内涵不断地拓展和深化，从"符合性""适应性"到"顾客及相关方满意"，质量评价的主题在逐渐地发生变化。传统的"专检、互检及自检"（三检）体制与供方、顾客及相关评价体制相结合，已成为一种趋势，以适应"供应链"的复合型检验体制以及"检验人员"结构多元的要求。

2）质量控制理论

广义上的质量控制就是组织确立系统过程的质量目标、监测系统质量过程状况以及纠正质量过程偏离质量目标的质量管理活动。

（1）质量控制的原理。

一般地，组织往往是多任务、多目标的系统，因此对于组织系统中的质量过程的控制必然要求对相关的系统内部过程网络加以控制，以协调组织系统各部分的功能，最终达到组织的质量目标。组织的质量控制基于以下三点基本原理。

①质量控制就是控制和协调系统质量过程以及系统的输入和输出；

②确定系统质量过程输出的控制标准；

③纠正系统质量过程实际输出与控制标准之间的偏差。

（2）质量控制的类型。

质量控制的类型及特点如表 2-4 所示。

表 2-4　　　　　　　　　　　质量控制的类型

质量控制的类型	特点
目标控制与过程控制	为了确保组织的目标以及为此而制订的计划能够得以实现，预先确定标准或目标，以此测量、监视和评价组织活动，并对偏差进行修正，最终实现组织的预期目标。现代质量管理理论突出强调控制影响目标的过程因素的重要性，从对组织目标控制转向对组织目标的过程控制，即从控制结果转向控制过程
反馈控制和前馈控制	反馈控制是质量控制的基本过程，实质上与物理系统、生物系统和社会系统中控制的基本过程是相同的，即系统偏离标准的变异信息输出通过反馈输入进行自我控制，并引发纠正措施。有效的质量控制系统必须有一定的预测未来的能力，并以未来为控制参照系统进行质量控制过程。由此，产生了质量控制过程的前馈控制
全面控制和重点控制	对组织系统所有过程进行全面的控制，同时又对重点过程进行控制，包括对重点过程中的主导因素的控制

质量控制的类型	特点
程序控制、跟踪控制和自适应控制	程序控制是以预先设定的程序为标准对过程进行控制。跟踪控制是以控制对象预先设置的先行变量为标准对过程进行控制。自适应控制是以系统前期状态参数为系统当期控制依据的动态过程控制
内部控制和外部控制	内部控制是指发出控制信号的信号源、控制过程和控制结果都局限在系统之内的控制过程。外部控制是指控制信号的输入来自系统外部，作为控制过程的结果输出系统之外的控制过程
统计控制、技术控制和管理控制	统计控制是基于统计理论的控制，技术、管理控制是采用技术与管理手段的控制。一个完整的控制过程往往是三者的有机结合

3）质量保证理论

（1）质量保证的产生和发展。

质量保证作为质量管理的一部分，致力于提供质量要求会得到满足的信任。由于现代产品的性质和特征与传统产品相比发生了本质的变化，顾客不可能依据自身的知识和经验对产品的质量是否满足其要求进行充分准确的判断，因此逐渐形成了由产品供应方向市场及其利益相关方提供产品质量满足顾客要求的信任保证。

最早制定和实施质量保证标准的是美国军方。20 世纪中叶，军事科技和工业技术迅速发展，武器装备系统集成度越来越高，生产过程日益复杂，许多产品的质量问题往往在使用过程中才暴露出来。因此，1959 年美国国防部发布了 MIL‐Q‐9858A《质量大纲要求》，针对供应商的质量管理体系提出要求。随后美国在军品生产方面的质量保证活动取得成功，在世界范围内产生了很大的影响，致使一些发达国家开始纷纷效仿。在 20 世纪 70 年代末，许多国家先后制定和发布了一系列用于民用生产的质量管理和质量保证标准。当今世界，经济全球化进程日益加深，各国间的经济交流与合作规模不断扩大，自然产生了质量保证的国际化标准。

由此可见，质量保证的产生和发展主要取决于三个方面：科学技术大发展、市场需求的变化及经济的全球化。现代科学技术，特别是现代信息技术的飞速发展，不仅使现代产品发展成为系统集成式的复杂产品系统，而且带动了国际贸易和商务活动的空前发展。随着经济一体化的程度越来越深，国家间的地理边界已经不是阻碍国际经济贸易活动的主要障碍，而社会、政治、经济和文化的因素成为影响和左右国际、国内经济活动的主要因素。在此进程中，国家间经济竞争日趋激烈，国际分工日益深化。一些发达国家依靠其技术和经济方面的优势地位，通过制定本国高门槛的市场准入制度，制约了发展中国家的产业竞争力的发展，其重要手段就是"标准"。也因为如此，才促使国际标准化运动在全世界范围内被广泛接受和认可，借以打破阻碍建立公正的国际经济新秩序的壁垒。国际产品质量认证制度就是其中的一部分。

企业要保证长期、稳定地生产满足顾客要求的产品，仅仅依靠产品的设计、制造和使用过程中的技术、工艺标准和规范来保证产品的质量是远远不够的，必须对整个产品的生命周期内产品质量的产生、形成和实现的全过程实施系统性的有效控制和质量保证，其基本方式就是建立并有效运行质量管理体系，并以此向市场公示其信用。

（2）质量保证模式。

随着市场经济的发展，尤其是买方市场形成后，市场竞争越来越激烈。为了争夺消费者，企业开始认识到即使产品能够全部达到技术规范的要求，也未必能够满足顾客越来越高的质量要求，并赢得顾客的信任。因为技术规范不可能照顾到所有的使用要求和顾客期望，规范中规定的质量要求在很多情况下只是一种"代用质量"，而不是产品在使用环境下的真正质量。此外，企业也不能保证在经过一系列规范过程后就能够发现产品在设计和生产过程中的全部缺陷。所以，产品的概念逐步扩展到产品质量形成系统，即在实物产品或实际服务的基础上，还包括了顾客需求识别到产品售量，发展到产品的整个系统过程能够满足顾客、相关方需求的质量，所以质量保证的范围也扩展到从产品质量的产生和形成一直到产品质量实现的全过程。质量保证成为在系统性质量管理体系基础上的组织承诺和信用公示。

质量保证这种组织承诺和信用公示的最终目的是赢得顾客的信任。顾客的信任可以分为几个层次：对产品的信任、对产品质量形成系统信任、对企业品牌的信任和忠诚以及对企业信誉的赞同。所以，现代意义上的质量保证体现在企业的市场信誉层次上，就是顾客对组织信任的升华，是企业文化对消费者的感召和同化，是"消费者是上帝"的经营理念的真正实现。在当前绿色环保生态消费观念日益成熟的市场环境下，质量保证不能仅仅停留在产品质量形成系统本身的质量管理体系有效运作的组织承诺和信用公示的层面上，还要满足顾客在当前绿色消费的时代要求，因此质量保证的模式面临创新的要求。

4）质量监督理论

在市场经济环境下，特别是在不完全的市场经济条件下，作为买卖双方争议和行为的评判，质量监督作为一种功能随之产生和发展起来。

（1）质量监督的概念。

质量监督是指为了确保满足规定的要求，对产品、过程或体系的状况进行连续的监视和验证，并对记录进行分析。

质量监督的对象是产品、过程或体系，以及作为这些对象的行为主体的组织。监督的实施者是顾客或以顾客名义进行监督的人。由于受监督的对象随着环境或时间的变化而变化，所以监督质量应是持续的或以一定频次进行的。监督质量的方式和手段包括监视、验证以及与其相关联的设施、活动和由制度、法规等形成的机制。质量监督建立在信息的收集、分析、整理、传递和反馈的循环过程中。

由于存在不公正的市场环境，在市场交易中双方的信息不对称，总有一方为获取信息的不完整而处于劣势。生产者和消费者可能以次充好，用假冒伪劣产品欺骗消费者，低质量产品将会驱逐高质量产品，导致真正好的产品卖不出去，好的企业倒闭、破产，出现"劣币驱逐良币"的现象。加之现实中标准或规定存在问题，并且判定权又在生产者和销售者手中，常常使消费者处于被动地位而遭受损失。因此，质量监督作为"确保满足规定要求"的制衡作用的客观需求是十分明显的。

（2）质量监督的类型。

质量监督可以从不同的角度进行分类，如表2-5所示。

表2-5　　　　　　　　　　　　　质量监督的类型

项目	分类
监督范围	内部监督、外部监督
监督主体	国家监督、社会组织监督、消费者监督
监督时间	事前监督、事后监督
监督方式	行政监督、技术监督、法律监督、舆论监督

（3）质量监督的方式和途径。

①建立和完善买方市场机制。在买方市场条件下，"买者有选择，卖者有竞争"，并形成比较完整的法律法规体系，与卖方市场环境相比，具有完善的质量监督功能。

②建立有效的质量监督体系。建立四个层次的质量监督体系：一是质量监督

人格化，即任何与产品生产、销售相关的人都有质量责任；二是质量监督法人化，即任何产品的生产、销售企业都要对其产品质量负责；三是质量监督职能化，即各类质量监督的政府与社会部门应负有质量责任；四是质量监督社会化，即各类民间机构和消费者都有权监督产品的质量。

③法律监督。法律监督是上述质量监督体系建立和实施的基础，必须依法授权，依法定责，建立市场公平竞争的机制。

④技术监督。一是用技术手段监督，依据科学检测方法和先进、精确的检测设施以及准确的检测结果来评价监督对象，用科学的数据说话；二是对技术水平进行监督。计量与监视设备是技术监督的手段，其水平和精度是技术水平评价的基础。与行政监督相比，质量的技术监督具有客观性、准确性和稳定性的优点，所以应成为国家监督抽查制度的主体。

⑤质量认证制度。质量认证制度是解决由信息不对称所产生的逆向选择行为的一种有效途径。通过质量认证可以证实生产者所传达的信息的真实性和准确性。质量认证制度在证实真实引导消费的同时，客观上产生警示和惩戒的作用。

⑥生产许可证制度。生产许可证制度自 1984 年实施以来，一直是我国产业结构调整和提高产品质量的有力的措施，是强制性质量监督和管理的重要手段。实践表明，生产许可证制度对于现阶段我国转型期的市场环境是有必要的，收到了一定的效果。

⑦消费者协会等社会组织的监督。消费者协会是消费者组织依法成立的保护消费者权益的社会团体，具有一定的权威性和公正性，是世界上大多数国家都普遍实行的一种社会质量监督形式。

5）生态质量管理理论

（1）生态质量管理理论的基本概念。

生态质量管理理论是在经济与社会可持续发展战略的理论框架内，研究既满足消费者的需求，又满足生态环境可持续发展要求的质量管理理论和方法。生态质量管理是面向生态循环经济，基于理想的生态工业模式的质量管理理论和方法的研究。

生态循环经济是遵循自然生态系统的物质循环和能量流动规律重构的经济系统。一个理想的工业生态系统应该和谐地纳入自然生态系统的物质能量循环利用过程，是以产品清洁生产、区域循环经济和废物高效回收利用为特征的生态经济发展模式。

生态质量管理理论将质量作为"自然—社会—经济"这样一个不断演化的复

杂生态系统内部的系统过程加以研究。

（2）生态质量管理理论的要点。

生态质量是一种"立体的"质量观。质量职能不仅要在产品的整个生命周期的时序上展开，而且要在"自然—社会—经济"系统的三个维度上展开，以生态经济系统最大化功率为原则，综合规划质量的生产、形成和实现的生态经济系统中的"过程网络"体系。所以，生态质量管理是基于"自然—社会—经济"宏观和中观的生态经济系统模式，侧重研究系统中微观质量的产生、形成和实现过程机制的质量理论。

生态质量管理理论的要点可以概括如下：

①生态质量管理是系统综合的质量管理；

②生态质量管理是全过程的质量管理；

③生态质量管理是循环控制的质量管理；

④生态质量管理是技术与管理相结合的质量管理；

⑤生态质量管理理论提倡产品质量服务功能实现模式的创新；

⑥生态质量管理提倡理性消费，注重生态伦理与生态文化在质量管理过程中的作用。

总之，生态质量管理是研究生态经济系统可持续发展运行模式的基本规律，提出生态质量的概念和生态质量管理理论的基本框架；在复杂系统进化论的思想基础之上，研究符合可持续发展战略原则的生态质量管理的系统方法；探索构造生态质量管理评价体系的基本原理，并构造用以评价生态经济系统中过程质量管理体系的指标体系。生态质量管理理论是以系统论、控制论、生态学理论为基础，建立在现代质量管理理论基础之上的质量管理理论体系。

2.2　供应链质量管理

2.2.1　供应链质量管理的定义

对供应链质量管理的研究始于 20 世纪 90 年代末期，供应链质量管理还是一个新兴的研究方向，到目前为止对于供应链质量管理国际上还没有一个统一的定义。

国外，托马斯·福斯特（Thomas Foster，2007）将供应链质量管理（SC-QM）定义为是一种促进公司表现的基于系统的方法，它通过上下游与之相关联的供应商和顾客来影响机会的产生。

Kuei（桂）和 Madu（马，2001）在对供应链质量管理进行深入研究的基础上，给出了供应链质量管理（SCQM）定义：SC＝一个由生产和分销组成的网络；Q＝在自身获利的情况下，快速而又准确地提供让顾客满意的产品和服务；M＝保证供应链产品的质量，同时获得客户的信任条件。这三个公式相加就是供应链质量管理的定义。

Carol J. Robinson（卡尔·罗宾逊，2005）将供应链质量管理（SCQM）定义为：供应链各成员之间通过正式的协同、整合运作流程来测量、分析和持续改进产品和服务质量，获得中间和最终用户满意和创造价值的过程。

国内，河海大学的钱莹（2007）将供应链质量管理（SCQM）定义为：供应链质量管理是供应链各个成员参与的、为满足顾客需求而对供应链上影响产品质量的各个环节所进行的计划、指挥、协调、控制等协同管理活动，以获得最佳的产品质量和保证供应链中质量流的通畅运行，提高供应链的整体竞争能力。

颜嘉麒（2010）认为：供应链质量管理是供应商和客户间涉及上下游关系的质量管理过程的协调和整合。

随着人们对供应链管理和质量管理研究的不断深入，供应链质量管理的内涵也在不断地充实、完善和深入。本书将供应链质量管理定义为：供应链质量管理是供应链上所有企业参与，在保证本企业内部质量的同时，通过供应链上各企业之间的质量协同、整合、分析和不断改进来对分布在整个供应链范围内的产品质量的产生、形成和实现过程进行管理，从而实现供应链环境下产品质量控制与质量保证，以满足最终客户对产品的质量要求。

2.2.2 供应链质量管理的特征

供应链质量管理从建立供应链质量体系的高度来考虑质量管理与质量保证，重点研究供应链上质量活动与质量信息的集成管理，因此与单个企业或者单个部门的质量管理有本质的不同。供应链环境下，产品质量是由供应链上所有的成员企业共同保证的，所以质量管理模式由单一企业质量管理模式转变为多企业协同质量管理模式，质量管理职能从企业内部质量管理扩展到企业间质量管理，产品质量取决于构成供应链所有企业的质量管理水平。由于供应链本身的复杂性，再加上形成质量问题原因的复杂性，供应链中质量过程和质量管理变得越来越复杂。供应链质量管理综合了以上两方面的特性，探讨了产品和服务质量在供应链环境下的运行机制和规律，以及与供应链中质量流的控制、协同和计划的过程。

与传统的企业内部质量管理相比，供应链质量管理有许多新的特点。

1. 供应链质量管理注重质量信息

供应链质量管理非常注重对质量信息的控制和管理。质量信息存在于供应链的所有活动和过程中，通过对供应链上产品和服务质量信息的分析，我们可以及时发现供应链质量的薄弱环节，从而有针对性地去改善它，促使供应链上的产品质量得到提高。由于供应链宽度较大而成员组织可能会比较分散，有些节点的位置甚至远离核心组织，因此供应链质量管理中信息交换变得很重要。随着信息技术的快速发展，供应链上各节点企业间的信息协同与共享技术也得到了快速的发展。目前应用的技术主要有：互联网技术、企业资源规划（Enterprise Resource Planing）、高级计划系统（Advanced Planning System）、电子商务技术（E-Business）等，它们是保证供应链节点企业实现质量信息协同的基础，是供应链质量管理有别于传统质量管理的特点之一。

2. 供应链质量管理跨越了单个企业的边界

当前，一件商品并非一个单独的企业所能完成，在很大程度上是由分布在不同地区、不同行业、不同国界的相关企业共同努力的结果。供应链质量管理不仅仅针对链上的一个企业、一个节点，而是全方位地对供应链上所有企业的全面质量管理，通过供应链上所有企业之间产品和服务质量的控制和管理来不断地提升供应链的质量水平，从而满足顾客的质量需求。

3. 供应链质量管理具有极强的动态性

随着用户需求、市场环境，以及成员企业自身的不断变化，供应链竞争能力和质量保证能力也在不断地变化。为了保持持续的竞争能力和质量保证能力，供应链需要淘汰不合格成员，吸纳新成员，并不断优化整个供应链范围的业务流程。供应链是由分布在不同地区、不同行业、不同国界的相关节点组成的，在供应链的生命周期中，其节点企业会随着环境和市场的变化而不断改变和更替，供应链的结构和流程相对于单个企业有很强的动态性。供应链质量管理就是在这种不断动态变化的环境下保证产品和服务的质量，与传统的质量管理相比，它要求相应的质量管理方法和技术一定要能适应这种动态性特点。

4. 供应链质量管理中核心企业或核心组织起主导作用

核心企业或核心组织是指供应链的组织者和发起者，同时也是供应链质量管理的主体。核心企业或者机构组织构建供应链的过程，也是构建"供应链质量保证体系"的过程。因此供应链质量管理实际上体现了核心企业或核心组织的质量管理理念。核心企业应注意与其上下游企业之间质量文化的融合，只有将自己的质量文化、质量目标明确地传递给上下游企业，才能正确地贯彻企业的质量战略和战术，否则供应商、制造商、分销商乃至最终用户就有可能被一系列相对封闭的"质量黑箱"所割裂。融合上下游企业的质量文化可采取以下措施让上下游企业清晰地了解核心企业的质量方针、质量目标及质量管理的流程和政策，找出双方企业文化中的共同点，使质量文化成为跨文化沟通的最根本的基础。通过双方质量价值观、质量管理理念的确定使新的质量合作意识得到发展和巩固定期或不定期进行企业间质量文化的沟通，沟通不仅要在各企业的质量管理层之间进行，而且要发展到下层员工和高层领导层面，只有当这种"双赢"的 SCQM 模式在各企业或组织中的员工都比较认同、观念趋于一致时，供应链质量管理才能真正达到预期的效果，这也是成败的关键。

供应链质量管理的这些新特点决定了它与只关注企业内部质量的传统质量管理有很大的区别：供应链质量管理相对于传统质量管理而言更加关注质量信息在链上各节点之间的流通；同时，供应链上的节点企业会随着市场环境的变动而改变，具有很强的动态性；并且，最主要的是供应链质量管理跨越了单个企业的边界，是一个由很多节点企业组成的复杂的网络整体。

2.2.3　供应链质量管理的目标要求

对于供应链质量管理系统来说，其目标就是要实现供应链整体质量价值最大化。这是由顾客质量价值和供应链质量成本共同决定的。一方面，供应链需要满足顾客的期望需求。不同的顾客对供应链提供的产品或服务的预期需求有一定差异，产品需要达到可靠性、持续性、可服务性、美感、感知质量的要求，服务需要达到顾客有形性、可靠性、响应性等要求。另一方面，供应链需要降低质量成本，找到合理区间，成员企业需要平衡顾客满足与质量水平、产品改进周期与质量保证期之间的关系，预防质量过剩成本、后续故障成本、质量时间成本。各个组成要素的质量管理活动都必须遵从系统的总目标。

供应链质量管理不是只存在于一个领域、一个行业、一个部门、一个地区、一个公司，它是以上活动管理的集成。从订单的下达、原材料采购与仓储，到对原材料进行加工与制作、产成品运输与配送、销售与售后等全部流程，它把"需—产—供"一系列的环境整合到一起，使供应商、制造商、分销商、零售商成为一个利益共同体。

供应链质量管理的目标就是通过各方面的调节使总成本最低化、总库存最小化、总周期时间最短化以及物流质量最优化等目标之间的冲突，实现供应链绩效最大化。供应链质量管理把产品在满足客户需求的过程中对成本有影响的各个成员单位都考虑在内了，包括从原材料供应商、制造商到仓库再经过配送中心到渠道商。

尽管供应链质量管理的内容与形式多样，不同的条件下采用不同的策略，供应链质量管理绩效的指标也是各种各样的，但是供应链质量管理的目标可概括为以下几个方面：

①根据市场需求的扩大，提供完整的产品组合；

②根据市场需求的多样化，缩短从生产到消费的周期；

③根据市场需求的不确定性，缩短供给市场与需求市场之间的距离。

供应链质量管理的发展经历了三个不同的发展阶段，每一个发展阶段也同时对应不同的目标要求。

第一阶段，供应链质量管理在企业内部的应用。主要包括：订单、采购、仓储、加工、销售、售后等环节，并统一纳入供应链质量管理。其目标是：快速地将产成品推向市场。由此可见这是一种重视内部资源管理的"推式"供应链质量管理。

第二阶段，供应链质量管理在产业供应链的应用。随着全球经济一体化的加剧，一家企业想独立完成某一项经济活动的难度越来越大，必须要联合上下游的企业一起合作，互利互惠、取长补短才能完成。其目标是：把企业的各个部门以及各个企业的信息连接，实现集成和共享。把资源从内部扩大到外部，面向全行业进行供应链质量管理。

第三阶段，全球网络供应链。互联网的快速普及，以及电子商务的迅速发展，使传统的供应链结构发生了改变，形成基于互联网开发式的全球网络供应链。整个供应链的协同运作取代了订单，供应商与客户之间的关系变成了交互式透明的协同工作。在供应链上的企业就有了双重身份，既是顾客又是供应商，所以企业面临着共同的挑战——降低成本，提高服务质量和市场反应速度给顾客更多的选择。其目标是：在互联网背景下，供应商与客户的关系不再局限于销售，而是以服务的方式满足客户的需要。企业只有更加细致地了解顾客的需求，才能巩固与顾客的关系，形成一种长期的有偿服务。一些新型的具有代理性质的供应链服务商逐步取代传统经销商，这种全球网络供应链将广泛地影响企业的经营方式。

2.2.4 供应链质量管理形成动因

供应链管理的产生和发展具有一定的背景、环境和条件。

1. 供应链管理是企业竞争到一定阶段的必然需要

20 世纪 90 年代，随着各种自动化技术和信息技术被广泛地应用到制造企业，生产效率得到成倍的提高，企业开始意识到单纯依靠制造技术难以提高企业产品的竞争力，为了在日益激烈的竞争中占据一席之地，最大限度地降低成本和满足日益严苛的客户需要，企业逐渐将目光转向整个供应链的质量管理。

2. 供应链质量管理需求产生的企业发展的宏观环境

当今社会，随着经济一体化潮流的发展，企业产生了供应链质量管理需求，在此种潮流的影响下，企业文化也将随之改变。过去的纵向一体化已逐渐被横向一体化所取代。企业之间的合作日益加强，在企业合作过程中，大量的原材料、零部件、半成品、成品和信息在非常宽阔的地域间不断地转移、储存和交换。因此，对企业整个原材料、零部件、半成品、成品和最终产品的供应、仓储和销售进行总体规划，对生产流程进行重新组合、协调控制和优化，实现"零库存"管理，并使信息实现企业和客户共享，时刻掌握客户需求并满足客户，从而尽可能减少成本，提高企业综合效益。

3. 供应链需求产生的市场环境

新经济所依赖的市场环境是买方市场环境，发展新经济必须适应买方市场环境。所谓的买方市场环境就是：买方有主动性和主导权，市场以买方为核心。企业服务成本根据不同细分市场要求的顾客服务水平而有所不同，即服务成本随顾客要求不同而变化，这就需要高效的供应链管理来控制。

4. 供应链质量管理需求产生的内部环境

内部环境的影响主要表现为企业间交易成本的增加。在 20 世纪 90 年代，由于全球制造的出现导致全球竞争日益增强，原来的"纵向一体化"组织模式中潜藏着大量的机会成本，已不符合市场的需求。企业若要生存发展，必须制定以高速度、低成本、多品种为特征的战略，将主要精力集中于核心竞争力的凝聚，同时充分利用外部资源。

2.2.5 我国企业供应链质量管理的现状

随着市场竞争的激烈化和客户需求的多样化，核心企业开始将优势资源投入其核心竞争力的建设中，根据不同功能对组织工作进行细分，随之而来的供应商数量也跟着增加。外部配套件等的质量严重影响着最终产品的质量，所以仅凭一套质量管理体系或者单方面的质量认证显然是不够的。目前，在我国供应链质量管理的主要问题有以下几个方面。

1. 供应链成员之间协调性差，没有建立起真正意义上的供应链合作伙伴关系

合作、信任、共赢是有效实施供应链管理的基础和重要保障。当前我国供应链节点企业之间的关系依然停留在简单的采购和供应关系，组织之间的沟通协调的能力还没有实现有效的统一，大多数企业还没有真正意识到供应链企业成员作为团队发挥的作用，只是一味关心自身的利益，没有长远的战略眼光，忽视了供应链整体效益最优化。

2. 管理基础工作欠佳，单纯依靠返工、返修等非增值环节

有些企业过分追求产量，用较低的价格快速占领市场，赢得顾客。但是当质量出现问题时只是采用返工等治标不治本的方式去处理，质量管理相关人员在很大程度上还是扮演"消防员"的角色。

3. 没有很好地做到产品质量追溯

最终产品不是一家企业就可以单独完成的，而是由供应链成员企业合作完成。所以最终产品所需的原材料或零部件的来源，以及加工状态、质量检验和物流等信息都要做到可查。但是目前我国的制造业企业产品的生产和装配等操作过程复杂、流通环节过多和供应商的质量水平参差不齐，导致出现质量问题较多。还有一个不可回避的问题就是我国的行政审批环节过多。所有这些原因导致不能很好地在整个供应链范围内跟踪产品的质量。

4. 缺乏有效的供应商质量评价及供应链质量改进机制

对于供应商的管理主要是资格审查、质量体系审核及监督检验等方面。缺乏对供应商的供应质量进行评价的科学体系和方法，出现质量问题时无法找到问题的根源，即使找到问题的根源也没有有效的方法进行改进。因此有针对性地分析供应商质量并加以改进成为关注的重点，也是急于解决的问题之一。

5. 供应链质量管理信息化程度有待完善

虽然有些企业在一定程度上实现了质量管理的信息化，但是受企业内部信息系统不够健全的影响，再加上数据处理能力的落后，致使供应链各个节点企业的信息无法做到迅速共享。而对整个供应链来说，只有将每个供应商的信息进行整合，并建立统一集中的信息平台，才会大大促进供应链质量管理的发展。

2.3　供应链质量管理系统

2.3.1　供应链质量管理系统构成

1. 供应链质量管理系统的要素

在供应链质量管理系统中，要素就是每一个成员企业。每个要素企业都需要制定分目标，确保实现系统目标，并在具体管理活动中实现自身贡献。在这些要素企业中，核心企业就是系统变化过程中有序参量的集中体现。

核心企业作为供应链质量管理的焦点，除了需要控制自身产出的产品或者服务的质量以外，还要实现供应链质量管理的统一。核心企业作为系统的主要组成部分比起系统中其他要素——成员企业更能够起到领导作用，具体体现在领导力上。核心企业的领导力来源与企业内部领导力来源本质相似，一是在组织中的法定赋予，二是个体特性。核心企业使用质量契约规定的法定权利和义务、企业间战略合作的无形作用、长期供销达到的惯性定位等手段，可以确立自身的领导角色。通常在以生产制造企业为核心企业的供应链中，生产制造企业拥有生产的核心技术和无法替代的研发能力，生产商运用自身优势带动整条供应链的质量管理进程。无形的领导力会使其他成员企业积极响应来自核心企业的质量要求，成员企业受到核心企业的支配，会发挥有序参量的作用。

2. 供应链质量契约

系统要素的连接需要载体，在供应链中合同作为产品或服务质量的预期标准和控制标准，能够保证交易双方对质量的共识，并以此明确各自在质量层面的权利和义务。传统的供应采购中，对于采购商而言，希望供应商更多地投入质量预防中，完善质量管理体系，提高质量保证水平；对于供应商而言，过分追求质量需要耗费巨额成本，因此买卖双方处于矛盾对立状态。供应链合同中有关质量的条文可以在买卖双方的追求之间取得平衡，这些条文被视为供应链质量管理系统中的子系统——质量契约。

质量契约是各个要素企业形成质量系统的实际前提。质量契约需要依据顾客要求做出修改，通过买卖双方在订立合同前的讨价还价使采购商获取最大可接受质量水平。由于采购商的采购理念文化背景不同，质量契约需要针对不同采购商进行分别设计，质量的差异化因此体现在质量契约文本形成过程的繁复上。采购商对质量的接受程度处于一定域内，域的最大值可能并非可实现的最高质量，而是供销双方的博弈解值，因此质量契约也是博弈的产物。质量契约不仅降低了供应链整体的质量成本，还提高了各要素企业的快速反应速度，有助于建立长期质量合作关系。

3. 供应链质量标准体系

各子系统之间的相互作用可以推进系统变更，实现既定目标。供应链上每个要素企业可以被视作子系统，它们的节点就是每个子系统的质量标准体系。质量契约是质量标准体系形成的基础，为了实现顾客满意，供应链上的要素企业需要层层分解契约规定的要求以达到顾客满意的各项标准，并对此作出生产计划。在制定质量标准体系时，供应链要素企业需进行内部与外部的双重认证。进行内部认证时，要素企业需要依据价值链的基础性活动和支持性活动列出优势和劣势，并对其概念化，深入查找关键问题，匹配生产的资源与自身战略，核准最合适的质量标准体系。进行外部认证时，一般由独立第三方进行，要素企业并非只是通过质量审核，而是要根据顾客的要求和统一的质量审核标准进行全流程控制。要素企业要组建应对外部认证的质量团队，需要对团队成员强调当前企业质量管理的状况，充分识别各类有效和无效的质量管理方法以及未涉及的管理领域，制定专门的质量管理战略，并细化至时间、人力和财物的具体计策，定期更新认证标准。

2.3.2 供应链质量管理系统运行过程

1. 供应链质量管理系统运行过程

供应链质量管理系统如下图所示。

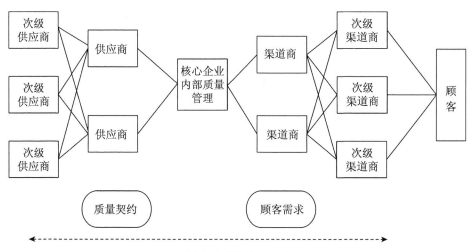

供应链质量管理系统

供应链的"购采销"全过程质量，需要由所有要素企业共同保证。在采购过程中，采购的各类原材料质量应当由原材料供应商和物流运输企业共同保证。生产过程中，产成品的质量应当由生产商保证，销售质量由渠道商和物资转运提供者共同保证。

供应链质量管理系统呈现出以链状为基础、以网状为表现的结构。供应链上游要素企业的质量管理水平将直接影响下游要素企业，而后对最终顾客的用户体验产生影响，供应链系统的质量水平由此确定。影响最终系统质量水平的因素有初端环节原材料的质量、连续生产的稳定性、核心企业的供销持续性、最终交付的服务质量等。各阶段的质量在要素企业内部形成后，质量特性会成为产品自有属性，传递给下游企业，转变成为下游企业产品质量形成的影响因素，该过程一直延续到最终产品或服务质量的形成。

2. 供应链质量管理系统运营过程

供应链的整体质量水平表现在最终产品或服务上，该质量水平是供应链中所有要素企业共同参与、不同工序与过程共同作用的结果。物流推动产品的质量特性传递到下游工序。系统内每个工序质量控制手段作用不断积累，最终形成供应链的整体质量水平。从供应链质量管理系统的结构可以发现，供应链质量在供应商、制造商、分销商和最终顾客之间进行着有序传递，这个过程涉及许多复杂的工序和过程，因此供应链质量传递的机制非常复杂。供应链质量需要在每个要素企业之间有序传递。由于动态环境的影响，质量会发生波动。而波动会使系统内质量输入和输出不完全具有一一对应的关系。

质量流的方向大致是逻辑顺向，在行进过程中不仅是线性的，还可能会在节点上发散。具体而言，质量特性会随子系统的更迭、目标的转化异质，不再拥有原先的流向。产品、服务流动特有的质量信息具有双向性，既包括了初端和终端产品、服务质量的顺向信息流，也包括了从终端反馈到最前端的逆向信息流。质量信息流形成于传递，运用于分析，消逝于目标变革，可以在不同的质量主体之间流动。

3. 供应链质量管理系统优化过程

（1）形成供应链质量战略联盟。系统的自组织能够通过自我调节形成相对稳态的新系统，为了降低质量风险，供应链质量战略联盟应运而生。供应链质量战略联盟使系统各要素之间、各子系统之间的关系更加紧密，不再单纯依靠质量契约推进产品或服务的质量优化，而是拥有更多供应链质量信任，减少了质量沟通成本。供应链质量战略联盟还可以促进不同要素企业之间的优势互补，促进各自核心能力在供应链运作中不断增长，增加现有产品、服务的价值。各要素企业还可以把质量战略联盟作为基础发展其他层面的战略联盟，共享各要素企业拥有的资源和专业技术，相互学习，促进整体供应链的成长。

（2）供应链质量业务流程重组。系统依赖于所处的外部环境，为了实现系统目标，系统需要调整自身去适应所处环境。企业内部的 BPR（业务流程重组）需要打破原有组织架构，按照从事的具体业务设定部门流程。对于供应链而言，当传统的质量业务流程不能适应竞争环境时，供应链质量管理系统便不再能够有效运作，系统内的管理人员需要重组有关流程。供应链质量业务流程重组时，所有与此相关的人员都要参与其中。具体落实时，主导重组方应当是供应链的核心企业。具体地说，应当是该有序参量的质量管理职能部门，包括采购部门、生产部门、销售部门和运输部门。质量流程的重组会涉及多个要素企业的多个部门，因此在重组过程中需要加强协调，及时跟踪质量流程重组的成效。供应链质量业务流程需要持续重组以适应市场竞争的变化、竞争对手的变化和产品质量本身的变化。

（3）PDCA 循环的使用。PDCA 循环（又称戴明环）用于供应链质量管理系统时，可以使每个要素企业的质量管理流程化，将计划（Plan）、执行（Do）、检查（Check）、行动（Action）四个阶段循环往复，持续改进优化质量，使质量管理控制水平螺旋式上升，不断提高产品或服务质量。PDCA 循环并不是一个单循环，而是在大循环中套着小循环，通过有层次的供应链质量指标连接，成为一个由众多子系统构成的循环管理系统。在 PDCA 循环系统中，各种质量问题将通过小循环先行解决，并以此带动上一层级循环的转动，从而提高整体供应链的质量水平。

（4）实现供应链系统整体精益生产。供应链实现精益生产，能够减少工序，控制库存数量，减少资金无效占用。质量管理人员可以及时发现质量异常，大大降低批量生产时的不合格率。在生产过程中，精益生产可以保持生产节奏，缩短交货期，及时应对市场行业中发生的风险。为了实现精益生产，管理人员需要研判生产过程中的潜在员工操作失误，降低精益生产发生错误的可能性，还需要改进供应链上的物流，确保原材料与产成品的入库和出库均能够实现计划目标。

2.4 供应链质量管理的发展

20 世纪到 21 世纪初，人类在发展工业的同时，也开始注重质量管理的发展,质量管理在以"机械化加工,规模化经营,垄断化资本,全球化市场"为特征的工业化时代大致经历了以下几个阶段。

2.4.1　质量检验阶段

20世纪初,由于生产的发展,生产中分工与协作的关系越来越复杂,容易造成质量标准的不一致和工作效率低下,最终越来越难以适应生产力的发展。泰勒提出科学管理理论,要求按照职能的不同进行合理的分工,将执行质量管理的责任由操作者转移给工长。

1940年以前,由于企业规模的扩大,这一职能又由工长转移给专职检验人员,大多数企业都设置专职的检验部门并直属厂长领导,负责全厂各生产单位和产品检验工作。这时质量检验所使用的手段是各种各样的检测设备和仪表,它的方式是严格把关,进行百分之百的检验。

质量检验阶段的特点是:使用各种各样的检测设备和仪表,对产品进行严格的事后检验。现代意义上的质量管理从这一阶段正式开始。但是,采取全数检验的方法不仅工作量大、检验周期长,而且只有检验人员参与,且为事后控制,不能从根源上解决质量问题。

2.4.2　统计质量管理阶段

从20世纪40年代开始,统计质量管理开始发展,其突出的特点是,从单纯依赖事后质量检验,发展到工序控制,突出了质量的预防性控制与事后检验相结合的质量管理方式。贝尔电话实验室以休哈特(W. A. Shewhart)为学术领导人的过程控制研究组提出了过程控制理论以及监控过程的工具——控制图,以及以道奇(H. F. Dodge)为学术领导人的产品控制研究组提出了抽样检验理论和抽样检查表。应用休哈特所提出的统计过程控制(Statistic Process Control,SPC)理论,能够在生产线上科学地保证预防原则的实现。

利用数理统计原理,预防产出废品并检验产品质量的职责,由专职的检验人员转移给专业的质量管理工程师和技术人员。无论是对产品的抽样检查,还是对生产过程的质量管理,都广泛地采用统计的思考方法和统计的分析方法。统计学方法的应用减少了不合格品,降低了生产费用,但是统计技术难度较大,难以调动员工参与质量管理的积极性,且仅偏重于工序管理,而没有对整个产品质量的形成过程进行控制。

2.4.3 全面质量管理阶段

20 世纪 50 年代以来，科学技术和工业生产的发展，带来了很多新的情况，要求人们运用"系统工程"的概念，把质量问题作为一个有机整体加以综合分析研究，实施全员、全过程、全企业的管理。随着市场竞争，尤其是国际市场竞争的加剧，各国企业都很重视"产品责任"和"质量保证"问题，加强内部质量管理，确保生产的产品使用安全、可靠。

在上述背景下，显然仅仅依赖质量检验和运用统计方法已难以保证和提高产品质量，也不能满足社会进步要求，而且，把质量职能完全交给专门的质量管理工程师和技术人员，显然也是不妥的。因此许多企业开始了全面质量管理的实践。最早提出全面质量管理概念的是美国通用电气公司质量经理费根堡姆，1961年，他在《全面质量管理》一书中，强调了执行质量职能是公司全体人员的责任，应该使全体人员都具有质量意识和承担质量的责任。他认为，如果制造部门得不到其他部门的帮助，完全孤立地工作，它一定生产不出高质量的产品。为了生产出让消费者满意的高质量的产品，需要从市场调查到设计、生产、检查、出厂等各部门都必须实行质量管理。所谓全面质量管理，是以质量为中心，以全员参与为基础，旨在通过顾客和所有相关方受益而达到长期成功的一种管理途径。

日本在 20 世纪 50 年代引进了美国的质量管理方法，并在其基础上有所发展。突出的是他们强调从总经理、技术人员、管理人员到工人，全体人员都参与的质量管理。企业对全体职工分层次地进行质量管理知识的教育培训，广泛开展群众性质量管理小组活动，并创造了一些通俗易懂、便于群众参与的管理方法，包括由他们归纳、整理的质量管理老七种工具和新七种工具，使全面质量管理充实了大量新的内容。质量管理的手段也不再局限于数理统计，而是全面地运用各种管理技术和方法。在一定意义上讲，它已经不再局限于质量职能领域，而演变为一套以质量为中心的、综合的、全面的管理方式和管理理念。

全面质量管理具有以下特点。

(1) 全面质量管理是全过程、全企业和全员的管理。它不仅对产品质量进行管理，还对工作质量进行管理；不仅对企业内部的整个生产运作过程进行管理，还对产品质量形成和实现全过程中的物资供应、设计、流通等环节进行质量管理；不仅对产品使用价值的质量进行管理，还对产品使用价值形成过程中所造成的成本进行管理；不仅要求质量检测部门参加质量管理，还要求企业从上到下建立和健全质量管理责任制，加强全体职工的质量意识，在各自的工作岗位上参与质量管理。因此,全面质量管理特别重视开展质量管理教育与训练来强化职工的质量意识,提高职工素质。

(2)"用户第一""一切为用户服务""下一道工序就是用户"等观点,既是全面质量管理的起点和目的,也是全面质量管理的重要指导思想。只有在设计、制造和使用中坚持这种思想,才会生产出真正高质量的产品。

(3)把"一切以预防为主"作为质量方针,因为产品不是检验出来的,而是通过不断设计、制造出来的,因此,质量的好坏更取决于对问题的预防程度的高低。要把工作重点由"事后把关"转移到"事先预防",由"产品质量管理"转移到以质量职能为对象的"工作质量管理",做到防检结合,"防患于未然"。

(4)全面质量管理要求"一切用数据说话"。它用数据和事实来判断事物,运用数理统计工具进行分析,寻找影响产品质量的因素及其相互间关系,掌握质量变异的规律性,从而主动展开工作。

供应链的出现将企业的生产活动进行了前伸和后延。一方面将供应商的活动视为生产活动的有机组成部分加以控制,另一方面生产活动延至产品的销售和服务阶段,使供应链整体又像一个横向企业,从原材料到最终产品销售再到用户手中,最后回收处理,是整个业务过程中所涉及的各实体作业活动及其相互关系的一个动态变化的网络。面对共同开发设计和外包生产,全面质量管理的思想已不能适应这种发展的需求,全面质量管理的不足主要表现在以下三个方面。

(1)企业生产与经营设计没有考虑覆盖供应链的质量的影响,现行的企业系统在设计时只考虑生产过程本身,而没有考虑本企业生产系统以外的因素对企业竞争力的影响。

(2)系统协调性差,企业和各供应商没有协调一致的计划,只顾安排自己的活动,企业只对供应商采取了严格的检验措施,主要是事后纠正,而很少深入供应商的内部,达不到进行事前预防的效果,影响整体最优。

(3)与供应商和经销商都缺乏合作的战略伙伴关系,且往往从短期效益出发,易激起供应商之间的价格竞争,从而影响产品质量;市场形势好时对经销商态度傲慢,市场形势不好时又企图将损失转嫁给经销商,造成服务质量的低劣。

2.4.4　质量链管理

20世纪后期,随着经济全球化、市场一体化格局的出现,影响企业在市场上获取竞争优势的主要因素也发生着以下变化。

(1)产品生命周期缩短。

（2）产品品种增多。

（3）对交货期的要求越来越短。

（4）对新产品和服务的期望越来越高。

供应链企业中的质量概念由只注重企业自身质量，转变为"始于顾客理解，源于顾客需求，终于顾客满意"的一个链式需求。制造商必须将顾客的心声贯穿于整个设计、加工和配送的全过程，企业不仅关心产品质量，而且关心产品质量的市场预期研究、产品开发设计过程中的质量、原材料零部件质量、销售和服务等活动的质量。所以，质量链管理应运而生。

质量链管理就是由质量文化贯穿供应链上的所有企业、所有环节、所有过程，企业、供应商、经销商和用户共同参与，包括从产品质量的预期研究开始，到产品零部件的开发设计，一直到产品的使用生命终结的全过程的质量管理。虽然产品的最终质量在表象上体现为产品在最终用户环节的质量，但其实质量是一系列质量子特性与子活动在质量链各环节的传递、积累以及相互作用的整体效应。它不同于传统的"黑箱型"质量关系模式，协同质量链管强调彻底打破质量黑箱的封闭界限，综合运用技术、管理等手段，从观念、方法、过程、体系等方面营造基于开放、合作、协同模式的新型企业间质量关系，以整体的、系统的、集成的观点看待并组织产品生命周期与全过程的管理，在供应商、制造商、销售商乃至最终用户之间建立起一条敏捷、畅通、受控、优化的广域质量链路，从而在整体上提升全球供应链制造系统及其成员企业的质量水平。

在质量链管理的理念中，利用以下两种质量指数对供应链质量进行判断。

（1）百万件中的次品率（PPM）。该指标因简单明了而广为应用。跟踪在过去一周、一月、一季度、一年的次品率的变动趋势，便能很容易地推测其未来的质量走势。次品率有两个不完美处：第一，产品无论大小贵贱，权重都相同，但两件次品带来的损失自然不可同日而语；第二，次品发现的时间早晚没有影响，但问题是次品发现得越晚，供应链所承受的损失越大。如果次品发现在交货检验中，一般会影响其按时交货率；如果发现在生产车间，则可能带来流水线中断，影响更大；如果发现在消费者手上，则可能导致大批产品回收，从而严重影响公司声誉。

（2）"质量成本指数"（Cost of Poor Quality，COPQ）。质量成本指数能很好地弥补次品率的不足。它的基本算法是：次品数×采购单价×权重。权重是根据次品的影响严重程度而定。例如，在验收阶段为1，在生产线为5，在最后发货为15，在消费者阶段为100等。这样，次品的多少、影响的大小和次品的贵贱都能得到综合体现。

从概念上讲，"质量成本指数"全面反映次品的影响，容易被接受，因而在整个供应链质量管理层面是一个不错的统计指数，应用得当可很好地宣传质量的重要性。但在实践中，由于权数定义缺乏客观性、统计数字缺乏直观性，"质量成本指数"的准确性颇受质疑，从而也使其应用受到限制。所以"质量成本指数"在应用中也往往注重于趋势分析。

而利用这些质量指数对供应链质量进行统筹管理和循环模式的质量改进，形成质量链管理，具有以下重要意义。

（1）质量改进具有最高的投资收益率；

（2）质量改进可以促进新产品开发、改进产品性能、延长产品的生命周期；

（3）通过对质量链上产品设计和生产工艺的改进，可以更加合理、有效地使用资金和技术力量，充分挖掘企业的潜力；

（4）可以提高产品的制造质量，减少不合格品的产生，实现增产增效的目的；

（5）通过提高产品的适用性，从而提高质量链上各企业产品的市场竞争力；

（6）有利于发挥质量链上各企业、各部门的质量职能，提高工作质量，为产品质量提供强有力的保证。

2.5 供应链质量管理的内容

2.5.1 供应商质量管理

1. 供应商选择

企业在选择供应商时都有自己的标准，但基本集中在产品质量、价格、柔性、交货及时率、提前期、供应能力等方面。目前，大多数跨国公司对供应商选择的基本准则是"QCDS"的原则，即质量（Quality）、成本（Cost）、交付（Delivery）与服务（Service）的原则。将这些要素进行归纳，供应商选择的准则大致包括以下内容，如表2-6所示。

表 2 - 6 供应商选择准则

准则	主要内容
产品质量	采购物料的质量是否符合企业标准,最终都会反映到企业的产品和总成本上。质量是衡量供应商的首要因素。首先企业要确定供应商是否有一套稳定而有效的质量保证体系,其次要确定供应商是否具有生产所需特定产品的设备和能力
产品价格	采购价格对降低企业生产成本、提高核心竞争力和增加利润都有明显作用。如果一味地追求低价格,往往就会导致无法激励供应商提供其他增值服务,这不利于双方建立长期的合作关系。因此在选择和评价供应商时,要使用价值工程方法对所涉及的产品进行成本分析,并通过价格谈判来节约成本
供应商能力	供应商能力主要包括供应商供货能力、技术力量、组织管理能力、沟通协调能力和快速反应能力等。这些因素主要是为了考察供应商能否保证产品质量、数量及准时交货,能否参与企业新产品的开发,能否持续、稳定地为企业带来增值服务等
服务水平	供应商内部各作业环节,能够配合购买者的能力和态度

2. 供应商评价

企业应该建立与之相对应的供应商评价体系,这样才能客观、科学地反映供应商活动的运作情况。企业在制定具体评价指标时应该突出重点,并对关键指标进行重点分析,尽可能采用实时分析与考核的方法。供应商评价的关键因素有质量、交货时间、价格、服务水平等。

(1) 质量指标。评价供应商最基本的指标是质量指标,它主要包括来料批次合格率、来料抽检缺陷率、供应商来料免检率等。此外,企业还应将供应商体系、质量信息、供应商如何使用与质量控制等纳入评价指标体系中。

(2) 供应指标。供应商交货表现及供应商企划管理水平相关的评价指标称为供应指标,也称为企业指标,它主要包括准时交货率、交货周期、订单变化接受率等方面。

(3) 经济指标。经济指标与质量指标及供应指标不太一样,质量指标与供应指标基本上是每月进行一次考核,但是因为经济指标比较稳定,因此很多企业是按季度来评价的。此外,由于经济指标难以量化,经济指标在考核时要比其他指标相对困难一点。

(4) 支持、配合和服务指标。同经济指标一样,评价供应商在支持、配合与服务方面的表现也是进行定性的考核,每季度一次,相关的评价指标有反应与沟通、参与本公司的改进与开发项目、表现合作态度、售后服务等。

2.5.2 分销商质量管理

1. 分销商选择

如果将企业比喻成司机，那么分销商就是其驾驶的赛车，赛车的性能直接影响他们能否以最快的速度到达终点，因此企业必须选择适合自己发展的分销商。正因如此，企业对分销商的选择就显得尤为重要。企业在选择分销商时不能只从纯粹的商业角度出发，还必须充分考虑到其商业道德、文化品位和人格品质，因为这些不起眼的无形物质才是真正具有恒久价值、持续张力的竞争利器。企业选择分销商的总体思路如下。

（1）将分销商管理系统纳入自己的总系统中，并将其作为营销网络的一部分。

（2）用全局的眼光和长远的眼光来选择分销商。

（3）用户网络要与设定区域相匹配，从而将产品在目标设定区域内广泛布点，方便用户就近购买。

（4）企业在设定区域时，注意观察该区域的市场环境。

（5）在分销商选择时，尽量避免选择规模过大的分销商。

（6）要充分考虑分销商的渠道丰富程度。

除此之外，对分销商的选择还必须要考虑以下几个因素：分销商的销售产品能力、分销商的信用、分销商的市场拓展能力等。

2. 对分销商的质量监督

（1）售前质量监督。供应链环境下从产品生产结束后到销售给消费者之前为消费者所提供的服务称为售前服务。分销商有责任和义务为消费者提供其所需的咨询服务。有时候顾客迫切地想了解产品的一些经济技术指标，比如产品质量、性能情况、检测手段、技术参数、生产过程以及能耗等，此时分销商应根据消费者的各种具体要求，向其客观、耐心地介绍符合其要求的产品和服务，并及时解答顾客所提出的关于产品各方面的问题。

（2）销售过程中的质量监督。①分销商是否能够及时将产品交付到顾客手上；②分销商是否履行产品质量责任；③面对用户的咨询，分销商是否能够为其提供应有的文件资料。

（3）售后质量监督。①能否有效地组织产品维修配件的生产与供应；②能否满足特殊用户的需求；③能否定期访问用户并征询他们的意见；④能否做好质量信息的收集、分析、整理和利用。

2.5.3 企业内部质量管理

在对企业内部质量管理的关键影响因素的研究中，不同的学者有不同的观点，其中影响力较大的是 Saraph（塞拉佛），他首次通过问卷调查和因子分析的方法，提炼出企业内部质量管理的 7 个关键影响因素及其内涵，如表 2-7 所示。

表 2-7　　　　　　企业内部质量管理的关键影响因素及其内涵

要素名称	要素内涵
高层领导	该要素主要强调了高层领导对质量管理的重视程度和参与程度，以及基于质量的企业战略计划的制订，主要包括高层领导的质量责任感、高层领导对质量的评价等
质量部门的作用	主要内容有质量部门直接对企业的高层负责、汇报工作，质量部门的员工要充分发挥团队的作用，质量部门与其他部门的合作等
培训	主要内容有企业给员工所提供的质量方面的培训，以及技术和业务的培训等
员工关系	主要内容有企业全体员工参与质量管理、企业所有员工对产品质量的责任感，以及他们的持续质量改进意识等
质量报告与数据	主要内容有质量数据的可获取性、与质量成本有关的数据的应用，以及实时质量监测和企业员工对质量绩效的评价等
产品服务设计	主要内容有产品开发过程的标准化、产品的可设计性、开发过程中对质量的重视程度，以及产品设计与开发过程中与其他部门的合作程度
过程管理	主要内容有统计过程控制的应用、过程自动化程度的选择等

该体系较好地反映了企业内部质量管理的关键活动，为学术界广泛接受和采用。其后学者的研究都是在 Saraph 的基础上展开的，Flynn（弗林）等人将企业内部质量管理的关键影响因素分为：高层管理者支持、质量信息、过程管理、产品设计、车间管理、供应商参与和顾客参与；Ahire（阿希尔）等人将企业内部质量管理的关键影响因素分为：高层管理者承诺、内部质量信息的使用、设计质量管理、雇员培训、供应商质量管理、员工授权、顾客焦点、统计过程控制、水平对比；Zeitz（泽茨）等人将企业内部质量管理的关键影响因素分为：管理支持、数据应用、供应商关系、雇员建议、雇员改进、顾客、监督；Powell（鲍威尔）等人将企业内部质量管理关键影响因素分为：执行官承诺与采纳哲学、测量

与零缺陷管理、过程改进与柔性制造、培训、接近供应商、官员授权、接近顾客、水平比较；Kumar（库玛）等人将企业内部质量管理关键影响因素分为质量领导、质量测量水平与水平比较、产品服务设计、雇员培训与授权、供应商质量管理、顾客参与和满意度、通过统计过程控制解决问题。通过比较发现，国外学者对这些关键影响因素的分类有很多相似之处，他们所选择的分类体系都采用了Saraph 的分类方法或体现了国家质量奖的评价标准。

企业要想成为市场的主导或真正以质量为中心谋求良好的效益，就必须有效地强化内部质量管理，具体体现在以下四个方面。

1. 身体力行的领导

高层领导的每一种行为都可能会被员工模仿，因此高层领导必须为员工做好示范作用。这种类型的领导包含一系列由高层领导制定的措施，具体如下。

（1）在企业经营观念的基础上提出企业总的质量方针，并让所有员工理解和支持。

（2）必须对每个职能部门分别制定具体的、量化的质量目标，尤其是要制定质量改进的目标，同时还要制订具体的实施计划，以便每个职能部门都能实现这些目标。

（3）企业在制定质量方针时，必须编制必要的工作程序，程序文件的数量应该与企业的规模以及实际需要相适应。

（4）明确与质量活动有关的职责和分工，这也就意味着将引起整个组织机构的优化、改进和重组。

（5）为了实现具体的质量目标，企业应该为员工提供所必要的工作条件。有效领导的标志是信任、委托和授权。

2. 质量培训

企业在进行质量培训工作时，要落实到每一位员工，无论其职务和岗位是什么。这种培训工作应该首先从高层管理者开始，在组织内部自上而下的推行。质量培训有以下几个方面的工作。

（1）定期对高层领导进行培训，一般是以举办研讨班的形式进行，目的是使高层领导充分了解质量管理工作对企业的重要性，同时使他们了解自己的行为能够给企业带来良好的经济效益。

（2）召开管理人员和关键岗位人员的专题研讨会，目的是使其明白不同部门之间的合作是质量成功的先决条件。

（3）对不同部门、不同岗位人员进行专业培训，使他们掌握必要的工作程序和方法。

（4）对其他人员进行培训，目的是使这些人员明确自己在质量工作中的角色和任务。

3. 经营的市场导向

企业要想在激烈的竞争中获得成功，明确的市场定位是至关重要的，它也是成功企业的标志。市场定位的主要内容包括以客户为焦点、追踪市场对手的竞争意识等。

一个市场导向的操作程序包括以下几个方面。

（1）通过市场调研，明确顾客的需求和期望。

（2）对竞争对手情况的追踪。

（3）准确把握市场的发展趋势。

（4）从最初的设想开始，一直到最终用户使用的整个过程，都要从质量的角度进行计划和运作，包括质量策划和质量功能展开。

4. 质量改进的程序

现在企业之间的竞争变得越来越激烈，面对日益激烈的市场竞争，企业要想立于不败之地，不懈的质量改进就显得至关重要。企业实施持续质量改进的目的有两个：一是能更好地满足顾客需要；二是对企业内部各种流程进行改进，包括产品实现的策划、设计和开发，生产和服务的提供，采购、监视和测量等。但是由于这些过程往往都是跨部门的和复杂的，就会引起不必要的纠纷，导致企业生产效率降低、不必要开支的增加以及职能不清等问题，甚至会引起顾客的不满，最终失去订单。通常质量改进程序包括以下几个部分的内容。

（1）成立质量领导小组，确定质量改进的先后顺序，控制、协调、评价和跟踪改进活动。

（2）建立解决长期问题的程序，并有效地贯彻和实施。

（3）在改进工具、改进方法方面予以培训。

（4）收集有关的质量数据和报告。

（5）及时地处理来自市场和顾客的反馈信息。

（6）对经营的所有方面进行调研和评价。

3 供应链质量模型与方法

3.1 预测和需求建模

3.1.1 经典预测方法

经典预测方法使用历史数据来预测。其中的某些方法假设未来的需求表现出与过去相同的形态，即不存在趋势，例如移动平均法和一次指数平滑法，因此，这些方法可以用于预测有着大量历史数据的成熟产品。此外，回归分析法和二次指数平滑法可以解释数据中包含着的趋势或其他信息。

在以下模型中，我们用 D_1，D_2，$\cdots$，D_t 来表示历史数据，以及在 1，2，$\cdots$，t 时期的实际需求。用 y_t 来表示在第 $t-1$ 期预测的第 t 期的需求。

3.1.2 移动平均法

移动平均法计算给定时期的需求平均值，并用这个平均值来预测未来需求。因此移动平均预测模型对于没有趋势性或季节性的数据预测效果最好。

一个 N 期的移动平均预测模型使用最近的 N 个观测需求值，N 期的需求预测如下：

$$y_t = \frac{1}{N} \sum_{i=t-N}^{t-1} D_i \qquad (3-1)$$

也就是说，移动平均法得到的预测值是前 N 个观测值的算术平均数，上述即为 N 期简单移动平均预测模型。

将简单移动平均一般化就得到了加权移动平均，它允许每个时期具有不同的权重。举例来说，如果近期需求更重要，那么可以给近期需求赋予较大的权重。

用 w_i 表示第 i 期的权重，加权移动平均模型如下：

$$y_t = \frac{\sum_{i=t-N}^{t-1} w_i D_i}{\sum_{i=t-N}^{t-1} w_i} \qquad (3-2)$$

通常情况下，权重随时期递减，每个时期减 1：$w_{t-1} = N$，$w_{t-2} = N-1$，…，$w_{t-N} = 1$。

3.1.3 指数平滑法

指数平滑法是一种以历史数据为基础的加权移动平均预测方法。这种方法中近期观测数据的权重大，远期观测数据的权重小。一次指数平滑假设需求是平稳的，二次指数平滑则假设需求具有趋势，三次指数平滑既考虑趋势又考虑季节性。这些方法都需要使用者在预测需求、趋势、季节性时，赋予数据相关权重。这三个权重分别称为平滑因子、趋势因子和季节因子。

1. 一次指数平滑法

将 α（$0 < \alpha \leqslant 1$）定义为平滑因子，可以将当前的预测值表示为过去需求预测值和最近需求观测值的加权平均：

$$y_t = \alpha D_{t-1} + (1-\alpha)y_{t-1} \tag{3-3}$$

这里 α 是上一期需求观测值的权重，$1-\alpha$ 是上一期需求预测值的权重。通常情况下，赋予过去的需求预测值较大的权重，所以 α 取值更接近 0。

根据式（3-3）可以得出：

$$y_{t-1} = \alpha D_{t-2} + (1-\alpha)y_{t-2}$$

因此

$$y_t = \alpha D_{t-1} + \alpha(1-\alpha)D_{t-2} + (1-\alpha)^2 y_{t-2}$$

继续以这种方式进行迭代，最后可以得到：

$$y_t = \sum_{i=0}^{\infty} \alpha(1-\alpha)^i D_{t-i-1} = \sum_{i=0}^{\infty} \alpha_i D_{t-i-1}$$

其中，$\alpha(1-\alpha)^i$ 即一次指数平滑预测包含所有的历史观测值，但由于 $i > j$ 时 $\alpha_i > \alpha_j$，所以随着时间往回追溯，权重会减小。

2. 二次指数平滑法

二次指数平滑法可以预测具有线性趋势的需求。第 t 期的需求预测值是两个第 $t-1$ 期的估计值之和：其中一个是需求水平的估计值，另一个是需求趋势的估计值，即：

$$y_t = I_{t-1} + S_{t-1} \tag{3-4}$$

这里 I_{t-1} 是第 $t-1$ 期需求水平的估计值，S_{t-1} 是第 $t-1$ 期需求趋势的估计值。I_{t-1} 表示落在第 $t-1$ 期需求过程的估计值；在第 t 期，该过程将增加 S_{t-1}。需求水平和需求趋势的估计计算如下：

$$I_t = \alpha D_t + (1-\alpha)(I_{t-1} + S_{t-1}) \tag{3-5}$$

$$S_t = \beta(I_t - I_{t-1}) + (1-\beta)S_{t-1} \qquad (3-6)$$

其中，α 是平滑因子，β 是趋势因子。式（3-5）和一次指数平滑式（3-3）类似，α 是最近一期需求观测值的权重，$1-\alpha$ 是上一期需求预测值的权重。式（3-6）可以简单地解释为：将最近一期的趋势估计值（最近两期的需求水平之差）赋予权重 β，并将上一期的趋势估计值赋予权重 $1-\beta$，如果趋势向下倾斜，则 S_t 为负。

这种二次指数平滑法就是霍尔特法。

3. 三次指数平滑法

三次指数平滑法可以用来预测既有趋势又有季节性的需求，季节性表示需求序列每个季节（$N > 3$）呈现重复模式。N 个连续的阶段称为一个"季节"（例如，如果需求模式按年重复，那么这一个"季节"就是一年，这与传统的"季节"概念不同）。

对于季节模型，用参数 $c_t (1 \leqslant t \leqslant N)$ 来表示第 t 期的平均值占总体平均值的比例（因此 $\sum c_t = N$）。例如，若 $c_6 = 0.88$，那么第 6 期的平均需求低于总体平均需求 12%。c_t 被称为季节因子，假设季节因子是未知的，但每一季的季节因子相同，需求过程可以建立如下模型：

$$D_t = (I + tS)c_t + \varepsilon_t \qquad (3-7)$$

这里 I 是 0 时刻需求水平值，S 是实际趋势，ε_t 是随机误差，如图 3-1 所示。

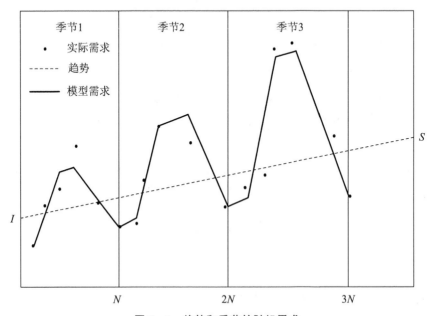

图 3-1 趋势和季节的随机需求

第 t 期的预测值如下：

$$y_t = (I_{t-1} + S_{t-1})c_{t-N} \tag{3-8}$$

这里 I_{t-1} 和 S_{t-1} 分别是第 $t-1$ 期的需求水平和需求趋势的估计值，c_{t-N} 是上一季季节因子的估计值。

三次指数平滑法的基本思想是"去趋势"和"去季节性"，即从趋势和季节性影响中分离出需求水平。该方法采用 3 个平滑参数，α，β 和 γ 分别为需求水平、需求趋势和季节性，公式如下所示：

$$I_t = \alpha \frac{D_t}{c_{t-N}} + (1-\alpha)(I_{t-1} + S_{t-1}) \tag{3-9}$$

$$S_t = \beta(I_t - I_{t-1}) + (1-\beta)S_{t-1} \tag{3-10}$$

$$c_t = \gamma \frac{D_t}{I_t} + (1-\gamma)c_{t-N} \tag{3-11}$$

式（3-9）和式（3-11）类似于二次指数平滑式（3-5）和式（3-6），不同的是，式（3-9）使用的是剔除季节因素后的需求（D_t/c_{t-N}）而非 D_t 来平滑预测。在式（3-11）中，I_t 是需求水平的估计，因此 D_t/I_t 是基于最近一期需求值对 c_t 的估计，是将 D_t/I_t（赋予权重 γ）和 c_{t-N}（赋予权重 $1-\gamma$）的加权平均。

这种方法也称为温特斯（Winters）法，或者霍尔特温特斯（Holt - Winters）法。

3.1.4 线性回归

通过确定某些独立变量和需求之间的因果关系，历史数据也可用于预测需求。例如，某品牌笔记本电脑的销售量很大程度上取决于销售价格和性能。线性回归模型可以用来描述这种关系，在给定产品性能和价格的情况下，该模型可以预测笔记本的需求量。

在线性回归模型中，假定独立变量 Y 是某些独立变量的线性组合。例如，简单线性回归模型，具有一个独立变量 X 和两个参数 β_0、β_1：

$$Y = \beta_0 + \beta_1 X \tag{3-12}$$

回归分析的目的是对参数进行估计。

为建立回归模型，需要历史数据点、独立变量和非独立变量的观测值。假设 (x_1, y_1)，(x_2, y_2)，…，(x_n, y_n) 是一个简单线性回归模型的 n 对观测值。目标是要确定 β_0 和 β_1 的值，因此式（3-12）给出的是数据点的最佳线性拟合。通过最小化残差平方和，可以计算出 β_0 和 β_1，其中样本点 i 的残差定义为 y_i 的观测值与估计值之差，y_i 的估计值由式（3-12）在 $X = x_i$ 时得到。

3.2 需求建模方法

3.2.1 先行指标法

由于产品的生命周期越来越短，因此难以得到足够的历史数据来精确地预测需求，在这种情况下，先行指标法是一种有效的方法。先行指标法是可以用于预测其他后来产品需求的方法，因为它们有着相似的需求模型。这种方法是由 Aytac 和 Wu（艾塔克和吴，2010）以及 Wu（吴）等（2000）提出的，他们描述了半导体公司 Agere Systems（杰尔系统）对该方法的应用。

先行指标法应用于公司推广某些相关产品，如多种半导体、手机或者其他零部件。他们的想法是首先将所有产品分类，每类产品拥有相似的属性，有几种方法可以对此进行聚类。如果可以确定产品遵循的一些需求模式，那么就可以很自然地按需求模式将产品组合分类。例如，在研究了约 3500 种产品的需求数据后，Meixell 和 Wu（梅克塞尔和吴，2001）发现这些产品遵循 6 个基本需求模式，并可利用统计聚类分析进行分类。另外，Wu 等（2006）关注产品的外在特性，如资源、技术组合或销售区域，并将相似特性的产品分在同一类。

接下来的目标是要确定每类的潜在先行指标产品，如果某种产品的需求模式可以在同一类的其他产品中复现，那么该产品就是先行指标产品。先行指标产品提供了此类中其余产品需求预测的某些基准，即使所有产品同时进入市场，该类中的其他滞后产品也有足够的时间根据先行指标产品来调整供应链计划。当然，正确识别先行指标是至关重要的。

Wu 等（2006）提出了下列程序来识别一个既定类中的先行指标。令 C 是产品集（类），所有的产品 $i \in C$ 将被视为潜在的先行指标。假设有 T 时期的历史需求数据，设 D_{it} 是第 t 期产品 i 的需求观测值，D_t 是第 t 期该类中所有产品的需求总和（$t = 1, \cdots, T$），先行指标可以使用下面的算法确定。

1. 初始化

选择最短滞后时间（k_{min}）、最长滞后时间（k_{max}）的阈值和最小相关系数（ρ_{min}）。如果某产品领先了其他产品 k 期，$k_{min} \leqslant k \leqslant k_{max}$，并且需求的相关系数大于 ρ_{min}，那么该产品是一个候选的先行指标产品。

2. 相关系数计算

对于每个产品 $i \in C$

（1）设滞后时间 $k = k_{min}$。

（2）产品 i 的需求时间序列向后移动 k 期。对于集合 $C\{i\}$，计算该移动序列和需求时间序列的相关系数（ρ_{ik}）：

$$\rho_{ik} = \frac{\sum\limits_{t=t+1}^{T} (D_{i,\,t-k} - \overline{D}_i)(D_t^{-i} - \overline{D}^{-i})}{\sqrt{\sum\limits_{t=k+1}^{T} (D_{i,\,t-k} - \overline{D}_i)^2 \sum\limits_{t=k+1}^{T} (D_t^{-i} - \overline{D}^{-i})^2}}$$

其中，$\overline{D}_i$ 是时间间隔 $[k+1，T]$ 内产品需求的平均值，D_t^{-i} 是第 t 期除了产品 i 以外的所有该类产品的总需求，$\overline{D}_t^{-i}$ 是时间 $[k+1，1]$ 内 D_t^{-i} 的平均值。

（3）设 $k = k + 1$。若 $k \leqslant k_{\max}$，返回第 2（1）步。

3. 确定先行指标

对于每个产品 $i \in C$ 和每个滞后时间 $k \in \{k_{\min}，\cdots，k_{\max}\}$，如果 $\rho_{ik} \geqslant \rho_{\min}$，那么产品 i 就是滞后时间 k 的一个先行指标。如果找到任何这样的先行指标，转向第 5 步，否则转向第 4 步。

4. 重新聚类

（1）使用统计学中的聚类分析，利用统计方法将 C 分类。用于聚类的属性，可以包括平均需求、发货频率和需求波动等。

（2）对每一个新类别，重复步骤 2～步骤 4。

5. 终止

得到先行指标和相应的产品类。

一旦确定了滞后时间 k 的一个先行指标，且具有令人满意的相关系数，就可以利用先行指标的历史数据来预测该类其他产品的需求。

（1）针对时间间隔 $[1，T-k]$ 内先行指标的时间序列，对间隔 $[k+1，T]$ 内产品类 C（不包括 i）的需求时间序列进行回归：

$$D_t^{-i} = \beta_0 + \beta_1 D_{i,\,t-k} \tag{3-13}$$

并确定最优回归参数 β_0 和 β_1。

（2）对于给定的月份 $t > T$（即对于希望预测而没有历史数据的月份），利用 k 期前的先行指标 i 的时间序列数据得到该类的需求预测 $\widetilde{D}_t^{-i}$。

$$\widetilde{D}_t^{-i} = \beta_0 + \beta_1 D_{i,\,t-k} \tag{3-14}$$

3.2.2　离散选择模型

在经济学中，离散选择模型涉及两个或者两个以上的离散选择。例如，顾客选择购买哪几个相互竞争的产品；一个公司决定使用哪种技术；乘客可选择哪种出行方式。连续选择模型假设选择范围是连续的，虽然这些模型不是讨论的重点，但下面介绍的许多概念很容易拓展到连续选择模型。通常，离散选择模型揭示的选择过程信息比连续型少，因此，离散选择的计量经济应用往往更具挑战性。

离散选择模型的想法是建立一个统计模型，基于个体自身的特点以及可利用的选择特性来预测个体做出的选择。例如学生选择大学所需考虑的因素，包括他或她的职业生涯目标、学术兴趣和经济状况，以及有关院校的声誉和位置等因素。离散选择模型试图量化这种统计关系。

起初，离散选择模型主要针对的是"选哪个"而不是"选多少"的决策，并不像本章中描述的其他预测和需求模型；然而，离散选择模型可以用来预测数量，诸如家庭电话通话数量和时长（Train 等，1987）、电动汽车的需求（Egs 等，1981）和手机的需求（Lda 和 Kuroda，2009）、规划中的交通运输系统需求［如高速公路、快速公交系统以及航线，（Train，1978；Ramming，2001；Garrow，2010）］、一个家庭选择拥有的汽车数量（McFadden，1984）。选择模型用于估计一个人选择特定产品的概率。因此综合人们"选哪个"问题的决策可以回答出"选多少"的问题，并可以很好地预测。

需求离散选择模型有多种形式，包括二元和多元 Logit 模型、一元和多元 Probit 模型以及条件 Logit 模型。这些模型有几个共性，包括它们描述选择集合、消费者效用和选择概率的方法。

选择集合：选择集合是为决策者提供可行选择的集合。这些选择既可以是竞争产品或服务，也可以是决策者必须选择的任何其他项目或选项，对于离散选择模型，集合中的选择必须是互斥的、详尽的、有限的。前两个要求意味着集合必须包含所有可能的选择（因此决策者必然从集合内做出一个选择），选择一个就意味着不选择其他（因此对于决策者来说，他所做出的选择优于其他所有选择），第三个要求是可以区分离散选择分析和线性回归分析，其中，线性回归分析中因变量（理论上）可以赋予一个无限大的值。

消费者效用：假设有 N 个决策者，每个人都必须从集合 I 中做出一个选择，一个给定的决策者 n 将从选择 $i \in I$ 中获得一定的效用，这个效用记为 U_{ni}，离散选择模型通常假设决策者是效用最大化的，即对于所有的 $j \in I$，$j \neq i$，当且仅当 $U_{ni} > V_{ni}$ 时，他将选择 i。

如果知道对于所有的 $n \in N$ 和 $i \in 1$，效用值为 U_{ni}，那么将很容易计算出决策者 n 会做出哪个选择（据此可以预测每个选择的需求），然而，在大多数情况下我们不能准确地知道效用值，因此必须对其进行估计，设 V_{ni} 是决策者 n 选择时所获得效用的估计，通常情况下 $U_{ni} \neq V_{ni}$，记 ε_{ni} 为随机估计误差，则

$$U_{ni} = V_{ni} + \varepsilon_{ni} \qquad (3-15)$$

选择概率：一旦确定了 V_{ni} 值，就可以计算 P_{ni}，即决策者 n 选择产品 i 的概率。

$$P_{ni} = P(U_{ni} > U_{nj}, \quad \forall j \neq i)$$
$$= P(V_{ni} + \varepsilon_{ni} > V_{nj} + \varepsilon_{nj}, \quad \forall j \neq i) \qquad (3-16)$$

V_{ni} 值是常数，为了估计上述概率，需要知道随机变量 ε_{ni} 的概率分布，不同的选择模型源自 ε_{ni} 的不同分布和 V_{ni} 的不同估计方法。例如，Logit 模型假设 ε_{ni} 是服从广义极值分布的独立同分布随机变量，因此可以得到 P_{ni} 的显性表达式（Logit 模型是使用最广泛的离散选择模型）。此外，Probit 模型假设 P_{ni} 服从多元正态分布（它们是相关的，而非独立同分布），但是 P_{ni} 值不能以显性形式获得，必须通过模拟来估计。

3.2.3　多元 Logit 模型

接下来讨论多元 Logit 模型 [进一步推导参阅 McFadden（1974）或 Train（2009）]，"多元"意味着决策者有多个选择（相比之下，二元模型只有两个选择），Logit 模型假设每个服从独立同分布的标准 Gumbel 分布，该分布为广义极值（也称为 I 型极值）分布的一种，标准 Gumbel 的概率密度函数和累积分布函数如下：

$$f(x) = e^{-x}e^{-e^{-x}} \qquad (3-17)$$

$$F(x) = e^{-e^{-x}} \qquad (3-18)$$

可以将决策者 n 选择的概率改写为：

$$P_{ni} = P(\varepsilon_{ni} < V_{ni} + \varepsilon_{ni} - V_{nj}, \quad \forall j \neq i) \qquad (3-19)$$

由于 ε_{ni} 服从 Gumbel 分布，若 ε_{ni} 给定，则由式（3-18），可将式（3-19）等号右侧改写为：

$$e^{-e^{-(V_{ni} + \varepsilon_{ni} - V_{nj})}}$$

由于 ε 是独立的，对于所有的 $j \neq i$，累积分布是单个累积分布的乘积：

$$P_{ni} \mid \varepsilon_{ni} = \prod_{j \neq i} e^{-e^{-(V_{ni} + \varepsilon_{ni} - V_{nj})}}$$

因此可以在 ε_{ni} 条件下计算 P_{ni}：

$$P_{ni} = \int (P_{ni} \mid \varepsilon_{ni}) f(\varepsilon_{ni}) d\varepsilon_{ni}$$

$$= \int (P_{ni} \mid \varepsilon_{ni}) e^{-\varepsilon_{ni}} e^{-e^{-\varepsilon_{ni}}} d\varepsilon_{ni}$$

$$= \int \left(\prod_{j \neq i} e^{-e^{-(V_{ni} + \varepsilon_{ni} - V_{nj})}} \right) e^{-\varepsilon_{ni}} e^{-e^{-\varepsilon_{ni}}} d\varepsilon_{ni}$$

经过进一步计算可以得到：

$$P_{ni} = \frac{e^{V_{ni}}}{\sum e^{V_{ni}}}$$ (3-20)

需要注意的是，决策者 n 选择产品 i 的概率在 $0 \sim 1$（对于一个定义正确的概率这是必需的）：决策者 n 选择产品 i 的效用估计值 V_{ni} 增加，决策者 n 选择产品 i 的概率也随之增加；当 V_{ni} 趋于 ∞ 时，此概率趋于 1。类似地，随着 V_{ni} 减小，决策者 n 选择产品 i 的概率也减小，并无限趋于 0。选择产品 i 的决策者数量的预期值 $N(i)$ 可简要地表示为：

$$N(i) = \sum_{n=1}^{N} P_{ni}$$ (3-21)

当然，通常不知道每个决策者 n 的 P_{ni}，在 $N(i)$ 估计时，采用不依赖太多数据的方法，详见 Koppelman（1975）讨论的几种方法。

3.3 多目标决策

3.3.1 多目标决策简述

多目标决策问题一般属于复杂大系统的决策问题。解决复杂大系统决策问题是目标决策领域里正在探索的较前沿的领域，目前较为成熟的方法有多属性效用理论、多目标规划法、层次分析法、优劣系数法、模糊决策法等。

多目标规划法是规划论的一个分支，是在给定的约束条件下，使目标值与实际能达到的值之间的偏差最小。多目标规划法中通常没有决策变量，只有目标的正负偏差变量。多目标规划法的真正价值在于按照决策者的目标优先次序，求解存在矛盾的多目标决策问题。多目标规划法可广泛应用于生产计划、财务决策、市场销售、行政管理、学校管理、医院护理计划以及政府决策分析等许多方面，对于供应链质量的发展也起着重要作用。

3.3.2 多目标决策的特点

统计决策中的目标通常不会只有一个，以企业供应链决策为例，企业不仅要追求经济目标，如利润等，而且要承担一定的社会责任，如保护生态环境、促进社区精神文明建设等，即非经济目标。很难想象，一个不顾社会公德、不顾消费者利益、不顾供应商利益、只追求自身利润最大化的企业，能够在现代社会中生存下去。类似这样的企业供应链目标决策问题均具有多目标特点，属于多目标决策问题。

多目标决策具有两个较明显的特点：①目标之间的不可公度性，即众多目标之间没有一个统一标准，如提高经济效益与加强精神文明建设，经济效益提高的效果可以用价值量指标来衡量，而精神文明建设的成果则不能用价值量指标来衡量，因此，不同目标之间难以进行比较；②目标之间的矛盾性，即某一目标的改善往往会损害其他目标的实现，如经济建设与环境保护等，经济开发往往会对环境造成破坏性影响。

常用的多目标决策的目标体系可以分为三类：①单层目标体系，即各目标同属于总目标之下，各目标之间是并列的关系；②树形多层目标体系，即目标分为多层，每个下层目标都只隶属于一个上层目标，下层目标是对上层目标更加具体的说明；③非树形多层目标体系，即目标分为多层，每个下层目标隶属于某几个上层目标（至少有一个下层目标隶属于不止一个上层目标）。这三种目标体系如图 3－2、图 3－3 和图 3－4 所示。

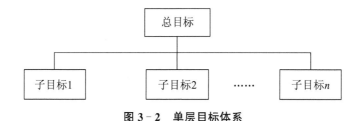

图 3－2　单层目标体系

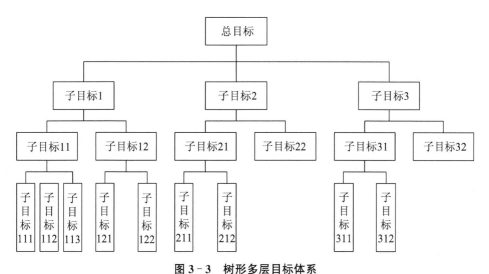

图 3－3　树形多层目标体系

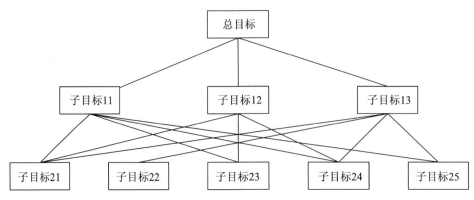

图 3 - 4 非树形多层目标体系

处理多目标决策问题，一般遵循以下两个原则。

（1）在满足决策需要的前提下，尽量减少目标个数。常用的方法有：一是除去从属目标，归并类似目标；二是把那些只要求达到一般标准而不要求达到最优的目标降为约束条件；三是采取综合方法，将能够归并的目标用一个综合指数来反映。例如，反映一个企业的经济效益，可以把各项反映企业经济效益的主要指标，如产值、利润率、资金利润率等，归并为一个类似于企业经济效益指数的综合指标。

（2）分析各目标重要性的大小、优劣程度，分别赋予不同的权数。将注意力首先集中到重要性大的目标，其次考虑次要目标。例如，一个连续两年亏损的上市公司，由于面临被摘牌下市的可能，可以将第三年的扭亏作为优先目标，将保护员工权益作为次要目标。

3.3.3 基于内外环境不确定的供应链多目标决策

1. 供应链内外环境不确定性分析

从供应链内外环境不确定性来源来看，供应链存在以下五类不确定性：供应不确定性、生产不确定性、节点企业衔接不确定性、需求不确定性及环境不确定性。从大范围来看，前四种不确定性多来源于供应链内部运作过程，即内部不确定性。而环境不确定性多来源于供应链外部环境，即外部不确定性。实际上，由于供应链本身环环相扣的错综网络结构以及其与外部环境密切互动的复杂关系，这些不确定性之间往往相互作用、相互影响。

（1）供应不确定性。

供应链的供应不确定性，即供应商供应物料的不确定性因素。供应不确定性原因是多方面的，外部市场出现偶发事件引起原料可供应量降低，进料品质下降、供应商的生产系统发生故障延迟生产，供应商提前期变化、供应商更换及意外的交通事故导致的运输延迟等。从供应链运作流程活动来看，有关供应不确定性因素也可能来自采购过程，采购过程越复杂，引发的不确定性越高。

供应不确定性主要表现为供应提前期的不确定性，供应商本身因生产环境、技术条件造成产出期的不确定性，同时还包括货物的可得性、供应量的不确定性、供应价格的不确定性、供应质量的不确定性等。供应链上的各个企业协同合作，处于相互之间的供应和需求的关系中，需求方也是供应方。作为需求方，与其供应商交易过程中的不确定性会对其自身生产产生影响，例如停产待料或过高库存。同样，作为供应方，其在生产中的不确定性也会对它的下一个节点带来一定的影响。这样供应链中每一级供应商的供应不确定性不断传播，最终导致整条供应链中的不确定性的累积，直接影响供应链运作效率与性能，同时使最终客户所享受的服务降低，给供应链上各个企业带来极大的市场风险。供应链中各企业既拥有相互合作的愿望，又因所处现实环境而不得不相互竞争，在企业与供应商达成协议之后，尽管每个供应商都会对价格、提前期和质量等作出承诺，但是在实际的采购过程中仍很难摆脱不确定因素的影响。

供应商的生产过程同样存在着与客户在生产中遇到的一样的不确定性问题，比如机器故障。在企业产品运输过程中，有多种运输手段可供选择，如空运、铁运、船运以及公路运输等，每种方式都有相应的不确定性，而实际承运时往往是组合应用多种运输手段。能否准时完成运输任务，带有更大的模糊性。另外，供应商订单的突然增加、供应商的不准时供货等诸多因素，也可能导致延迟供货或提前到货。

（2）生产不确定性。

供应链中生产不确定性，主要是指企业的投入和产出之间的非完全相关性，主要源于生产商本身的生产管理与技术上的原因。生产企业往往通过历史信息和外部环境分析进行市场预测，并在平衡现有的生产能力后制订生产计划，用计划驱动生产。然而，由于历史信息带有时滞性和外部环境多变复杂性，很难及时、准确、快速地转变为生产控制的有效信息，同时现实生产系统也很复杂，生产计划并不能精确地反映企业的实际生产条件和预测生产环境的改变，不可避免地造成计划与实际执行的偏差。同时，企业的产品设计无法做到绝对稳定，生产设备也存在故障的可能，生产人员的状态也会对产品有所影响。因此符合计划交货数量及质量标准的产品难以按时完成。

（3）节点企业衔接不确定性。

供应链中节点企业衔接不确定性，即供应链企业之间合作过程中存在的不协同性，其中"质量"牛鞭效应""就是由这种不确定性引起的。加盟供应链的各企业存在自身固有的素质差异，如成员企业的技术水平、管理水平、风险偏好、员工素质、企业文化等，这种差异随着供应链的形成而自然产生，成为企业之间合作和沟通的无形障碍，进而势必会降低供应链的整体竞争力和获利能力。另外，以独立经营实体加盟供应链的各企业的目标和利益不尽相同，既有合作的需要，但同时也存在竞争的关系，竞争对手和合作伙伴的经营环境不断变化。因此，供应链企业之间的合作不仅存在于运营过程中，还存在于各方之间相互博弈的过程中，导致节点企业各自追求局部最优而忽视供应链整体效益。企业间信息的透明度不够，信息的沟通和共享程度欠佳，信息壁垒和沟通的障碍也是导致节点企业衔接不确定性的重要原因。

（4）需求不确定性。

需求是指对产品或服务的功能、数量和价格的要求。供应链中的需求不确定性是指企业对需求无法准确预测的程度。用户需求预测出现偏差、用户购买力经常波动以及消费者心理的不断变化等都是需求不确定性出现的原因。具体而言，需求的不确定性主要表现为：①需求的易变性。需求的易变性是指科技水平、气候变化、人文环境等影响下的顾客需求偏好变化的迅速性。在某些行业中，顾客的需求具有很强的易变性。如电子行业和服装业，流行趋势总是在改变，企业即使能够紧跟时代的潮流，也不能保证它生产的产品既无剩余也无短缺。②需求的多样性。不同的消费者有不同的偏好，他们对产品的要求也必然是各不相同的。因此，即便对每一个顾客的需求都可以获得准确的了解，这种预测也会因为成本的原因变得不可行。传统的做法是采用市场细分的办法，减少企业面对的需求多样性。但是，随着市场竞争的不断加剧，市场被划分得越来越细，顾客的个性化需求也不断地被挖掘出来，企业供应链中的需求不确定性反而越来越大，企业面临的风险也越来越大。

（5）环境不确定性。

这里供应链的环境不确定性主要是指供应链所处自然环境、人文环境、政策环境给其带来的不确定性。当今社会竞争激烈，企业为取得更大的经济效益，在更大区域范围采购、生产和供应，全球供应链更易受自然、社会环境变化的影响，可见考虑环境不确定性影响对供应链管理决策的必要性和重要性。暴雨、山洪、台风等气候条件和自然灾害以及交通堵塞等偶然突发事件，给区域甚至全球供应链带来极大的不确定性。例如某年中国西南缺水，导致了西南境内甚至全国多条供应链的不稳定甚至中断。近期英国南部以及冰岛发生强烈火山爆发，弥漫的火山灰导致多国的机场关闭，据报道，欧洲各国飞机停飞造成航空混乱带来骨牌效应，波及全球物流，欧洲粮食、药物出现短缺，工业原料的供应也受到严重影响，同时旅客滞留导致各地客房短缺。同时，供应链所处行业特性、各国的进出口关税制度、政府的贸易支持或限制政策都会给供应链带来不确定性。例如2009年全球经济衰退导致需求滑坡，各国纷纷采取更为精巧多样的保护主义手段提高关税、进口禁令、区别性采购等，这些贸易保护措施对全球供应链造成了严重的破坏，甚至导致某些全球供应链中断。

2. 内外环境不确定性对供应链管理决策的影响

供应链中的信息流流动方向与物流方向相反，从下往上逐级传递，即供应链上游企业根据下游企业的需求信息进行生产或供应决策，然后从上往下运送物资。可见，当供应链网络形成后，任何一个节点上的不确定性都会像瘟疫一样在整个网络中蔓延，并呈现"蝴蝶效应"。由于库存是维系经营或生产正常运行的必要条件，通常情况下，当无法预测不确定性大小和影响程度时，供应链上的各个节点只好按照保守的方式设立库存来应对内外环境的不确定性。当顾客需求不确定性开始沿供应链的信息流方向向各级供应商逐级传递时，需求偏差加速放大直接影响供应链上各级供应商的库存量和库存时间，从而使库存成本大大增加，这种不确定性影响供应链上各级企业的订货提前期。在供应过程中，从最初的原材料供应不确定性开始沿供应链向下游逐级传递，直接影响产品的生产组装进程和交付时间，进而影响客户满意度。由于顾客需求不确定性影响上游供应商的库存，原材料供应不确定性将导致供应商不能准时交货，严重的甚至会导致客户退货，造成产品积压损失。因此原材料供应不确定性副作用更大，对产品生命周期短、需求更加多样和差异化的现代供应链的影响更大。

在上述介绍各种供应链不确定性时，已经阐述了其对供应链决策的影响。但是实际上，这些不确定性之间是相互影响的，且最终表现为对供应链中供应和需求产生影响，例如，节点企业之间衔接的不确定可能导致上下游企业供应需求的不一致，而环境的不确定性则可能会影响原材料的供应或市场的产品需求等。例如，冰岛火山引发的欧洲航空瘫痪导致马来西亚的食品、果蔬无法出口到欧洲，而欧洲餐厅和食品市场则因来货短缺叫苦连天。在这种情况下，如果把上述这些不确定性放在一起，这将比简单叠加每一种不确定性影响大，所以建模时需要同时考虑这些影响，以保证模型结果能指导决策者对这些不确定性进行有效应对。

在现代一体化管理的供应链网络中，由于发达的网络通信及信息技术，供应链中的每个节点企业可以共享终端客户的需求信息，保证企业可以获得较为确定的信息。但这样的信息仍具有时滞性，需要结合决策者知识、经验才能获得满意的结果，而决策者的知识、经验具有模糊性。因此在供应链决策建模时，不仅需要结合当地表征内外环境的不确定性，还需要将决策者的知识、经验及偏好这些模糊信息融入模型中，才能保证模型结果能最大程度地表达实际情况，使最后的决策方案在应对不确定影响时更加精确、可行。

3. 基于内外环境不确定的供应链多目标决策模型构建

多目标规划是多目标决策的重要内容之一，在进行多目标决策时，当希望每个目标都尽可能大或小时，就形成了一个多目标规划问题，其一般形式为：

$$(VP)\begin{cases} V = \min\left[f_1(x),\ f_2(x),\ \cdots,\ f_p(x)\right] \\ g_i(x) \geqslant 0 \quad i = 1,\ 2,\ \cdots,\ m \end{cases}$$

其中 $f_1(x)$，$f_2(x)$，$\cdots$，$f_p(x)$ 为目标函数，$g_i(x)_i$，$i = 1,\ 2,\ \cdots,\ m$ 为约束条件，x 为决策变量(向量)。记 $R = \{X \mid g_i(x) \geqslant 0,\ i = 1,\ \cdots,\ m,\ x \in E_n\}$，称 R 为问题(VP)的可行解集(决策空间)，$F(R) = \{f(x) \mid x \in r\}$ 为问题(VP)的目标空间。

一般来说，多目标规划问题（VP）的绝对最优解是不常见的，当绝对最优解不存在时，需要引入新的解概念。多目标规划中最常用的解为非恶劣解或有效解，也称为帕累托（Pareto）最优解。

Pareto 解定义为：在多目标规划问题中，如果没有存在任何其他可行解使一目标值改善，那么不是使其他目标值变劣的可行解就是非劣解。

从数学上看，Pareto 最优解定义为：

考虑对目标函数问题（VP），设 $\overline{x} \in R$，若不存在 $x \in R$，则有

$$f_i(x) \leqslant f_i(\overline{x}) \quad i = 1,\ 2,\ \cdots,\ p$$

且至少有一个

$$f_i(x) \leqslant f_i(\overline{x})$$

则称 $\overline{x}$ 为问题（VP）的有效解（Pareto 最优解），$f(\overline{x})$ 为有效点。分别记问题（VP）的有效解集和有效点集 R_e^* 和 F_e^*。

不难看出，若 $\overline{x} \in R_e^*$，即找不到可行解 x，使 $f_1(x)$，$f_2(x)$，$\cdots$，$f_p(x)$ 中每一个值都比 $\overline{x}$ 的相应的目标值 $f_1(\overline{x})$，$f_2(\overline{x})$，$\cdots$，$f_p(\overline{x})$ 要坏，且至少在一个目标上，x 比 $\overline{x}$ 要好。

为求多目标规划问题（VP）有效解，常需要求解如下形式的加权问题 $P(\lambda)$：

$$P（\lambda）\begin{cases} \min\sum_{j=1}^{p}\lambda_j f_j（x）_i \\ x\in R \end{cases}$$

其中

$$\lambda\in\Lambda^+=\left\{\lambda\in E^P\mid\lambda_j\geqslant 0,\ \sum_{j=1}^{p}\lambda_j=1\right\}$$

加权问题 $P（\lambda）$ 的最优解和问题（VP）的有效解具有以下关系：

定理 1：设 $\overline{x}$ 为问题 $P（\lambda）$ 的最优解。若下面两个条件之一成立，则 $\overline{x}\in R_e^*$。

（1）$\lambda_j>0$，$j=1$，2，…，p；

（2）$\overline{x}$ 是问题 $P(\lambda)$ 的唯一解。

定理 2：设 $f_1（x）$，$f_2（x）$，…，$f_n（x）$ 为凸函数，$g_1（x）$，…，$g_m（x）$ 为凹函数。若 x 为（VP）的有效解，则存在 $\lambda\in\Lambda^+$ 使 $\overline{x}$ 为问题 $P（\lambda）$ 的最优解。上述两个定理提供了一种数值优化的方法求解多目标规划 Pareto 解的方法。

3.3.4 目标权系数的确定

多目标决策问题中，一般可用每个目标权系数来反映各目标间的相对重要性，越重要的目标，相应的权系数就越大。确定权系数，应从权系数本身来看，一方面，它应该从客观的角度反映每个评价指标的相对重要性；另一方面，它应该反映决策者对各评价指标主观上的相对偏好程度。对于现实中具体供应链决策问题，决策者可以根据供应链运营实际及风险偏好权衡各个目标来确定其权系数。确定多目标规划权系数的方法大致可分为两种：一种是非交互式方法；另一种是交互式方法。所谓非交互式方法是指在决策前通过分析人员和决策者进行协商对话，给出一个权系数的分布，据此进行决策的方法。而交互式方法一般并不要求在决策前给出权系数，而在决策过程中，通过分析者与决策者的不断对话，最终确定决策者最为满意的方案，同时也就自然确定了最优的权系数。交互式方法将在后面权衡模型约束可行度与决策者满意度时介绍，非交互式方法主要有专家法和特征向量法。

特征向量法是把问题的 n 个目标根据重要性进行两两比较，这种比较既可以由决策者根据供应链运营实际及自身的风险偏好来进行，也可以像专家法那样由专家来进行，但都是对两两目标进行比较。以供应链决策目标权系数的确定为例，假设当前供应链决策的目标有 A_1，…，A_n，将第 i 个目标对第 j 个目标的相

对重要性的估计值记作

$$a_{ij} \approx \frac{\lambda_i}{\lambda_j}$$

其中 λ_i 和 λ_j 为目标 A_i 和 A_j 的权系数。

此处采用方根近似求权系数：

（1）计算 $\overline{w}_i$，

$$\overline{w}_i = \sqrt[n]{\prod_{j=1}^{n} a_{ij}} , \ i = 1, \ 2, \ \cdots, \ n$$

（2）将 $\overline{w}_i$ 规范化，得到 w_i。

$$w_i = \frac{\overline{w}}{\sum_{i=1}^{n} \overline{w}_i} , \ i = 1, \ 2, \ \cdots, \ n$$

w_i 即为特征向量 w 的第 i 个向量。

（3）求 $\lambda_{\max}$。

$$\lambda_{\max} = \sum_{i=1}^{n} \frac{\sum_{j=1}^{n} a_{ijw_j}}{nw_i}$$

采用特征向量法需要首先确定判断矩阵 A，A 中的元素 a_{ij} 是第 i 个目标对第 j 个目标的相对重要性的估计值，可由决策者或专家给出。一般可按下表所示的规则将 a_{ij} 规定在 $1 \sim 9$ 的整数值。

a_{ij} 的定义及解释

相对重要程度 a_{ij}	定义	解释
1	同等重要	目标 i 和目标 j 同样重要
3	略为重要	略为重要
5	相当重要	目标 i 比目标 j 重要
7	明显重要	目标 i 比目标 j 明显重要
9	绝对重要	目标 i 比目标 j 绝对重要
2，4，6，8	介于两相邻重要程度之间	

3.4 供应链质量管理博弈模型

随着全球制造业的发展，供应链中存在的产品质量管理问题逐渐引起企业管理者及研究人员的广泛关注。低质量产品的供应，将造成返工及返修工作剧增，降低生产成本、提高生产效率和加快市场反应速度的种种努力付诸东流，甚至会导致整个供应链的崩溃。2016 年 8 月 24 日开始在全球范围内陆续发生的三星 Note7 爆炸和起火事故为全球制造的质量管理敲响了警钟。造成 Note7 一系列爆炸的原因——电池，更确切的是其供应链上游 SDI 电池供应商的设计缺陷。一块小小的电池，就使三星陷入巨大危机。由此可见供应链质量管理的重要性及紧迫性。

博弈论应用于供应链的研究很多，但应用于供应链质量管理的较少。本书通过引用范迪（2017）的博弈模型，通过研究分析博弈论与委托代理理论可以应用于供应链质量检验与供应链质量激励，通过建立基于跨期的委托代理质量激励模型，研究非对称信息条件下供应链节点企业间质量水平的信号传递，帮助生产商建立最优契约，实现最优的质量激励。

3.4.1 供应链质量管理问题

供应链质量管理问题的研究普遍存在以下困境：供应链各节点企业之间的冲突与竞争；多级供应链协调难以实现；供应链企业间由于信息不对称所引致的逆向选择与道德风险问题；供应链中难以形成长久的合作关系等。而这些问题主要是由于多级供应链各节点企业间信息的不对称造成的。

鉴于监督行为的不经济性，生产商与供应商签订合同。合同将生产商支付给供应商的报酬与某个两者都承认可以共同观察到的指标相联系起来。这种指标的可观察性是共同知识，即两者都能观察到这种指标，都知道对方能观察这种指标，都知道对方知道自己能观察到这种指标。

这种根据某个双方都共同预测到的指标来决定生产商对供应商支付的合同，实际上是一种相关博弈，指标就是信号。忽略生产商和供应商的具体身份，引入委托—代理分析框架，将博弈中拥有私人信息的参与人称为"代理人"，不拥有私人信息的参与人称为"委托人"。

根据生产商和供应商的关系，建立委托人和代理人的博弈模型。

3.4.2 委托—代理模型

1. 逆向选择模型

自然选择代理人的类型；代理人知道自己的类型，委托人不知道（因而信息是不完全的）；委托人在观测到信号之后与代理人签订合同。

2. 传递模型

自然选择代理人的类型；代理人知道自己的类型，委托人不知道（因而信息是不完全的）；为了显示自己的类型，代理人选择某种信号；委托人在观测到信号之后与代理人签订合同。

3. 帕累托改进

在逆向选择问题中，委托人在签订合同时不知道代理人的类型，问题是选择何种合同来获取代理人的私人信息。生产商和供应商可视为交易的双方。非对称信息会导致逆向选择，从而使帕累托最优的交易不能实现；但如果拥有私人信息的一方有办法将其私人信号传递给没有信息的一方，或者后者有办法诱使前者揭示其私人信息，交易的帕累托改进就可以实现。

4. 委托—代理模型

供应商进行生产过程投资水平决策，进而决定其产品质量预防策略，而生产商对接收的中间部件或原材料进行质量评价决策和加工处理决策，然后再将产品销售给顾客。供应商为获得最优质量契约可将其生产过程投资水平类型以信号传递给生产商，生产商依据观测到的供应商质量预防水平对接收到的中间部件或原材料进行质量评价决策和加工处理决策，进而确定其产品质量检验水平和加工处理水平。

3.4.3 Spence 模型

1. 信号

生产过程投资水平。

2. 模型

该博弈两个参与人是委托人（生产商）和代理人（供应商）。

供应商有两种私人类型 θ：

$\theta = L$，表示供应商的质量水平为 L；

$\theta = H$，表示供应商的质量水平为 H，$H > L$。

θ 的概率分布：$p\{\theta = L\} = q$，$p\{\theta = H\} = 1 - q$ 为共同知识。

　　由于供应商市场（本质是劳动市场）的竞争性，使生产商聘用（以下对于生产商与供应商的合作关系，均使用"聘用"这一更能体现两者本质关系的词）供应商的期望利润为0。

　　在完全信息下（即两个参与者都知道 θ 的值），生产商以报酬 $\omega = L$ 聘用 $\theta = L$ 型的供应商，以 $\omega = H$ 聘用 $\theta = H$ 型的供应商。即 $\omega(\theta) = 0$ 可给出两个局中人的帕累托最优分配。

　　当 θ 是供应商的私人类型时，供应商占有信息优势，生产商只能以 $\omega = Lq + (1-q)H = H + (L-H)q$ 聘用供应商，这时 $\theta = H$ 的供应商就可能退出市场。这就是信息不对称所造成的逆向选择问题。为了解决逆向选择问题，供应商以生产过程投资水平作为信号发送给生产商，以使生产商能区别两类不同的供应商。

　　3. 假设

　　（1）投资水平对供应商的质量水平没有影响，目的是把注意力集中于用投资水平作为传递质量信号这一问题上来，使问题简化。

　　（2）类型为 θ 的供应商，投资水平为 e 需要付出成本 $C(L, e)$。假设 $C(L, e) > C(H, e)$，即类型为 L 的供应商投资水平为 e 的边际成本大于类型为 H 的投资水平为 e 的边际成本。这是该模型的一个关键性假设。正是这条假设使供应商的投资水平 e 具有信号的作用，设 $C(\theta, e) = e/\theta$。

　　4. 时序

　　①自然按分布 $p\{\theta = L\} = q$，$p\{\theta = H\} = 1 - q$ 选择供应商的质量水平。

　　②供应商了解到自己的质量水平 θ 后，选择投资水平 $e \in [0, +\infty)$。

　　③生产商观察到供应商的投资水平 θ 后，形成对于供应商类型的推断 $p(\theta \mid e)$，并向供应商提供报酬 $\omega(e)$，使生产商的期望利润为0。对给定的 θ 和 ω，供应商的利润为 $u = \omega - C(\theta, e) = \omega - e/\theta$。

3.4.4　模型求解

　　1. 分离均衡

　　在分离均衡 $e(\theta) = \begin{cases} e_1 < e^* & \theta = L \\ e_2 \geq e^* & \theta = H \end{cases}$ 中设存在一个受投资水平 e^*，当 $e \geq e^*$ 时，认为 $\theta = H$，当 $e < e^*$ 时，认为 $\theta = L$。即当推断满足 $\{\theta = H \mid e \geq e^*\} = 1$，报酬 $\omega(e \geq e^*) = H$，$p\{\theta = L \mid e < e^*\} = 1$，报酬 $\omega(e < e^*) = L$。当供应商选择 $e \geq e^*$ 时，供应商利润为 $u = H - e/\theta \leq H - e^*$，因而 $e = e^*$。当供应商选择 $e < e^*$ 时，供应商利润为 $u = L - e/\theta \leq L$，因而 $e = 0$。这样供应商实际上仅

有两种选择：$e=e^*$ 或 $e=0$。故分离均衡可以表示为：

$$e(\theta)=\begin{cases}0 & \theta=L \\ e^* & \theta=H\end{cases}$$

相应的推断为 $p\{\theta=L \mid e=0\}=1$，$p\{\theta=H \mid e=e^*\}=1$，报酬水平为

$\omega(\theta)=\begin{cases}L & e=0 \\ H & e=e^*\end{cases}$。剩下的问题是决定 e^* 的数值。据上述分析，可以画出如

图 3-5 所示的博弈树。

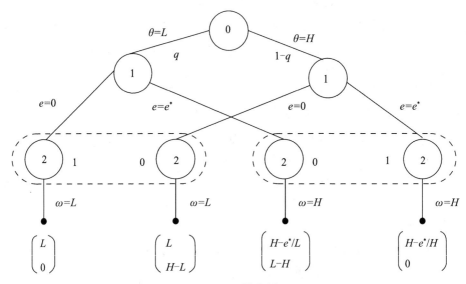

图 3-5 博弈树

$t=2$，在博弈的第二阶段，生产商看到供应商所发出的信号 e，采用推断 $p\{\theta=L \mid e=0\}=1$，$p\{\theta=H \mid e=e^*\}=1$，并选择期望利润为 0 的报酬政策

$$\omega(e)=\begin{cases}L & e=0 \\ H & e=e^*\end{cases}。$$

$t=1$，供应商预期到 $\omega(e)$ 及其推断，选择 $e(\theta)\in\{0, e^*\}$，最大化利润 $u=\omega(e)-C(\theta, e)=\omega(e)-e/\theta$。

当 $\theta=L$ 时，$\max e(L)=0$，$e^*u=\omega(e)-C(\theta, e)=\max\{L, H-e^*/L\}$，$e(L)=0$，$e(L)=0$ 的充要条件是 $e^*\geqslant L(H-L)$；

当 $\theta=H$ 时，$\max e(L)=0$，$e^*u=\omega(e)-C(\theta, e)=\max\{L, H-e^*/H\}$，$e(L)=0$，$e(H)=e^*$ 等同于 $e^*\leqslant H(H-L)$。

故当 $e^*\in[L(H-L), H(H-L)]$ 时，有分离均衡

$$e(\theta) = \begin{cases} 0 & \theta = L \\ e^* & \theta = H \end{cases}, \quad p\{\theta = L \mid e < e^*\} = 1, \quad p\{\theta = H \mid e \geqslant e^*\} = 1,$$

$$\omega(e^*) = \begin{cases} L & e < e^* \\ H & e \geqslant e^* \end{cases}。$$

2. 混同均衡

在混同均衡中 $e(\theta) = e^*$，生产商的推断及报酬选择如下。

当 $e < e^*$ 时，$p\{\theta = L \mid e < e^*\} = 1$，$\omega(e) = L$；当 $e \geqslant e^*$ 时，$p\{\theta = L \mid e \geqslant e^*\} = q$，$p\{\theta = H \mid e \geqslant e^*\} = 1 - q$，$\omega(e) = Lq + (1-q)H = H + (L-H)q$。

供应商选择 $e \in [0, e^*]$ 时，利润为 $u = L - e/\theta \leqslant L$，故 $e = 0$。选择 $e \geqslant e^*$ 时，利润为 $u = H + (L-H)q - e/\theta \leqslant H + (L-H)q - e^*/\theta$，故 $e = e^*$。此时博弈树如图 3-6 所示。

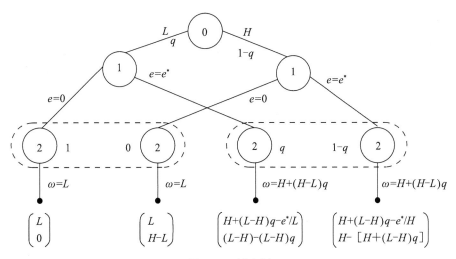

图 3-6 博弈树

问题归结为 e^* 的确定。

$t = 1$，供应商预期到 $\omega(e) = \begin{cases} L & e < e^* \\ H + (L-H)q & e \geqslant e^* \end{cases}$ 及生产商的推断：$p\{\theta = L \mid e \geqslant e^*\} = q$，$p\{\theta - H \mid e \geqslant e^*\} = 1 - q$，$p\{\theta = L \mid e < e^*\} = 1$。选择 $e(\theta) \in \{0, e^*\}$，最大化利润 $u = \omega(e) - e/\theta$。

当 $\theta = L$ 时，$\max_e = 0$，$e^* u = \omega(e) - e/\theta = \max\{L, H + (L-H)q - e^*/L\}$，等同于 $e^* \leqslant L(H-L)(1-q)$。

当 $\theta = H$ 时，$\max_e = 0$，$e^* u = \omega(e) - e/\theta = \max\{L, H + (L-H)q -$

$e^*/L\}$，$e(H)=e^*$ 等同于 $e^* \leqslant H(H-L)(1-q)$。

故有混同均衡：$e(\theta)=e^*$，$p\{\theta=L \mid e<e^*\}=1$，$p\{\theta=L \mid e \geqslant e^*\}=q$，

$$\omega(e)=\begin{cases} L & e<e^* \\ H+(L-H) & e \geqslant e^* \end{cases}，其中 e^* \leqslant L(H-L)(1-q)。$$

3.4.5 均衡分析

据上所述，该模型存在一个混同均衡和一个分离均衡。但无论如何规定生产商在非均衡路径上的后验概率，即 $P\{\theta=L \mid e \geqslant e^*\}=q$，上述结果都不构成一个合理的混同均衡。而在分离均衡中，投资水平就成为传递供应商的质量水平的信号。

3.4.6 结论

供应商有激励性动机将其生产过程投资水平以信号传递给生产商，并提高中间部件或原材料质量水平；当生产商观测到供应商所提供的产品质量信号后，将降低其产品质量检验水平、提高加工处理水平。生产商可以增加向供应商的前向支付，作为对供应商提高产品质量水平的质量奖励；同时整个供应链的联合期望收益将显著增加，并使生产商为获取供应商产品质量水平减少向其支付的信息租金。

通过研究分析得出，博弈论与委托—代理理论可以应用于供应链质量检验与供应链质量激励，通过建立并分析跨期的委托—代理质量激励模型可知，为了提高供应商的积极性，生产商与供应商签订质量激励契约，以投资水平作为传递供应商质量水平的信号，保证供应商提高产品的质量。

4 供应链质量管理工具及方法

4.1 六西格玛管理

20 世纪 80 年代后，经济全球化的步伐加快，优胜劣汰、适者生存的竞争原则在全球化的市场上表现得淋漓尽致。在世界经济进入以生产过剩和价格下跌为特征的通货紧缩时代，残酷的市场竞争环境不允许产品和服务产生差错。

1986 年，美国摩托罗拉公司的 Mike J. Harry（迈克丁·哈里）博士首次提出 6σ（六西格玛）质量概念，并率先在全公司推行 6σ 管理方法，使摩托罗拉公司生产率每年提高 12.7%，质量缺陷减少了 99.7%，因质量缺陷造成的损失减少 84%，节约资金 110 亿美元。摩托罗拉公司因此获得巨大成功，股票价格上涨了 4 倍，1998 年获得了美国波多里奇国家质量管理奖。1998 年美国联合信号公司从推行 6σ 管理中节省的成本为 5 亿美元，1999 年美国雷神公司直接从 6σ 管理中获得的利润超过 1 亿美元。

不过，让 6σ 名声大噪的还是美国通用电气公司（GE）。GE 公司自 1995 年推行 6σ 管理方法以来，由此产生的经济效益每年呈加速度递增。1997 年节省的成本为 3 亿美元，1998 年为 7.5 亿美元，1999 年为 15 亿美元，利润从 1995 年的 13.6% 提升到 1998 年的 16.7%。GE 公司的营业额 2000 年达到 200 亿美元，公司总裁杰克·韦尔奇在总结成功经验之一的"6σ"时说："6σ 管理是 GE 公司从来没有经历过的最重要的发展战略。6σ 管理是 GE 公司历史上最重要、最具有价值、最盈利的事业。我们的目标是成为一家 6σ 公司，这意味着公司的产品、服务、交易零缺陷。"目前，GE 公司制定的四大发展战略是：6σ 管理、产品与服务、全球化市场、电子商务。

美国大公司推行 6σ 管理取得了巨大成功，世界上其他大公司纷纷效仿，引进和推行 6σ 管理运动，从而在全球掀起一场"6σ 质量浪潮"。

6σ 管理在西方国家备受推崇，被视为企业在 21 世纪生存和可持续发展的重要战略。1998 年，美国开始实施"6σ 管理培训"，越来越多的美国和欧洲的大公司开始全力以赴地推进 6σ 管理运动，并且帮助其众多的分包商和供应商追求 6σ 质量。许多企业开始反思自己的整个业务流程，更加重视企业和商务过程的业务质量，纷纷通过提高业务质量来提升用户的满意度和企业的盈利水平。曾经引领世界质量管理潮流的日本，现在也在学习 6σ 管理方法，目的是使日本在战略上从过去的产品质量管理向过程质量管理发展。

尽管我国一些优秀企业的管理水平不断提高，但离 6σ 质量的目标还差得很远。中国企业的质量管理水平均为 2σ～3σ，大多数中型企业的质量管理水平低于 2σ。对大多数中国企业而言，6σ 管理方法还仅仅停留在理论认知阶段，只有少数企业推行。主要原因是企业管理基础薄弱，管理松懈、纪律松弛的现象普遍存在。6σ 质量应该成为我国优秀企业追求质量文化的一个重要目标。我国物流业正在从传统运作方式向现代运作方式过渡。现代物流是运用现代科学技术，通过优化与整合物流活动全过程，实现其科学化、系统化，获得最大效率与效益推进 6σ 管理运动。基于物流供应链的思想，供应链上的核心企业和各相关节点企业（如分包商、供应商、协作商、分销商等）均追求 6σ 质量。各企业反思自己的整个业务流程，更加重视企业和商务过程的业务质量，通过提高业务质量来提升用户的满意度和企业盈利水平，促成我国物流企业的跨越式发展。所以，对于有条件的物流企业，实施 6σ 质量管理是有现实意义的。

4.1.1　6σ 管理的定义及特点

1. 6σ 管理的定义

在统计学上，σ 表示标准偏差的希腊文字，即数据的分散程度。在商业和制造业中，用 6σ 来测量产品和服务的质量，其真正的价值在于如果能找出过程中的缺陷，就可以找到相应的措施消除缺陷，从而使过程达到近乎"完美"。不同 σ 水平之间的差异并不是简单地对半削减缺陷数量。σ 水平每升高一级，缺陷数量都会减少。3σ 水平是指在一百万次机会中只能允许 66807 次缺陷，4σ 表示每一百万个产品仅有 6210 个残次品，而在 5σ 水平中只允许 233 个缺陷。6σ 水平表示的是高质量，相当于每一百万个产品的残次品仅为 3.4 个或每一百万次服务仅有 3.4 次未能达到顾客的要求，及格率 99.99966%。

2. 6σ 管理的特点

（1）以顾客为关注焦点的管理理念。6σ 是以顾客为中心，关注顾客的需求。它的出发点就是研究客户最需要的是什么，最关心的是什么。比如改进一辆载货车，可以让它的动力增大一倍，载重量增加一倍，这在技术上完全做得到，但这是不是顾客最需要的呢？因为这样做，成本就会增大一倍，油耗就会增加，顾客就不一定想要。什么是顾客最需要的呢？这就需要去调查和分析。假如顾客买一辆摩托车需要考虑 30 个因素，这就需要去分析 30 个因素中哪一个因素最重要，通过计算，找到最佳组合。因此，6σ 是根据顾客的需求来确定管理项目，将重点放在顾客最关心、对组织影响最大的方面。

（2）通过提高顾客满意度和降低资源成本促使组织的业绩提升。6σ 项目瞄准的目标有两个：一是提高顾客满意度，通过提高顾客满意度来占领市场、开拓市场，从而提高组织的效益；二是降低资源成本，通过降低资源成本，尤其是不良质量成本损失，从而增加组织的收入。因此，实施 6σ 管理方法能够给组织带来明显的业绩提升，这也是它受到众多组织青睐的主要原因。

（3）注重数据和事实，使管理成为真正意义上的数字科学。6σ 管理方法是一种高度重视数据、依据数据进行决策的管理方法，强调"用数据说话""依据数据进行决策""改进一个过程所需要的所有信息，都包含在数据中"。另外，它通过定义"机会"与"缺陷"，计算 DPO（每个机会中的缺陷数）、DPMO（每百万个机会中的缺陷数），不但可以测量和评价产品质量，还可以把一些难以预测和评价的工作质量和过程质量，变得像产品质量一样可以测量和用数据加以评价，从而有助于获得改进机会，达到消除或减少工作差错及产品缺陷的目的。因此，6σ 管理方法广泛地采用各种统计技术工具，使管理成为一种可测量、数字化的科学。

（4）一种以项目为驱动力的管理方法。6σ 管理方法的实施是以项目为基本单元，通过一个个项目的实现来实现。通常项目是以黑带为负责人，牵头组织项目团队通过项目成功来实现一次 6σ 改进。

（5）实现对产品和流程的突破性质量改进。6σ 项目的一个显著特点是项目的改进都是突破性的，旨在彻底解决问题产生的根源。通过这种改进能使产品质量得到显著的提高，或者使流程得到改造，从而使组织获得显著的经济利益。实现突破性改进是 6σ 的一大特点，也是组织业绩提升的源泉。

（6）强调骨干队伍的建设。6σ 管理方法比较强调骨干队伍的建设，其中，执行责任人、实施负责人、项目负责人、黑带大师、黑带和绿带构成了整个 6σ 队伍的骨干。对不同层次骨干进行严格的资格认证制度，如黑带必须在规定时间内完成规定的培训，并主持完成一项增产节约幅度较大的改进项目。

4.1.2 6σ 管理的实施

1. 实施 6σ 管理的方法与工具

6σ 管理不仅是理念，同时也是一套业绩突破的方法。它将理念变为行动，将目标变为现实，这套方法就是人们常常谈到的 6σ 改进方法 DMAIC 和 6σ 设计方法 DFSS。

一个完整的 6σ 改进项目应完成"定义 D""测量 M""分析 A""改进 I"和"控制 C"5 个阶段的工作，每个阶段又由若干个工作步骤构成。虽然，Motorola（摩托罗拉公司）、GE（通用电气公司）、Smart Solution（智科系统公司）等采用的工作步骤不尽相同，有的采用 6 步法，有的采用 12 步法或 24 步法，但每个阶段的主要内容是大致相同的。各阶段的主要工作如表 4 - 1 所示。

表 4 - 1　　　　　　　　　实施 6σ 管理过程及各阶段的主要工作

阶段	主要工作
	（1）定义阶段 D：确定顾客的关键需求并识别需要改进的产品或过程，将改进项目界定在合理的范围内
	（2）测量阶段 M：通过对现有过程的测量，确定过程的基线以及期望达到的目标，识别影响过程输出 Y 的输入 X_S，并对测量系统的有效性作出评价
	（3）分析阶段 A：通过数据分析确定影响输出 Y 的关键 X_S，即确定过程的关键影响因素
	（4）改进阶段 I：寻找优化过程输出 Y 并且消除或减少关键 X_S 影响的方案，使过程的缺陷或变异（或波动）降低
	（5）控制阶段 C：使改进后的过程程序化并通过有效的检测方法保持过程改进的成果

每个阶段都由一系列工具方法支持该阶段目标的实现，表 4 - 2 列出了每个阶段使用的典型方法与工具。

表 4-2 支持 DMAIC 过程的典型方法与工具

阶段	活动要点	常用工具和技术	
D 阶段	项目启动 CTO 确定	●头脑风暴法 ●亲和图 ●树图 ●流程图	●排列图 ●QFD ●FMEA ●CT 分解
M 阶段	测量 Y，确定 项目基线	●运行图 ●分层法 ●散布图 ●直方图 ●测量系统分析	●过程能力 ●FMEA ●水平对比法 ●抽样计划
A 阶段	确定关键影响因素	●因果图 ●散布图 ●箱线图 ●多变量图 ●5 个 "为什么"	●抽样计划 ●假设检验 ●回归分析 ●方差分析
I 阶段	设计并验证 改进方案	●试验设计 ●田口方法 ●响应面法	●FMEA ●过程仿真 ●过程能力分析
C 阶段	保持成果	●控制计划 ●防错方法 ●标准操作 SOP	●目标管理 ●SPC 控制图

2. 实施 6σ 管理的阶段与步骤

典型 6σ 包括 5 个阶段，简称 DMAIC（Define 定义，Measure 测量，Analyze 分析，Improve 改善和 Control 控制）。实际上 DMAIC 是一个完整的 6σ 改进项目应完成的 5 个阶段的工作手法，最终效果是达到最低限度的浪费、产品缺陷的底线和取得最大限度的客户满意度。

（1）定义阶段（Define）。目标是确定顾客的关键需求，识别需要改进的产品或过程，识别需要改善的服务领域。本阶段的主要活动选定对顾客至关重要，将需要改进的项目界定在合理的范围内。在定义阶段要符合 SMART 原则：具体的（Specific）、可度量的（Measurable）、可实现的（Attainable）、现实的（Realistic）、在有限时间内完成的（Time - based）。

（2）测量阶段（Measure）。主要是在了解需要改善的过程和顾客的重点要求后，运用数据收集技术来测量当前的情况，找到可能改善的机会，并提出测量改善的基准。通过对现有过程的测量，确定过程的基线以及期望达到的目标，识别影响过程输出 Y 的输入 X_S，针对测量对系统的有效性做出评价。把分析的业务步骤整理为输入、处理和输出三个步骤的具体化，最后根据具体结果制订测量方法的改善方案并执行。

（3）分析阶段（Analyze）。主要是分析数据，并在其基础上找出问题的根源。其主要结果是检验和证实分析结果。在分析阶段要明确定义结果、问题、原因，明确根本原因。根据重要度、影响的大小评价发现的原因，选定关键影响因素，明确问题的原因。

（4）改善阶段（Improve）。提出和实施解决问题的措施，并用实际数据来检验实施的结果。本阶段要寻找优化过程输出 Y 并且消除或减少关键输入 X_S 影响的方案，使过程的缺陷或变异（或称为波动）降低。

在考虑实际条件的前提下，将已找到的最佳条件具体化为解决方案。评价拟订解决方案是否能达到原有目的，确认解决方案是否与事业绩效有关，决定解决方案的优先顺序。

（5）控制阶段（Control）。通过标准化和对下一阶段的预测来保持过程持续的改善，使改进后的过程程序化并通过有效的监测方法保持过程改进的成果。本阶段要在现场研究对策，持续观察变化，寻找特殊原因，确认改善前的异常原因是否已被完全消除，并查找先出现的质量问题，通过找到新的关键输入，持续改善现场。

根据对 DMAIC 过程的分析，可以将 6σ 质量管理方法分为以下九个步骤。

步骤 1——选题理由：掌握现场、确认业务的问题点。

步骤 2——现状把握：通过事实记录、数据掌握差异、实事与目标的不良状况。

步骤 3——活动计划：通过小组协商，讨论决定活动步骤的日程，并指派工作。

步骤 4——研究查明发生问题的真正原因：小组发挥全员智慧展开要因探索，筛选特性与要因。

步骤 5——对策实施：展开对策实施，制订对策方案、计划、实施顺序，探讨解决问题的方法，制定短期应急对策、长期改善对策、再发防止对策。

步骤 6——效果确定：把握效果的相关数据，比较目标值和实际值。

步骤 7——标准化：将具体效果的对策标准化以保持效果的持续，将改进措施手册化、规格规范化、作业方法标准化。

步骤8——反省残留问题：反省小组成员活动的优缺点，反省小组成员在解决问题上的能力，反省计划与实际两者间的差异，反省各步骤活动的优缺点，将残留问题汇总并纳入下次活动中。

步骤9——今后课题计划：将反省所整理出的问题、残留问题列为下次候补课题。

4.1.3　6σ实施

应用6σ方法实现业绩目标，有三个过程也可称为三种载体，分别为6σ过程（PFSS）、6σ策划（DFSS）和6σ组织（OFSS）。如图4-1所示。

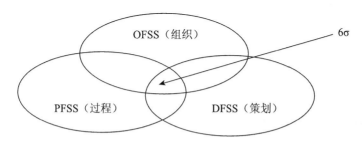

图4-1　PFSS、DFSS、OFSS整合关系

6σ过程（PFSS）着重消除与体系和过程有关的错误和风险。现行体系或过程的操作直接影响顾客满意度和降低成本的错误和风险。

6σ策划（DFSS）着重消除与产品、体系或过程的设计有关的多种形式的错误和风险。

6σ组织（OFSS）是领导职能推进6σ方法的基础，它的重点在于建立和应用一些展开计划、报告系统和实施过程来支持PFSS和DFSS。OFSS的目标是通过改进组织的经营能力获得最佳经营业绩。

6σ管理从其实施形式来说，应该是管理整个组织经营的战略和战术体系。因此，有能力让顾客和组织同时获得满意。表4-3把6σ管理放在了经营、操作和过程三个层次上，每一层次上都有相关的长期和短期的业务目标，要想实现这些目标，必须按6σ管理的要求将战略、战术和工具展开。

表 4-3 基于 6σ 管理的企业经营战略和技术体系

组织目标	长期目标	短期目标	战略	战术	工具
经营	5 年内成为顶尖企业	2 年内实现指定的业绩	应用 6σ 实现经营目标	开发展开计划	指标的跟踪和报告系统
操作	所有的 6σ 指标每年按一定幅度改进	实现关键指标改进幅度	要求 6σ 人力资源能力	确定 6σ 项目挑选标准	6σ 项目的跟踪和报告系统
过程	与所有过程有关的关键质量特性实现 3.4PPM	实现与关键过程有关的关键质量特性的指定能力	建立 6σ 人力资源能力	把 6σ 突破战略应用于所有项目	6σ 突破技术和软件

4.2 全面质量管理（TQM）

4.2.1 全面质量管理的定义

全面质量管理的理念最早见于 1961 年美国通用电气公司质量经理费根堡姆出版的 *Total Quality Control*（《全面质量控制》）一书，指出"全面质量管理是为了能够在最经济的水平上并考虑充分满足用户要求的条件下进行市场研究、设计、生产和服务，把企业各部门的质量、维持质量和提高质量的活动构成一体的有效体系"，费根堡姆的全面质量管理的核心思想是在一个企业内将质量控制扩展到产品生命循环的全过程，强调全体员工都参与质量控制。

日本在 20 世纪 50 年代引进了美国的质量管理方法，并在此基础上有所发展。著名的日本质量管理专家石川馨博士，根据日本企业的实践把全面质量管理描述为"全公司的质量控制"（Company Wide Quality Control，CWQC）。他认为 CWQC 在于整个公司从上层管理人员到全体职工都会参加质量管理，不仅研究、设计、人事等管理部门参加质量管理，而且销售、材料供应部门和诸如计划、会计、劳动、人事等管理部门及行政办事机构也参加质量管理。

全面质量管理是一种由顾客的需要和期望驱动的管理哲学。ISO 8402:1994 中给全面质量管理下了一个国际化的定义：一个组织以质量为中心，以全员参与为基础，目的在于通过让顾客满意和本组织所有成员及社会受益而达到长期成功的管理途径。

在这一定义中：质量这个概念涉及全部管理目标的实现；"社会受益"是指

"社会要求"。质量不仅包括产品质量，还包括经营；质量可以是有意识形成的，也可以是无意中形成的。过程除生产过程外，还包括服务、经营等其他过程。"过程"已超过一般"顾客"的范畴，顾客可以是最终消费者、使用者、受益人或需求方，它包括企业活动能影响的所有人，无论是企业内部的，还是企业外部的。

日本戴明质量奖评审委员会于 1998 年 6 月对 TQM（全面质量管理）的定义进行了修订。修订后 TQM 的定义为：TQM 是由整个组织从事的、在效率和效益两方面达到组织目标的系统活动。它使组织可以在适当的时间和价格上提供给顾客满意的产品和服务的质量水平。

在这一定义中："TQM"活动是指组织中所有部门的所有人员在所有水平上的参与，并且以最快的速度和使用最少的管理资源达到既定目标。"组织目标"是指通过持续稳定地满足顾客的要求来保证长期的、适当的利润，同时还包括雇员、社会、供应商和股东不断提高的收益。这一目标是以质量保证为核心，在财务、采购、环境、安全部门积极采用下制定出来的。"系统活动"是指组织为达到自身的目标，有强有力的领导和指导，有明确的中长期目标、战略及适当的质量政策和策略。"提供"是指组织所从事的产品和服务提供给顾客的活动。"顾客"是指产品和服务的购买者、使用者、消费者和受益者。"产品和服务"是指制造性产品、制成品、零部件、材料、系统、软件、能源、信息及其他所有能够给顾客带来益处的事项。"质量"是指有用性（包括功能和心理两方面）、可靠性和安全性，同时必须考虑对社会、环境及子孙后代三方面的影响。

4.2.2 全面质量管理的特点

全面质量管理是质量管理发展的高级阶段，是质量管理经历质量检验阶段、质量控制阶段后逐渐发展成熟的一套质量管理理论。与之前的质量管理理论相比，全面质量管理具有以下特点。

1. 全过程的质量管理

任何产品或服务的质量，都有一个产生、形成和实现的过程，从全过程的角度来看，质量产生、形成和实现的整个过程是由多个相互联系、相互影响的环节所组成的，每一个环节都或轻或重地影响着最终的质量状况。为了保证和提高质量就必须把影响质量的所有环节和因素都控制起来，为此，全过程的质量管理包括从市场调研、产品的设计开发、生产（作业），到销售、服务等全部有关过程的质量管理，换句话说，要保证产品或服务的质量，不仅要搞好生产或作业过程的质量管理，还要搞好设计过程和使用过程的质量管理，要把质量形成全过程的各个环节或有关因素控制起来，形成一个综合性的质量管理体系，做到以预防为主，防检结合，重在提高。为此，全面质量管理强调必须体现以下两个思想：①预防为主、不断改进的思想。优良的产品质量是设计和生产制造出来的，而不是靠事后的检验决定的。事后的检验面对的是已成事实的产品质量。根据这一基本道理，全面质量管理要求把管理工作的重点，从"事后把关"转移到"事前预防"上来；从管结果转变为管因素，实行"预防为主"的方针，把不合格品消失在它的形成过程之中，做到"防患于未然"。当然，为了保证产品质量，防止不合格品出厂或流入下道工序，并把发现的问题及时反馈，防止再出现、再发生，加强质量检验在任何情况下都是必不可少的。强调预防为主、不断改进的思想，不仅不排斥质量检验，甚至要求其更加完善、更加科学。质量检验是全面质量管理的重要组成部分，企业内必须坚持行之有效的质量检验制度，并且要进一步使之科学化、完善化、规范化。②为顾客服务的思想。顾客有内部和外部之分：外部的顾客既可以是最终的顾客，也可以是产品的经销商或再加工者；内部的顾客是企业的部门和员工。实行全过程的质量管理要求企业各个工作环节都必须树立为顾客服务的思想。内部顾客满意是外部顾客满意的基础。因此，在企业内部要树立"下道工序是顾客""努力为下道工序服务"的思想。现代工业生产是一环扣一环，前道工序的质量会影响后道工序的质量，一道工序出现质量问题，就会影响整个过程以致产品质量出现问题。因此，要求每道工序的质量都要经得起下道工序，即"顾客"的检验，满足下道工序的要求。有些企业开展的"三工序"活动即复查上道工序的质量；保证本道工序的质量；坚持优质、准时为下道工序服务是为顾客服务思想的具体体现。只有每道工序在质量上都坚持高标准，都为下道工序着想，为下道工序提供最大的便利，企业才能目标一致地、协调地生产出符合规定要求、满足用户期望的产品。

可见，全过程的质量管理意味着全面质量管理要始于识别客户的需要，终于满足客户的需要。

2. 全员的质量管理

产品和服务质量是企业各方面、各部门、各环节工作质量的综合反映，企业中任何一个环节、任何一个人的工作质量都会不同程度地直接或间接地影响产品质量或服务质量。因此，产品质量人人有责，只有人人关心产品质量和服务质量、人人做好本职工作、全员参加质量管理，才能生产出顾客满意的产品。

3. 全企业的质量管理

这可以从纵横两个方面理解。从纵向的组织管理角度来看，质量目标的实现有赖于企业的上层、中层、基层管理乃至一线员工的通力协作，其中高层管理能否全力以赴起着决定性的作用。从企业职能间的横向配合来看，要保证和提高产品质量必须使企业研制、维持和改进质量的所有活动构成一个有效的整体。全企业的质量管理可以从两个角度来理解：①从组织管理的角度来看，每个企业都可以划分成上层管理、中层管理和基层管理。"全企业的质量管理"就是要求企业各管理层次都有明确的质量管理活动内容。当然，各层次活动的侧重点不同。上层管理侧重于质量决策，制定出企业的质量方针、质量目标、质量政策和质量计划，并统一组织、协调企业各部门、各环节、各类人员的质量管理活动，保证实现企业经营管理的最终目的；中层管理则要贯彻落实领导层的质量决策，运用一定的方法找到各部门的关键、薄弱环节或必须解决的重要事项，确定本部门的目标和对策，更好地执行各自的质量职能，并对基层工作进行具体的业务管理；基层管理则要求每个职工都要严格地按标准、按规范进行生产，相互间进行分工合作、互相支持协助，并结合岗位工作，开展群众合理化建议和质量管理小组活动，不断进行作业改善。②从质量管理职能角度看，质量管理职能是分散在全企业的有关部门中的，要保证和提高产品质量，就必须将分散在企业各部门的质量职能充分发挥出来。但由于各部门的职责和作用不同，其质量管理的内容也是不一样的。为了有效地进行全面质量管理，就必须加强各部门之间的组织协调，并且为了从组织上、制度上保证企业长期稳定地生产出符合规定要求、满足顾客期望的产品，最终必须要建立起全企业的质量管理体系，使企业的所有质量活动构成一个有效的整体。建立和健全全企业质量管理体系，是全面质量管理深化发展的重要标志。

可见，全企业的质量管理就是要"以质量为中心，领导重视、组织落实、体系完善"。

4. 多方法的质量管理

影响产品质量和服务质量的因素越来越复杂：既有物质的因素，又有人的因素；既有技术的因素，又有管理的因素；既有企业内部的因素，又有对产品质量和服务质量提出越来越高要求的企业外部的因素。要想把这一系列的因素系统地控制起来、全面管理好，就必须根据不同情况区别不同的影响因素，广泛、灵活地运用多种多样的现代化管理办法来解决质量问题。

目前，质量管理中广泛运用各种方法。常用的质量管理方法有所谓的老七种工具，具体包括因果图、排列图、直方图、控制图、散布图、分层图、调查表；还有新六种工具，具体包括关联图法、KJ法（亲和图法）、系统图法、矩阵图法、矩阵数据分析法、矢线图法。除了以上新老工具外，还有很多方法，尤其是一些新方法近年来得到了广泛的关注，具体包括：质量功能展开（QFD）、稳健性设计（三次设计）方法、质量工程学、价值工程与分析、六西格玛（6σ）法等。

总之，为了实现质量目标，必须综合应用各种先进的管理方法和技术手段，善于学习和引进国内外先进企业的经验，不断改进本组织的业务流程和工作方法，不断提高组织成员的质量意识和质量技能，"多方法的质量管理"要求的是"程序科学、方法灵活、实事求是、讲求实效"。

上述"三全一多样"，都是围绕着"有效地利用人力、物力、财力、信息等资源，以最经济的手段生产出顾客满意的产品"这一企业目标的，这是我国企业推行全面质量管理的出发点和落脚点，也是全面质量管理的基本要求。

4.2.3 全面质量管理的基本原理与工作程序

"质量"一般包含：满足顾客要求、产品价格和交货期三个方面。一般认为影响产品质量的因素可以划分为两大类：①技术方面，即机器、物料和方法；②人员方面，即实现产品的所有人员。在产品质量形成过程中，对每个环节的标准要求的控制称为质量管理工作。其中，完善质量管理文件是进行质量管理工作的一种有效的方法和手段。同时，在全面质量管理工作中，经常会用到统计学的知识，这些统计学的方法也是全面质量管理中的一个重要内容和工具。

全面质量管理中质量成本是衡量和优化全面质量管理活动的一种手段，企业经营者使用全面质量管理的工具，用来委派产品质量方面的职权和职责。原则上，总经理应当成为公司质量管理工作的"总设计师"，制定质量管理方针，并委派"质量管理者"代表全面负责公司的质量管理。同时，公司其他主要职能部门还应促进公司在效率、现代化、质量控制等方面的发挥。

从人际关系的观点来看，质量管理组织包括两个方面：①为有关的全体人员和部门提供产品的质量信息和沟通渠道；②为有关的雇员和部门参与整个质量管理工作提供手段。公司开展全面质量管理工作必须得到企业高层经营者的大力支持，否则就难以实际推行。企业的质量管理者要带领全体员工在公司内逐步开展全面质量管理活动。通常的做法是依据客观事实，通过统计分析，解决问题较为典型的质量课题，并努力确保能够取得成功，其次按照这种方式一步一步地全面实施质量管理计划。

全面质量管理是以质量管理为中心、全员参与为基础，通过质量策划、质量控制、质量改进等手段以达到顾客满意的一种管理方式。质量策划致力于制定质量目标并规定必要的运行程序和相关资源实现质量目标；质量控制反映了致力于满足质量要求的能力；质量改进反映了应用于增强质量要求的能力。全面质量管理是可持续改进的质量管理模式，其最基本的工作程序就是 PDCA 管理循环。PDCA 循环可分为计划、执行、检查、行动四个阶段，这四个阶段的具体内容如下。

①计划：包括活动方针和目标的确定，以及具体活动的策划。

②执行：根据已掌握的信息，设计具体的方法、方案和流程，再根据设计好的流程，进行具体运作，实现计划中的目标。

③检查：总结执行计划的结果，掌握哪些行动达到了目标，哪些行动没有达到目标，为什么没有达到目标？并且针对没有达到目标的行动找出具体的原因，并解决问题。

④行动：对检查的结果进行处理，对取得成功的执行方法实行标准化、文件化，进行保持和推广；对于没有取得成功的执行方法也要寻找失败的原因。对于这个循环中没有解决的问题，要提交给下一个 PDCA 循环去解决。

以上 PDCA 循环的四个过程内容并不是循环一个周期就结束了，而是需要不断地、周而复始地进行循环。当一个循环结束时，可能解决了一些问题，也可能有一些问题仍没有得到解决，这些没有被解决的问题就需要进入下一个循环。在实际运行中，我们又把 PDCA 循环四阶段进一步具体化为 8 个步骤，按顺序进行，组成一个大的循环圈，如图 4-2 所示。

综上所述，可了解到 PDCA 循环具有以下特点：①PDCA 循环是连续的循环过程，每经过一个循环质量水平就得到进一步提高。若干循环的连续是一步一个台阶，不断地提高就是持续不断地改进，最终可达到高境界的质量水平。②PDCA 循环的四个阶段中关键在于总结阶段。总结阶段起到承上（巩固措施）启下（遗留问题）的作用，保证了 PDCA 循环不断地进行。③PDCA 循环各步骤之间一环套一环，具有很强的逻辑性。④PDCA 循环过程中要从周围众多的问题中选取最重要的问题去着手改进，针对影响问题的众多原因要确认最重要的原因再解决问题，体现了抓重点的思想。⑤PDCA 循环是大环套小环，小环保证大环，它在不断循环的同时，不断上升，呈螺旋上升状态。如图 4-3 所示。

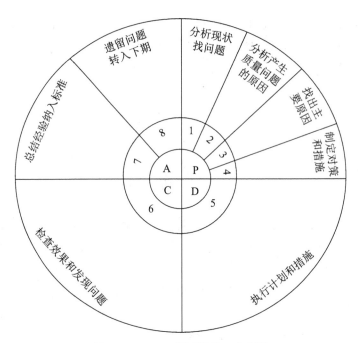

图 4-2　PDCA 循环及其 8 个步骤

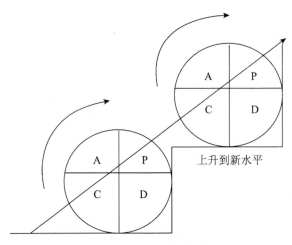

图 4-3　PDCA 循环的步骤

企业在具体推行全面质量管理工作程序时，一般按照下几个方面来实施。

①成立独立的质量管理机构，该机构需要独立于其他部门，并且需要在全公司实行质量责任制。公司决策层发布质量方针，指派质量管理者代表。推行过程要求企业员工自上而下地严格执行。

②定期开展质量管理培训工作。培养员工"质量第一""顾客第一"的意识，创造良好的企业质量文化氛围。制定企业各类标准规范，发挥企业有效资源，提高资源利用率。

③推动全员参与质量管理。通过培训、奖励等多种方法，充分调动企业员工的积极性，积极推动全体员工参与到质量管理活动中来，实现产品全过程的质量管理。

④做好测量计量等工作。计量数值的准确性、计量单位的统一性的保证，是确保技术标准能有效贯彻执行的重要方法和手段，是企业做好质量管理工作的基础。

⑤做好信息系统的工作。企业推行现代化、信息化的数据库系统，建立质量管理数据库，确保质量管理的信息准确快速地传达和保存。

4.3 大数据分析在供应链质量管理中的应用

目前大数据时代已经开始影响我国技术革新和企业经营，并推动着商业革新、社会变革和科技创新的发展。现代市场的生存法则也离不开大数据分析。大数据分析已经成为 21 世纪最具应用前景的研究领域。一些商业评论家和研究学者认为，大数据分析能够更好地理解我们未知的世界和商业竞争，并获得基于技术层面的竞争优势。因此，对于各行各业的商业领袖和业界精英们来说，大数据分析将发挥越来越重要的作用。

很显然，对于企业来说，获取、储存、积累、分析数据的能力，以及从数据中挖掘数据智能的能力都是非常重要的。处于行业领先地位的公司已从数据挖掘中获取了实实在在的利益，比如 Walmart（沃尔玛）、eBay（易贝）、Target（塔吉特）等这些公司在市场竞争中仅赢得了竞争优势，还利用大数据分析制定新的市场竞争游戏规则。他们利用大数据分析增强了盈利能力并创立了新的价值增值模式。

4.3.1 大数据分析对供应链质量管理的影响及现状

1. 大数据分析优化供应链的决策体系

大数据分析的应用可以在目标市场的营销决策、供应链存货决策的优化、供应链运营风险的评估等方面为整个供应链的决策体系增强竞争优势。供应链在运作过程中会产生大量的信息，供应链的企业成员从各自的 POS（销售点）、GPS

（全球定位系统）、RFID（射频识别技术）等渠道可以轻松获得大量信息，并通过大数据分析，把这些信息转变为商业智能。利用大数据分析带来精准获利的供应链或企业不断增多，但是，大多数公司还不能通过大数据分析来促进供应链的发展，原因是在不清楚投资回报率的情况下，这些公司不会贸然花费大量资金开展新的技术和软件的应用。许多公司虽已意识到大数据的重要性，但是并不清楚如何进行大数据分析来驱动供应链的运营。因此，除了少数大型公司，如 Link-din（领英）、Facebook（脸书）、Google（谷歌）等大多数公司仍然不清楚要做些什么以及如何进行大数据分析。

2. 大数据分析的现状与问题

大量数据如果不经过分析，就是一堆庞大的不起任何作用的数据，而如果企业的分析和决策不以数据为载体，也就只是数学或统计学上的纯粹数理分析，只有将大数据和企业的分析决策结合在一起，利用当今先进的计算机运算技术，才能发现数据背后的重大价值，将商业数据变成商业智能。不管是经济活动还是社会活动，都会在网络上以极快的速度产生多种交易活动，也同样会产生实时的数据。捕捉和理解这些数据和信息的能力是大数据分析的基础。

大数据分析在以下五个方面有重大进展，分别是：电子商务和商业智能、电子政务和政策方案、科学和技术、健康和医疗、安保和公共安全。在这五个方面中，商业智能是与供应链管理相关的。而且，随着大数据分析带来的对市场越发深入的洞察，我们意识到，现阶段对大数据分析的应用还是碎片化的。这种碎片化的应用让系统性的开发和应用大数据分析的目标变得越来越难以实现，因此对于供应链管理来说，当务之急是要解决大数据系统化的应用问题。

4.3.2 大数据分析在供应链质量管理中的应用

大数据环境下，供应链数据来源广泛，种类繁多。若建立供应链大数据平台（见图4-4），则供应链上各企业节点可以根据运营需求对大数据进行有针对性的梳理和应用。

大数据分析的应用贯穿于供应链从原料来源到售后服务的全过程。目前为我们所熟知的应用集中在市场开发方面，处于领先地位的应用表现在市场开发的智能应用方面。同时，在物流配送领域，多年以来大数据分析一直应用于常规的运输管理与车辆调度方面，而在供应链的运营方面，从库存和劳动力配置着手应用其优化整个供应链的运作。虽然在物流和运营方面的大数据分析应用落后于市场开发中的应用，但也处于高速的发展过程中。积极运用新一代的运算方法推动数据分析朝着复杂化和深入化发展，可以增加更多我们暂时不可预见的潜能。在供应商划分、运营风险评估与信息来源协商等工作流程中，大数据应用分析也越来越多，并且被认为是未来几年最有前途的应用领域。大数据分析在各个领域的应用能够为供应链的管理者提供更深入的视角，去洞悉管理的各环节如何在供应链管理中有效运用大数据分析，大数据分析在供应链管理中的应用模式如图 4-5 所示。

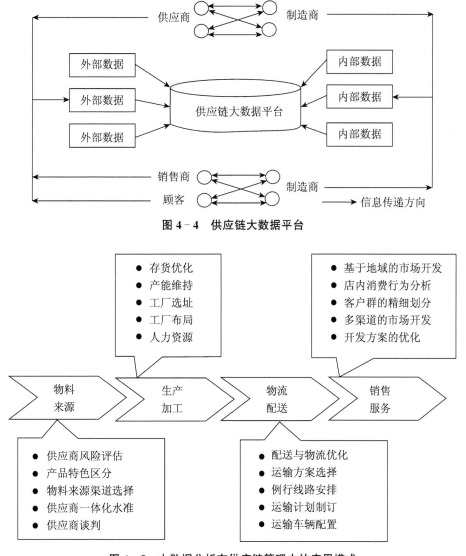

图 4-4 供应链大数据平台

图 4-5 大数据分析在供应链管理中的应用模式

4.3.3 大数据分析在供应链质量管理中运用的绩效

大数据之所以在供应链管理中具有举足轻重的地位，不仅在于其能够增强决策的预见性，还有助于提高供应链运营绩效和竞争力。总的来看，大数据不仅能够提高供应链运营效率、促进供应链创新与发展，还能帮助企业进行供应链风险管理。

1. 大数据对供应链运营效率的影响

Schoenherr 和 Speier‐Pero（舍恩赫尔和斯派克，2015）的研究发现，企业认为大数据能够提高他们的决策制定能力、需求计划能力，还增强了供应链运营效率、供应链的可视性，同时降低了供应链运营成本。在决策制定方面，大数据能提高企业决策的有效性、准确性和科学性，例如叶斌等（2014）指出，在物流决策中，大数据可以应用于竞争环境的分析与决策、物流供给与需求匹配、物流资源优化与配置等；在提高供应链效率方面，通过数据分析能够促进供应链高效、合理分配资源，同时提高整个供应链的协同能力，例如闫俊（2013）对速递行业进行了研究，其发现通过大数据与物流仓储进行结合，并通过智能化以及海量的数据分析，能最大化地整合平台物流信息和客户信息，有助于物流和货物信息的最佳匹配，便于企业协调企业内外的各种资源并最大化地提高速递行业物流资源的利用率；在增强需求计划能力方面，数据分析使企业将不同数据进行整合，并结合客户的实际需求，能更加合理地安排业务活动，使企业不但能够根据顾客要求进行业务创新，还能提高企业应对顾客需求变化所带来挑战的能力，例如，相婷婷（2013）指出，供应链金融引入大数据，金融机构可以将相关各方经营活动中产生的物流、商流、资金流和信息流归结并进行整合，针对不同供应链的特色提供不同的在线融资、结算以及投资理财等综合的金融和增值服务；在降低供应链运营成本方面，大数据促进了各企业在优化路径、调控资源和降低成本等方面进行信息的挖掘分析，进一步提高了企业的经济效益，例如，薛锦辉（2014）认为金融机构可以依托平台会员在平台上的大量交易数据并依托交易背后的物流信息数据给平台会员进行融资，这改变了以往通过供应链中核心企业给上下游企业授信的融资模式，并且通过物流信息平台的实时信息反馈和监督，还能降低金融机构的监督成本，从而进一步降低了供应链金融的运营成本。

2. 大数据与供应链创新发展

大数据对供应链的影响不仅在于提高供应链运营效率，还有助于供应链创新。大数据代表着一种新的生活方式、提供了一种新的资源和新的能力、是一种新的技术，还带来了一种新的思维方式，由此更容易孕育出颠覆性的创新。曹凌（2013）指出，大数据具有催生社会创新、变革的力量。具体来看，在企业业务方面，韩蕊（2013）指出，大数据为分析现有业务难题和潜在机会带来了创新的方法，并且这种全新的资源和分析技术也能通过全新的方式来改善企业的运作；在技术方面，李逸群、龙剑（2013）指出，大数据有助于降低知识转化的成本并加快知识转化的速度，而知识在转化的过程中则有利于技术的创新。

3. 大数据与供应链风险管理

Schlegel（施莱格尔，2014）指出，企业可以利用大数据和预测性分析技术来减缓和管理供应链风险。宋华（2015）也指出，供应链风险管理有赖于高度的信息化管理，并且这种信息化不仅包括企业经营管理系统的信息化，还需要强调企业内部和企业与企业之间的信息化沟通以及供应链运营管理的信息化。而信息化的管理有助于打通供应链节点的信息瓶颈，不仅能够提高供应链的可视化程度，还能够进一步积累数据。

对于供应链风险的管理，主要包括事前、事中以及事后的管理，而大数据在这三方面都能发挥巨大作用。首先，大数据技术能使事前风险预判结果更加准确，因为大数据来源不仅包括企业本身产生的数据，还包括企业互联网或移动平台获取的各种外部数据，而不同数据结合进行综合分析，结果更加可靠。其次，大数据技术能使企业的事中控制更加动态高效，因为大数据分析对于各类数据的整合有助于企业更好地掌握自身的行为模式，还便于其发现运营状态的变化规律，从而按照规律设置风险控制点以实现事中风险的动态管理。再次，大数据分析还能帮助企业识别异常情况，因为对于实时数据反复的迭代分析能够对数据的模式产生一定的预期，而一旦某些数据出现异常，就能很快识别并采取一定应对措施。最后，大数据技术能为事后风险处置决策提供更好的支持，即使单个事件的发生具有偶然性，大数据有助于企业找出偶然性背后的必然性，由此企业便掌握了主动权，能够制定更加客观的风险处置决策。

4.3.4　大数据分析在供应链质量管理方面的应用

Dey 和 Kumar（戴伊和库玛，2010）指出企业在进行大数据分析时，需要考虑数据的质量问题。低质量的数据不仅会影响企业的决策，甚至还可能导致企业产生损失。事实上，数据的有用性取决于数据质量，随着大数据重要性的跃升，对高质量数据的需求也随之增加。

虽然现在对于数据质量评价还没有统一标准，但是大家一致赞同数据质量评价应包含多个维度指标。Lee（李）等（2002）指出数据质量的评价应包括数据内在（Intrinsic）要求和情境（Contextual）要求。内在要求指数据本身所具有的客观属性，包括数据的准确性、及时性、一致性和完整性。情境指数据的质量依赖于数据被观察和使用的情境，包括关联性（Relevancy）、价值增值性（Value-added）、总量（Quantity）、可信度（Believability）、可及性（Accessibility）及数据声誉（Reputation of the Data）。

企业采用大数据管理整个供应链质量，健全供应链质量管理体系，完善质量追溯制度，首先应建立供应链质量管理大数据库，大数据平台可提供整个供应链所有节点企业质量数据，便于管控各环节产品质量。供应链质量管理大数据分类如表 4-4 所示。当故障发生时，通过分析数据追溯至产品供应商具体制造环节，同时反馈信息至供应商对应部门，为供应商改进产品质量提供数据支持。

表 4-4　　　　　　　　　　　供应链质量管理大数据分类

质量数据	数据指标
适用性数据	使用寿命、使用便利性、质量成本、性价比、合格率、返修率、安全性能、包装实用性
满意度数据	交付可靠性、交付进度、投诉解决能力、服务及时性、维修及时性
发展数据	企业综合实力、节能环保性、服务改进、员工学历结构、员工素质

采购部门从供应商处获得有关产品的质量数据，如设备描述、工艺过程、产品产量、产品输入输出等，应用大数据在质量管理方面进行事前、事中和事后控制。在供应商生产准备或开发阶段，通过设备及工艺过程等相关数据评测供应商生产制造能力；在生产阶段，通过产品输入输出等相关数据评估产品设计和质量保证能力；在交付阶段，通过产品交付进度、合格率等相关数据衡量产品质量优劣。通过大数据的应用，采购部门可以利用供应商质量数据和企业自持调查数据，对产品进行相关性分析，周期性全面检查供应商产品质量，为后续是否从该供应商处采购产品提供依据。

4.4　供应链质量管理方法

供应链质量管理方法（SCQM）的一个重要内容是质量管理标准应用实践。自 20 世纪 90 年代中期以来，ISO 9000 认证已席卷全球，质量体系认证在国际贸易中逐渐成为供应商质量能力水平的标志。ISO 9000:2000 在 1987 版及 1994 版的基础上提出了不受地域、环境、文化背景、组织规模及产品类型限制，具有广泛适用性的 8 项质量管理原则，即面向客户、领导作用、人人参与、过程管理、系统管理、持续改进、面向事实和供方互利关系。

1. 面向客户

组织依赖于顾客，因此组织应当理解顾客当前和未来的需求，满足顾客要求并争取超越顾客期望。任何一个组织都应该把争取顾客、使顾客满意作为首要工作来考虑，依此安排所有的活动。超越顾客的期望将为组织带来更大的效益。

2. 领导作用

领导者确立组织统一的宗旨及方向，他们应当创造并保持使员工能充分参与实现组织目标的内部环境。组织的最高管理者（层）的高度重视和强有力的领导是组织质量管理取得成功的关键。组织的最高管理者（层）要想指挥、控制好一个组织，必须做好确定方向、策划未来、激励员工、协调活动和营造一个良好的内部环境等工作。

3. 人人参与

各级人员都是组织之本，只有保证了他们的充分参与，才能使他们的才干为组织创造利润。全员参与能使组织达到较高的管理水平。所以不但要对员工进行质量意识、职业道德、以顾客为关注焦点的意识和敬业精神的教育，还要激发他们的积极性和责任感。此外，员工还应具备足够的知识、技能和经验，才能胜任工作，实现充分参与。

4. 过程管理

在 ISO 9000:2000 的 3.4.1 条款中，过程被定义为：一组将输入转化为输出的相互关联或相互作用的活动。在 2.4 条款中，系统地识别和管理组织所应用的过程，特别是这些过程之间的相互作用，称为"过程方法"。将活动和相关的资源作为过程进行管理，可以更高效地得到期望的结果。

5. 系统管理

系统的特点之一就是通过各分系统协同作用、互相促进，使总体的作用大于各分系统的作用之和。所谓系统方法，包括系统分析、系统工程和系统管理三大环节。在质量管理中采用系统方法，就是要把供应链质量管理体系作为一个大系统，对组成质量管理体系的各个过程加以识别、理解和管理，这种方法有助于组织提高实现目标的有效性和效率，以达到实现其质量方针和质量目标的目的。

6. 持续改进

持续改进总体业绩应当是组织的一个永恒目标。为了改进组织的整体业绩，组织应不断改进其产品质量，提高质量管理体系及过程的有效性和效率，以满足顾客和其他相关方不断变化的需要与期望。持续改进的关键是改进的循环和改进的持续，一个改进过程（PDCA 循环）的结束往往是一个新的改进过程的开始。

7. 面向事实

有效决策是建立在数据和信息分析的基础上的。正确的决策需要领导用科学的态度，以事实或正确的信息为基础。盲目的决策或只凭个人主观意愿的决策是不可取的。

8. 供方互利关系

供方是组织利益的相关方，也是组织所拥有资源的一部分。组织与供方是相互依存的关系，因此对供方既要控制又要互利，特别是对关键供方更要建立互利关系。互利的关系可增强双方创造价值的能力，从而实现双赢的局面。2000 版 ISO 9000 族标准文件结构如表 4－5 所示。

表 4－5　　　　　　　　　　2000 版 ISO 9000 族标准文件结构

核心标准	ISO 9000	质量管理体系——基础和术语
	ISO 9001	质量管理体系——要求
	ISO 9004	质量管理体系——业绩改进指南
	ISO 19011	质量和环境管理体系审核指南
其他标准	ISO 10012	测量控制系统
技术报告	ISO/TR 10006	质量管理——项目管理指南
	ISO/TR 10007	质量管理——技术状态管理指南
	ISO/TR 10013	质量管理体系文件指南
	ISO/TR 10014	质量经济性管理指南
	ISO/TR 10015	质量管理——培训指南
	ISO/TR 10017	统计技术指南
小册子		质量管理原则
		选择和使用指南
		小型组织实施指南

ISO 9000:2000 具有提高产品质量、保护客户利益，消除贸易壁垒、拓展市场空间，组织持续改进、持续满足客户需求及期望，有效提高组织运行效率、取得更好经营业绩等作用。

有学者根据 ISO 9000:2000 集成度和供应链质量保证程度的高低将企业分为反应型、防御型、分析型和进取型四种，指出进取型企业最可能从 ISO 认证中获取竞争优势，防御型和分析型企业则可能改进供应链绩效。通过对 ISO 9001 的运营规划，可改进企业的内在运作和质量体系基础，建立连接供应商和顾客流程的实践渠道。与此同时，许多文献学者研究 ISO 9001、QS 9000 和 TS 16949 等质量体系认证对供应链绩效的影响发现，QS 9000 虽然有允许不合格质量产品的生产及无法接受的交货绩效等缺陷，但企业仍将从应用 ISO 9001、QS 9000 等标准中获益。

但是在整条供应链中，虽然一些位于关键环节的企业制定并实施了严格的内部质量管理标准，但上游供应商和下游销售商却并不一定能达到并遵守同样的质量标准，致使供应商、制造商、销售商之间缺乏或无法展开有效的质量管理合作与协调。这就使供应链质量管理的整体性和系统性难以得到保证，关键环节企业的质量保证难以达成，从而造成一定程度的资源浪费、信用及利润损失，并使供应链各成员面临较高的质量风险。

5 供应链质量控制

供应链质量管理的模式有很多，创新也层出不穷，其核心内容是要保证供应链质量得到有效控制，形成稳定高效的质量控制机制。供应链管理理论中非常重要的一条就是持续改善供应链的产品质量，减少供应链的产品质量缺陷。

近年来，供应链质量控制已经成为一个热点的研究领域。对于供应链质量控制的研究大多从传统的库存理论入手，基于 EOQ（经济订货批量）模型或报童问题的质量控制方法进行研究；此外，还有部分文献将政府纳入了分析框架中，探讨政府在供应链质量控制中扮演的角色等。但是在理论与实践的研究中普遍存在以下系统性困难：供应链各节点企业之间的冲突与竞争、供应链协调难以实现、供应链各节点企业追求自身效用最大化所引致的逆向选择与道德风险问题、供应链中难以形成长久的合作关系等。这些问题将是供应链质量管理研究中的重大课题。

5.1 供应链质量控制概念

供应链质量控制是对分布在整个供应链中成员实体范围内的产品质量的产生、形成和实现过程进行控制，并对供应链的孕育、构建和运行过程进行周期性控制的一系列活动。既要实现供应链的产品质量控制，也要确保整个供应链中各成员实体质量任务的完成及供应链的周期性有效运行。供应链质量控制的重点是供应链质量活动、质量信息与质量过程网络的集成控制及各实体之间的模块化协调。供应链质量控制也是供应链中成员企业质量流程衔接与质量流程再造的理论基础。

供应链质量控制的过程如图 5-1 所示。具体来说，在供应链环境下，原材料供应商保证产品的原材料质量；零部件供应商保证零部件的质量；制造商保证产品的制造质量；运输商保证产品的运输分销质量；销售商保证产品的销售和售后服务质量。同时，供应链通过建立相应的质量信息平台，使各个质量节点之间相互交换产品和服务质量信息，协同各个企业的质量管理，从而控制和保证供应链产品的质量。

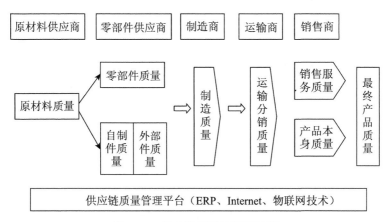

图 5‑1 供应链质量控制的过程

供应链质量控制的核心是单一企业质量控制策略和活动的协调，主要对企业质量控制点及过程的质量进行控制与协调。质量控制点是指质量活动过程中需要进行重点控制的对象或实体。具体来说，是生产现场或服务现场在一定时间及条件下，对需要重点控制的质量特性、关键部位、薄弱环节及主导因素等采取特殊的管理措施和方法，实行强化管理，使工序处于良好控制状态，保证达到规定的质量要求。

过程质量控制是指产品从物料投入生产到产品最终包装过程的品质控制，它主要着眼于产品实现的过程，对产品实现的整个过程进行有效监控：①过程输入的监控——确保输入质量，做到充分、正确、有效；②各工序监控——过程关键参数的统计管理，保证过程能力充分，使过程处于受控状态；③过程输出监控——对过程产品进行检查，以判定过程是否稳定，产品是否满足规定的要求；④过程反馈——检查过程是否具有自我完善的能力，在发生异常时具有迅速报警的反馈机制。过程质量控制的目的是使过程处于可接受且稳定的水平，以确保产品和服务符合规定要求。其处理流程如图 5‑2 所示。

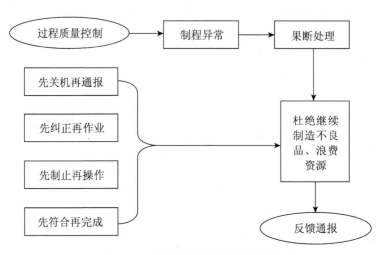

图5-2　过程质量控制处理的流程

　　由于供应链质量控制是围绕单一企业内部的质量控制展开的，而不是面向由供应链内各企业质量控制活动构成的供应链整体的质量控制活动，尽管过程质量控制提供了较完善的单一企业内部所需的质量管理理念和实施工具，但却忽略了供应链各企业间质量控制措施的动态协调互动，无法突破单一企业的边界，并没有达到对供应链实施全面质量控制的目的，无法满足当前在供应链环境下全面实施质量控制的要求，会使企业在供应链环境下丧失部分竞争优势，造成不必要的检验等质量成本的增加，并导致质量风险进一步增加。

　　质量管理理论告诉我们，整个产品的生产过程影响最终的产品质量，因此，质量控制必须贯穿于产品质量的形成过程中，即质量控制点必须分布在整条供应链上的各个部分。企业质量管理的难点之一就是产品的质量控制呈现出分散化的特点，在供应链管理中，由于供应链上各企业的管理水平千差万别，质量控制活动分散在更广阔的空间中，加大了供应链质量控制的难度。但在实际的供应链管理中，常常会因为供应商或者消费者的偶然原因出现不可避免的质量问题，供应链质量问题因而更难以控制。

　　供应链质量控制难度增大给供应链核心企业的主导能力增加了负担，基于此，核心企业要发扬在整个供应链上产品原材料需求和产品生产制造方面的核心带动作用，其重要性有以下几点：①企业实施供应链质量控制，首先使供求衔接一致，反应灵敏；其次可以提高企业内部产品质量；最后增加了信息传递的可靠性，顾客的信息反馈及时到位，总体来说，这是一个供应商、制造商、购买商三赢的局面。②供应链质量控制就是不断地降低成本、提高效率的过程，也就是说，企业发挥核心作用，有利于其降低成本，采用科学的管理方法提高现代化管理水平和资源利用率，从而提高企业的经济效益。③企业实施供应链质量控制有利于企业与上下游公司信息共享，快速响应和满足消费者的需求，提高服务质量。④企业实施供应链质量控制使供应商和顾客实现信息共享，企业之间可以互相进入信息系统，建立信任度，使双方建立团结互助的伙伴关系。

随着经济全球化的不断发展，越来越多的企业不断加强全球范围内的合作、资源整合与优化配置，以降低生产成本、提高效率。企业之间的竞争逐步演变为企业的供应链、供应网络之间的竞争，企业内的产品质量控制问题也逐渐转变为企业对供应链产品的质量控制问题。

5.2　供应链质量控制对象

供应链质量控制对象是供应链运作过程中的质量不确定性。在经济学中，不确定性（Uncertainty）与风险管理相关，是指经济主体对于未来的经济状况尤其是收益与损失的分布范围以及状态的不确定。质量不确定性是说事先不能准确知道某个质量事件或某种质量决策的结果，即只要质量事件或质量决策的可能结果在一种以上，就会产生质量不确定性。质量不确定（Quality Uncertainty）是质量控制的原因，生产线的质量控制、单一企业内部的质量控制以及供应链环境下的质量控制都是这样的，正是由于质量不确定的存在，企业或供应链才需要通过控制技术和方法分析其不确定性，并将质量水平控制在一定的范围内。

质量不确定的来源主要分为两类：随机质量不确定和人为质量不确定。随机质量不确定指的是产品质量水平的不确定，是由生产过程中的客观因素产生的，这些客观因素主要包括运作过程中机器运行的不稳定、由于个人的无意识行为而产生的产品质量波动以及由于许多人员的无意识行为而产生的产品质量波动等。随机质量不确定是无法避免的，但是可以通过人类有意识的行为进行控制。而人为质量不确定指的是产品的质量水平是由生产过程中的人为因素产生的，这些因素主要包括生产过程中操作人员由于行为的不可观测和信息的不对称而采取的机会主义行为造成的产品质量波动，以及不同企业之间由于行为的不可观测和信息的不对称而采取的机会主义行为造成的产品质量波动等。前一种因素指的是单一企业内部的人为因素，可以通过监测系统的不断改善与激励机制的长期推动而加以有效控制和避免；后一种因素指供应链环境下的人为因素，由于供应链结构是多主体的结构，而且供应链环境难以有效改善，目前还没有找到有效的方式对其进行控制。

对于质量控制过程中的质量不确定研究基本经历了三个阶段。第一阶段［图5-3（a）］中，质量不确定的根源是随机质量的不确定性，研究学者通过运用质量统计方法进行有效的质量控制；第二阶段［图5-3（b）］中，质量不确定的根源包括随机质量不确定和基于利益冲突的人为质量不确定两个方面，但各主体的利益冲突造成的人为互动只是质量统计过程中的调节因素，学者们开始将博弈思想应用到质量控制领域；第三阶段［图5-3（c）］是供应链环境下的质量控制与研究，在这一阶段中，质量不确定的根源包括随机质量不确定和基于利益冲突的人为质量不确定两个方面，而且利益冲突下的人为互动已经上升到重要地位，学者们已经运用较为精细的博弈理论来研究质量控制过程，具体如图5-3所示。

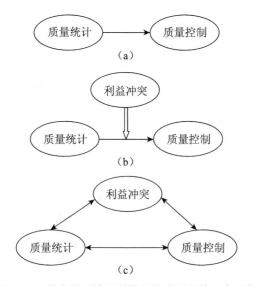

图5-3　供应链环境下质量不确定研究的三个阶段

综上所述，供应链环境下的质量不确定主要包括两个方面：随机质量不确定和人为质量不确定。随机质量不确定指的是由运作过程中的客观因素造成的不确定，是传统的基于单一企业内部质量管理的统计质量控制关注的重点。人为质量不确定指的是运作过程中的人为因素造成的不确定。单一企业内部和供应链环境下都存在人为质量不确定。目前，单一企业内部的人为质量不确定已经得到有效控制，而供应链环境下的人为质量不确定还没有给予充分的重视和提供有效的控制手段。

另外，供应链企业在进行外部环境分析的时候要充分考虑到质量等因素的不确定性，特别是战略的不确定性。战略不确定性一般指的是对企业的战略决策有重大影响的不确定性，是对企业生死攸关的不确定性。所以企业必须对此高度重视，认真研究，从而趋利避害。一方面，企业应该对可能造成严重伤害的不确定性设法化解甚至避免，努力把损失降到最低；另一方面，企业需要把握、利用甚至是创造不确定性，从而获得更大的战略机遇，实现战略性的超越。

5.3 供应链质量控制策略

5.3.1 基于库存理论的供应链质量控制

库存管理是供应链管理的重要环节，其不仅关系到供应链系统的成本，也关系到产品质量的高低。库存控制是供应链协调控制的重要组成部分。传统的供应链库存模型往往只涉及供应链中单个成员的成本和利益最优，从而忽视了供应链整体利润。"经济批量"是在 1913 年由 Harris（哈里斯）提出的。

从经济的角度研究如何确定最佳的库存数量，这一问题的提出，从根本上改变了人们对库存管理的认识，由于其操作简单，近一个世纪以来，EOQ/EPQ 模型一直被广泛地使用。随之，Goyal（戈雅，1979）首次考虑了买卖双方如何通过协调生产与库存决策，以使双方的共同利益达到最佳，提出联合经济批量模型，也被称为整合库存模型。但是，从以往的研究可以看出，EOQ 模型的建立基于一定的假设条件，从而使模型脱离了现实情境。于是越来越多的学者在研究 EOQ 模型的过程中考虑产品质量因素，使 EOQ 的适用环境更加接近实际中企业进行生产的经营环境。

Waters（沃特，1994）指出对于很多企业来说持有库存都需要大量的资金，因此库存控制是很常见的问题，在过去的十年里，各种组织都在尝试通过降低库存和增加材料在整个供应链中的流动速度来提高对顾客的服务，这些完全改变了以往对于库存管理的想法。他强调通过电子商务的成长来解决这个问题，并且指出传统的经济订购批量模型中对于企业生产的产品为 100％合格品的假设不成立，指出其中有瑕疵品的存在。

Salameh 和 Jaber（萨拉马和贾比尔，2000）研究了不完美产品的经济订购批量模型，指出当企业生产出的产品中有瑕疵品时，可以通过较低的价格折扣进行出售。在这种情境下，通过数理建模推导出生产商最优订购批量，并且发现在此情境下的最优订购批量比传统的订购批量大。华中生和陈晓伶（2005）基于中间产品的质量问题所引起的订购质量风险，提出订购批量模型，比较得出考虑质量风险因素下的订购量小于采用合作化与非合作化的订购量。

Chung 和 Huang（钟和黄，2006）修整了经济订购批量中的两个假设以更加反映现实情况，一个是经典的经济订购批量模型假设：所有生产出来的产品或者购买的产品质量都是合格的，一个订单的支付是在通过库存系统确认产品收到之后进行的。采用了 Goyal（1985）、Salameh 和 Jaber（2000）的研究改进了零售商生产/库存模型，允许在一定范围内延迟支付的产品出现残次品。这两种理论能够为零售商有效地决定最优的循环时间和最优的订购量。Maddah 和 Jaber（马达赫和贾贝子，2008）矫正了不可靠的供应商提供经济订购批量中的一个错误，运用了对不完美质量产品的随机筛选，改进了 Salameh 和 Jaber（2000）对于质量不完善产品的经济生产批量模型。研究了筛选速度和供应过程中的变动性对订购数量的影响，研究表明：在产出率变动很小时，运用本书中的模型所产生的订购量大于传统经济订购批量中的订购量。Yoo Kim 和 Park（金和沃克，2009）提出最大化利润下的经济订购批量模型，并考虑了不完善的生产质量和两种检测错误，一种是把本身没有质量问题的产品检测为劣等品，另一种是把残次品检测成合格产品，而后进行销售，更具有现实操作性。刘凯飞和邵鲁生（2011）提出基于 RFID 技术的"质量最低先出"的库存策略以避免易腐食品在库存中变质，考虑了运输风险和安全库存的易腐食品弹性供应模型，以实现供应链总成本最低，并得出了变质和运输对供应链计划和运作成本的影响。

5.3.2 考虑政府监督的供应链质量控制策略

随着全球经济的飞速发展，企业之间的竞争逐步演变成供应链之间的竞争，供应链质量管理虽然适应了当前市场的需要，但是供应链毕竟是一种虚拟的存在，有自身的缺陷。即使供应链上的成员企业的主要目标是追求自身利益的最大化，但在市场竞争和自利的情况下，企业的行为往往与整条供应链的利益不一致。加之人们对安全生产需求的提高以及市场对安全产品监督的无力，政府作为唯一可以使用自己的强权来规定企业产品的质量安全范围的主体，对企业的成败起着举足轻重的作用，其监管方的地位变得越来越重要。因此，政府也成为供应链进行质量优化管理不可缺少的组成部分。先后有汪志和阚娟、陶琼、王恒义（2005），李艳波和刘松先（2007），周开宁（2010）提出在食品供应链的质量形成中不仅只是考虑链中成员对于质量形成所产生的直接作用，也要看到政府安全监管的间接作用。

关于政府在企业产品质量中的监督作用，大多是从食品安全方面进行的研究。张云华和孔祥智（2004）通过分析一次博弈、重复博弈和不完全信息动态博弈下的战略选择，表明实现食品安全不仅要求行为主体要参与到提高质量水平的合作上，也依赖于政府监管部门给予的有效监管以及严厉的奖惩机制。余浩然和周德翼（2005）指出食品市场的均衡是由政府和食品企业共同决定的，通过引入新制度经济学对政府的行为进行博弈分析，并分析了我国食品市场均衡形成以及政府规制不足形成的原因。

另外，在绿色供应链的建设管理过程中，Zhu（朱，2007）通过进化博弈模型分别分析了绿色供应链中政府和核心企业的成本和利润，证实了核心企业为了实施绿色供应链管理的成本和利润以及政府给予的津贴和惩罚，都直接地影响了博弈的结构，为了长期的利润，政府应该制定严格的法规，增加相关的奖惩机制，促进政府和企业的共赢。王娟和王传旭（2011）研究了绿色供应链中政府与企业间的博弈，通过把企业间无政府干预时的行为与政府通过设定惩罚系数 F 和激励机制下企业间的行为进行比较，可以看出政府行为策略的选择对企业的影响很大。与此同时，企业将进行信息等的收集和整理，选择最有利于企业的博弈策略，力求达到政府和企业间的均衡。

5.3.3　供应链背景下企业质量控制策略

1. 供应链背景下产品质量形成的过程

在供应链背景下，供应商为制造商提供相应的原材料、零部件及其产品与服务，从原材料的采购到产品的生产、产品的销售与售后服务都是由供应链上的企业共同完成的。从客观的角度分析产品的质量形成是由现实分布在供应链上的企业共同完成。具体来说，只有供应链上的各个企业共同保证产品与服务质量，才能保证最终产品的质量。从原材料的质量控制到生产半成品、产成品的质量控制再到最终用户手中最后的服务质量控制，全线贯彻供应链上各个节点质量活动。这使供应链中的产品质量具有传递性，保证产品质量不是单独一个企业可以做到的，而是需要供应链上所有企业共同努力。

质量链管理体系就是核心企业共同面对客户服务，质量链贯穿整个供应链，这需要运用更多的管理手段，在观念、方法、过程、体系等多方面协同模式下的企业间质量管理，并对产品进行全生命周期与全过程的管理。

2. 供应商质量控制与品质保证策略

1）供应商选择认证过程中的质量控制

随着供应链的发展，企业从供应商处购买的产品或者原材料本身已经无法满足企业对质量的需求，这就需要供应商在满足质量的同时在工艺流程、质量控制、技术服务等多方面进行选择和评估。组成供应链上的每个节点都很重要，如果其中有一个节点无法满足需求或者质量无法达到规范要求，将导致整个链条的崩坏或者无法正常运行。这与管理学中的木桶定律不谋而合，某个节点的问题如同木桶中的短板会成为整个链条的短板。供应链的发展与木桶能够装多少水都由这个瓶颈决定。这种短板效应直接制约了供应链的整体发展，如何消除短板，增强各个木板的承载力，是扩大供应链最有效的方法。

围绕企业发展的供应商能力差异，严格要求供货质量是供应商管控的基本目标，供应商管理作为供应链的重要管理内容，对于企业而言，在供应商的遴选过程中供应商的认证必须要严格控制，首先对于认证流程需要反复确认不断优化。其次认证过程需要严格按照指导规定执行，并需要专人监督执行过程。最后在认证结果的审核评价中将需要改善的内容提供给供应商，将可以成为合作供应商的不足，问题限期整改，直至符合企业要求才可以供货。

2）供应商的质量控制

（1）供应商制造过程质量控制。

首先确认供应商在生产过程中是否按照企业规定的工艺流程执行，是否存在为节约成本而缩减制造工艺的情况，严格按照企业规定的作业指导书模式提供供应商自主检查成绩表。其次在供应商自主检查的过程中，质量检查人员是否对检查基准足够理解，是否存在擅自改动检查基准的情况。在大批量生产过程中是否存在质量变异或者出现偏差，这些都会影响产品质量。

（2）来料检查的质量控制。

作为实行供应商质量控制的最后环节，对入库产品进行全部检查或抽样检查，确定供货商自主检查结果与企业检查结果相吻合。当出现不良产品时，分析供应商生产过程数据是否存在欺诈行为；并分析不良发生的原因，将检查结果上报，由品质管理人员归档作为供应商下次审核的数据资料。

（3）供应商的管理体系评价与审核。

首先要对供应商进行综合评价，制定评价基准；其次审核员再根据制定的评价基准，给予具体的分数；最后根据项目得分，对小于等于5分的项目进行改善。

评价基准如下。

①合格：评价得分为 80～100 分，改善证据无须提交，下次评价时再进行确认；

②有条件合格：评价得分为 60～79 分，改善证据需在一个月内提交，并现场验证其有效性；

③不合格：评价得分＜59 分，给予三个月的时间进行全面整改，改善完成后重新进行评价。

评分基准如下。

①0～5 分：未实施、无法提供相关资料；

②6～8 分：有实际实施、可提供相关的资料，运行满足客户的相关要求；

③9～10 分：实际实施及提供的相关资料超出了客户的期望。

（4）建立长期的战略合作关系。

假设 A 公司制造的产品中包含大型设备组件，制作工艺复杂，制作周期长，部分产品生产周期在 1～2 年，这就需要供应商长期的合作保证公司稳定生产，共同解决产品生产过程中遇到的问题，供应商提供快速响应的服务，实现供应商与企业双赢。

建立供应商战略合作伙伴关系，可提高供货效率和响应速度，稳步提高产品质量与服务质量；同时可降低成本，提高议价能力；而且供应商能够更早地参与 A 公司新产品开发设计，提高公司产品设计和生产能力，加快新产品开发的速度，缩短开发周期。

（5）供应商的培训。

为了更好地与供应商建立战略合作关系，培训是提高供应商质量管理能力的重要方法，培训不是一次性的，而是动态的、循环的。根据不同供应商对管理上的需求进行有针对性的培训，可对每个供应商发出培训需求调查表，由供应商填报需求调查表，然后进行收集汇总，再针对某些影响客户质量的供应商进行专项、专题培训。

3. 以客户为导向的生产过程质量保证策略

1）使用 PDCA 循环方法

随着生产的有序进行，管理中的问题也呈现出不断变化的趋势，戴明提出的持续改善循环，即 PDCA 循环，恰恰满足这种特点，PDCA 循环的使用是周而复始的过程，每个循环结束都能解决部分问题，未解决的问题继续实行，以此类推进入第二个循环过程，这种阶梯式的解决问题的过程就是保证企业质量不断提高的过程。PDCA循环的组成阶段包括计划、执行、检查和行动，具体如图5-4所示。

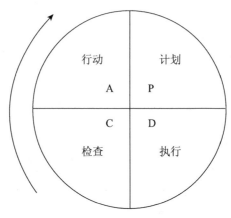

图5-4 PDCA循环的四个阶段

对目前情况的信息收集整理，对问题发生的原因进行分析，寻找关键点，通过关键问题制订详细的执行计划，确定执行分组，制定执行目标，跟踪执行情况，确定完成时间，辅助的部门及人员是否到位，是否需要新的资源。把成功的经验总结制作成报告，制定相应的标准，未得到解决的情况进入下一个循环周期，一个循环的结束意味着新的循环开始，旨在不断发现问题，改善问题，推动企业质量管理工作不断进步。

2）加强质量管理，完善质量管理体系

（1）建立协调一致的质量管理目标。

为满足各受益者需求，最高管理者应制定明确的质量方针和目标，并提出要求，充分动员全员参与质量管理，激发企业上下共同完成质量目标的决心，使他们的能力得以发挥、潜力得到挖掘。通过不断扩大管理能量、拓宽管理辐射面和提升管理层次，不仅达到了质量管理的目的，也会带出一个重视质量的团队，十分有利于企业文化的建设。

（2）主管者的重视是做好内部质量审核的关键。

内部质量审核，对完善质量体系和提高产品质量都具有重要的作用。做好内部质量审核的关键在于领导对内审的重视。领导质量意识，不仅表现在控制不合格产品，使之不能出厂或是出现了不合格品及时采取措施，更重要的是充分利用内部质量审核体系这个重要的管理手段，促进内部体系的保持和改进。领导要认真研究如何建立内审机构，任命干部确定其职责和制定工作方针，但最重要的还是要有一个固定的管理统率者，时刻关注质量，常抓不懈，切忌调换频繁，专职管理不稳定。

（3）管理者要正确处理质量与自身的关系。

按 ISO 9001 质量体系认证的有关规定，管理者应是领导的一名成员或几名成员，一般不能任命一名中层干部作为管理者的代表。管理者的工作重点是：建立相应组织程序，培训人员，制订计划，实施内部质量体系，审核、审批报告，必要时亲临生产现场指挥，特别是在产量与质量发生冲突时，产量无疑应服从质量。管理者抓质量要全身心投入，把好各道关口，保证产品正常流通。

（4）建立健全网络体系、加强全员质量意识。

充分激发全员齐抓质量，形成广泛网络层，从而保证每一个细小环节乃至各道关卡都严格过关。企业应制定个人与部门质量目标，制定奖惩制度，并对实施过程进行管理和自我结果评价，定时业务培训，推进公开双向和各种观点交流，与专职人员上下形成一个整体，能使各个过程相互协调、相互配合、相互促进，有效利用自己的资源，这样的管理网络阶层才更有效。

（5）持续改进、不断创新，为质量管理提供有力依据。

持续改进、不断创新可以不断与客户需求相适应，它是一个企业的永恒动力。改进的核心是提高有效性和高效率的质量管理，更科学地实施质量目标、方针。对于符合逻辑、客观的数据以及测量获得的信息，也要有机地结合起来进行科学分析与研讨，得出行之有效的决策依据，逐渐增强质量管理素质。

（6）进一步完善质量管理体系。

在建立内在质量体系的基础上，还要因地制宜并结合我国一系列的质量管理程序，进一步完善质量管理体系，全面开启质量管理途径，确定实施目标所需的过程和职责。可从以下几方面考虑：①建立质量目标的测量方法；②应用测量方式，确定当前每一过程的有效规划；③确定防止不合格和消除其原因的措施；④寻找改进效率的机会；⑤要明确指出最佳效果，并对改进的效果进行测评；⑥对目标与成果进行评价；⑦评定改进活动，以确定适宜的后续措施。

3）持续开展品质文化建设

没有任何企业可以在短时间内改善企业的相关质量问题后即可保持其稳定不变，企业更需要将改善成果固化成企业内的管理规范或者作业要求，并且严格执行，有针对性地进行监督反馈及再纠正，才能保证企业质量改善活动的有效性，便于对其进行更有深度及广度的覆盖。企业所处日趋变化的社会环境，决定了企业必须面对产品迭代、竞争化日趋激烈的外部因素，同时又必须面对员工流动及员工能力匹配等各项因素的影响，这些变化时刻影响着企业，使企业必须不停地优化自身模式来适应经济社会发展的需要，以避免被淘汰。因此，就需要企业在质量管理的建设中，保持持续改进的基本原则，对企业自身的问题不断地发现、改进、再完善。

通过对企业树立质量文化建设，可以像丰富人的思想精神境界一样，赋予企业灵魂性的管理才能，帮助企业树立价值观。企业质量文化的建设既离不开企业文化作为整体的方向指导，又离不开质量文化这一核心内容，这两者相结合产生的力量，在无形中增加了企业文化的凝聚力及企业的核心竞争力。

4）提高培训的有效性

（1）设定行之有效的培训计划。

质量管理的具体细节落实到具体的岗位上体现出的内容有所差别，例如管理层关心质量管理目标如何设定、产品设计与开发人员关心质量过程如何优化、售后部门则关心如何针对售后问题改进检验标准等。因此，应该制订相对应的培训计划，满足公司内部层次不同、水平差异较大、岗位不同导致的多样化和差异化的需求。计划要循环可推进，并呈现阶梯递进的态势。从基础的技术方法的培训，到更深入的管理理念的培训，逐渐满足参与者丰富自身能力的需要。

（2）对培训过程的监控管理。

通过游戏或者奖励等相关的趣味性、激励性手段，激发参与者的主动学习意识，营造良好的学习氛围，并激发参与者将学习到的知识带入实际工作的过程中，改善工作绩效，这才是对培训过程进行有效监控的管理。在这个监控过程中，领导者与普通员工接受同样的待遇与激励，能够激发员工参与的热情，并且给公司内部上下级打破层级的交流创造了非常好的机会。

（3）培训结果评估。

单调的知识点考试与测评无法证明培训的有效性，是否能将培训的内容带到员工的实际工作中，在实践中对培训的评价才是最有价值的。因此培训结果的评估需要从长期和短期两个阶段分别考量，短期考量是总结培训过程中是否可以达成对培训内容的有效转移，长期考量则是通过与实际工作的结合，检验培训内容在实际企业运营中的应用以及能给企业带来的价值。

（4）明确培训激励政策。

能够活学活用是对企业员工的培训结果的最好验证，而对于能够知行合一的员工，一定可以为企业创造出之前没有的价值，企业应该根据培训评估的结果奖励这些员工。激励的政策需要有明确的公开发文，使全员有参与感，并有激励性，同时也可将结果作为员工升职加薪的考量标准。对那些不愿参加培训或培训后没有任何收获的员工，采取自便原则，不强制员工参加，以免影响整体效果。

（5）增加外部培训力量。

企业内部组织培训，往往苦于讲师传授内容的单一性及内容的固定制约，通过需求的变化分别选择专业的培训讲师，可以使企业根据自身的需要，介绍合适的课程。因此，需要企业与多个培训机构建立合作联系，使培训机构可以实时了解企业的发展状况、行业特征，实时发现企业遇到的问题，针对问题开发相关课程，帮助企业突破瓶颈，取得更好的发展。培训机构可以有机会了解到各行业及各个标杆企业中先进质量管理理念及方法，并结合我国行业、企业的实际需要，将优秀的管理方法传递给企业。

（6）拓展多种培训模式。

社会的发展和电子设备的迭代更新，使企业和员工越发觉得传统的培训模式枯燥，因此需要创新更有参与感、有体验感、有乐趣的培训方式。开展实施培训时，可以通过建立学习小组、模拟对抗等多种方式取代原有的传教模式，将理论知识融合到实际的案例中。同时可以组织经验的交流分享，并进行现场的答疑解惑，将实际工作中遇到的疑难点暴露出来，同时提高受训者学习的主动性。

（7）团队式培训。

三人行必有我师，个人的单一传授往往会导致培训内容有限。将众人的智慧汇聚在一起，将各人所长充分发挥出来，能够高质量地达成培训目的。

5.4　供应链质量风险管理

5.4.1　质量风险管理相关理论

质量风险是指在产品的生命周期中存在的不确定性，也就是发生损害的可能性及可能造成的危害。质量风险是一个企业长期针对自己产品系统地、连续地，并用一定的科学统计方法认识所面临的各种风险。风险的识别包括两个方面，一个是风险的感知，就是判断可能发生的事故；另一个是风险的分析，分析引起这些事故的原因和条件。对识别的风险进行衡量，包括了解风险发生的可能性有多大，可能会造成哪些危害，危害的后果是什么；根据风险的严重性、概率大小、后果危害性、企业承受能力对风险进行分级。经过对质量风险的识别和衡量后，管理者要搞清楚这些风险是否在控制之中，并通过工艺优化或改良，或加强管理来降低风险发生的概率。

质量风险管理是一个系统化的过程，是在整个产品生命周期过程中，对质量风险的识别、衡量、控制以及评价的过程。产品的生命周期包括产品从最初的研究、生产、市场销售一直到最终从市场消失的全部过程。质量风险管理是一个组织机构为识别、量化和降低会影响质量的产品、操作、供应商和供应链的风险而创建的合作解决途径，它集合了领导力、业务流程、文化和技术能力。质量风险管理是管理方针、规程和实践的系统应用，用来分析、评价和控制在整个产品生命周期的风险。此外，它是一个用来识别、评估和控制质量风险的系统程序，可以被前瞻性以及回顾性地应用。质量风险管理系统应当保证：根据知识和工艺的经验对质量风险进行识别、评估和控制，控制应与最终保证质量风险在可接受范围内的目标相关联；质量风险管理过程的投入水准、形式和文件应当与风险的等级相当。质量风险管理的流程包括风险识别、风险衡量、风险控制及风险评价，具体如图5-5所示。

风险识别是指风险管理部门运用一定的方法，系统地、连续地认识所面临的各种风险以及分析风险事故发生的潜在原因的行为。风险识别过程包含两个环节：一是感知风险，即了解客观存在的各种风险可能发生的事故；二是分析风险，即分析引起风险事故的各种因素。一般性风险识别方法包括保险调查法、保单对照法以及资产损失分析法等。个性化的风险识别方法有财务报表分析法及流程图分析法等。

风险衡量是在风险识别的基础上，进行风险分析和风险评估。在进行风险衡量时应该特别关注两个方面的问题：一是风险发生的可能性是多少；二是风险产生的后果是什么。风险衡量是对于已经识别的风险进行风险性评估，应采取定性与定量相结合的方法，通常根据该风险事件的严重性、发生概率和检测概率进行汇总分析。针对不同的事件按照德尔菲法的方式进行专家打分，结合企业内部可以承受的水平，确定一个承受值，将相应的得分相乘，可以确定每一个风险事件的风险水平，进而确定其风险等级。企业可以识别出的风险控制项目为主线，进行风险程度的评价。

质量是企业生存之根本，所以质量风险控制就显得非常重要。质量风险控制的最终目的在于把质量风险损失控制在企业可以承受的范围，而不是杜绝质量风险。质量风险控制一般有四种方法，即风险回避、损失控制、风险转移和风险保留。

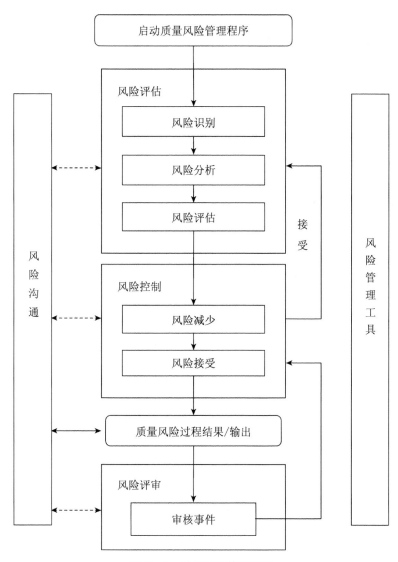

图 5－5　质量风险管理流程

　　在风险控制分析之后，一个重要的工作就是对风险控制的情况进行审查和评价。观察系统是否有超出当时风险衡量所在状态的情况，是否有必要通过技术改进或采取其他措施降低风险。企业应该建立年度的风险审查制度，全面、系统地分析一年来的产品质量各项指标以及风险控制情况，总结偏差特点和趋势，建立风险降低的改进计划。此外，发生以下情况时，企业需要对质量风险进行再评价：一是原料产地或辅料发生变化；二是工艺或设备发生变更；三是法律法规或技术要求发生变更；四是企业的管理层或客户对质量提出更高的要求。

5.4.2 供应链风险管理相关理论

供应链风险管理既属于供应链管理的范畴，又属于风险管理的范畴，是供应链管理、风险管理的交叉领域，研究如何控制可能对供应链正常运行造成负面作用的不利因素及其影响，通过提高供应链的可靠性来保证供应链管理目标的实现。供应链风险管理就是与供应链中的各方共同协作或者独自进行，运用风险管理的工具去处理那些由供应链相关活动引起的或受其影响的风险和不确定性，通过供应链伙伴间的协调或合作来确保供应链节点企业的利益和连续性。

供应链风险管理的目的在于识别潜在的风险，并采取适当的行动规避、分担或消除风险，目的是通过供应链成员之间的协作，识别和管理供应链内外部风险，从而降低整体供应链的脆弱性，提高整个供应链及每个企业的长期绩效。

有学者认为供应链风险管理由供应链风险来源、风险后果、风险驱动和风险缓解战略四个基本结构组成，具体组成结构如图 5-6 所示。

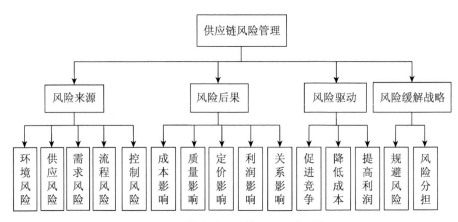

图 5-6 供应链风险管理的组成结构

目前，学者们对供应链风险的来源类型还存在一定的争议，如表 5-1 所示。

表 5-1　　　　　　　　　　供应链风险来源类型

概念定义者	供应链风险来源
Mason - Jones（梅森·琼斯）和 Towill（托威尔）	供应链风险来源分为环境风险、供应风险、需求风险、流程风险和控制风险五个相互交错类型的风险源

概念定义者	供应链风险来源
Juttner（尤特纳）、 Peck（佩克）和 Christopher（克里斯多弗）	供应链风险主要来源于环境风险、网络风险和组织风险，其中网络风险又包括所有权不明、供应链上下游协调和响应速度慢三种来源
Juttner	外部事件引起风险：环境风险、供应风险和需求风险；另一种来源风险（自身不产生风险但可影响风险）为流程风险和控制风险

风险驱动主要是指为了促进竞争、实现降低成本和提高及维持利润等目标而采取的竞争措施，而风险后果则集中在对供应链成本、质量、定价、成员利润、荣誉及关系协调所造成的消极影响等。供应链风险缓解管理方法一般采用风险规避、风险分担等方法。采取供应链垂直整合，增加库存和缓冲库存，提高运输能力，通过契约约束供应商及多维供应源、延迟策略、风险信息共享等措施可以规避风险。

在现有的文献中，供应链风险缓解管理方法通常采用风险规避、风险分担等方法。风险规避主要是针对供应链上的单个企业而言的，其采取的规避风险行为可以帮助供应链整体降低风险；风险分担是供应链缓解风险通常采用的一种方法，供应链风险分担的原因主要是使供应链各方实现协调共赢，并分担相应的最小风险损失。此外，某些风险管理措施成本太高，单个企业无法承受，若与供应链其他成员共同分担，则可以较低的成本获取同样的效果及效益。

供应链供需双方的风险分担主要通过某些特殊契约约束的合同机制来实现。一般先对回购契约、收入分享契约、柔性契约、价格折扣契约等契约约束下的合同模型进行风险量化，进而通过优化或协调合同中的各个参数来实现风险分担。

5.4.3　供应链质量风险管理相关理论

随着经济全球化的发展，质量风险是导致供应链风险的一个重要因素。由于供应链质量风险问题的复杂性以及质量风险信息披露的局限性，迄今为止供应链质量风险尚未形成广泛认可的定义，致使供应链质量风险问题的研究表现多样性、表面性和非系统性。对相关文献进行分析与归纳，可以给出供应链质量风险一个一般性解释，即供应链质量风险是指供应链各方各相关环节所面临的各种质量风险的总和。供应链质量风险不是孤立存在的，它与供应链其他风险交互作用，成为供应链风险的重要组成部分。随着供应链质量事件的频繁发生，供应链质量风险问题受到理论界和实践者的广泛重视，如何建立和运作高效的供应链协调及质量风险分担机制来规避供应链质量风险，成为供应链企业亟须解决的战略难题。

　　供应链风险管理既属于供应链管理的范畴，也属于风险管理的范畴，如图 5-7 所示，是供应链管理和风险管理的组合。由此可知，供应链质量风险管理既属于供应链管理的范畴，也属于质量管理和风险管理的范畴，是供应链管理、质量管理和风险管理的组合，如图 5-8 所示。供应链成员之间通过协调、识别和管理供应链内部风险和外部风险，可以有效降低整体供应链的脆弱性。

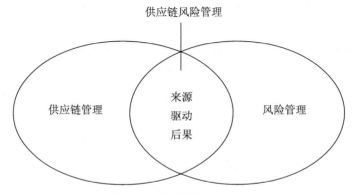

图 5-7　供应链风险管理

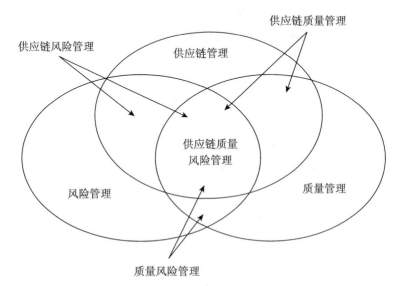

图 5-8　供应链质量风险管理

116

由于供应链结构的多样性，供应链质量风险呈现出十分复杂的特征。根据对消极质量事件的分类，我们将供应链质量风险简单地划分为 3 种形态：信用性质量风险、技术性质量风险和需求性质量风险。当供应链契约方中的一方出现质量沟通障碍时，将给另一方带来需求性质量风险。供应链中的各方应根据质量风险的不同形态采取针对性的预防与控制措施。供应链结构的复杂性，加之供应链中的产品种类繁多、产品生命周期缩短、顾客需求的持续变化、供应链的所有权分裂以及经济全球化水平的不断提高，导致供应链中存在着各种各样的不确定性风险。质量风险是供应链风险中重要的风险之一，也是最难以评估和控制的风险。与供应链的其他风险相比，供应链质量风险具有一些特点，包括传递性、时滞性、隐蔽性、评价具有主观性等，这些特征，使对供应链质量风险的控制成为供应链管理中的难题，成为供应链管理中无法看清的"质量黑箱"，并因此导致对供应链质量管理模式与绩效的广泛关注与探索性研究。在供应链结构下，业务的外包使质量风险及质量风险源随着外包业务转移到了供应商那里，核心企业可以通过实施有效的供应链质量管理，包括要求供应链企业通过质量管理体系认证或产品质量认证、对供应链企业实施质量审核等，对供应链质量风险实施有效的控制。由于不同供应链企业之间的质量管理体系和质量信息系统不能实现完全意义上的共享，加之所有权分裂和质量管理决策权的分离，核心企业并不能完全准确地掌握外包业务的全部质量管理信息和产品质量信息，从而在核心企业与节点企业之间出现了质量信息的不对称，节点企业掌握了核心企业的需求质量信息，但核心企业并不能完全掌握节点企业对其需求质量的实际满足情况，最终导致供应链企业之间存在着不透明的"质量黑箱"。为控制"质量黑箱"带来的不确定性质量风险，供应链企业之间就存在着质量风险博弈均衡问题。

供应链质量风险管理与供应链质量协调具有"一致性"，可通过供应链协调的方式降低和分担供应链质量风险。供应链质量风险成为供应链协调中的新维度，并且与价格、订购量和交付期三个维度相比，质量维度在供应链协调中具有更高的复杂性。然而，由于学者们对该问题的研究比较少，所以目前对供应链质量风险管理尚未形成统一的概念。

5.4.4 供应链质量风险识别

对于企业而言，其运作需要建立在一个较为复杂且全面的供应商网络中，不同的企业都需要置身于不同的质量风险当中，而且这些质量风险对于企业而言将会造成极大的伤害。随着我国社会经济的快速发展，企业拥有的供应商网络同样呈现出快速发展的态势。所以，应尽早识别这些风险，加强企业产品以及服务质量的风险管理，比如，强化对供应链管理过程存在的质量风险的控制，达到提升企业供应链质量风险评估水平的目的。

1. 供应商的质量风险

供应商主要的风险因素集中在以下几个方面：产品质量风险、工作环境及产品安全风险、地理和政治政策方面的风险、财政风险、人力资源风险、准时交付的风险、改进行动的风险、次级供应链控制的风险以及制造能力、设计能力以及潜力等方面的风险。如果供应商无法满足以上列举的所有要求，就可能出现和供应商存在直接联系的质量风险。

2. 企业产品的质量风险

企业产品的质量风险主要体现在以下几个方面。①无法达到交付产品或者是产品服务要求的风险；②影响方案或者是计划的安全、健康以及环境方面的风险；③影响产品生产的工作环境的风险；④影响产品质量、顾客期望以及顾客信心的风险；⑤产品是否能够持续改进，是否拥有改进能力的风险；⑥提供和合同要求相符的制造以及服务能力的风险；⑦控制以及管理供应链当中的次级供应商的风险；⑧提供和合同要求相符的设计以及服务能力的风险。如果企业产品相关的以上因素都无法满足要求，将有可能导致企业产品存在必然联系的质量风险。

5.4.5 供应链质量风险管理的应用

1. 供应链质量风险管理的程序和步骤

常用的企业供应链质量风险管理的程序和步骤主要如下：第一，使用风险记录表和风险评估得分表进行风险评估；第二，风险记录表和风险评估得分表的内容包含了风险管理的定义，如对于特定企业而言，风险管理的内容有哪些，做好风险识别，进而采取有效措施降低风险，做好风险监控；第三，采取有效措施做好风险识别，确定企业可以接受哪些风险，哪些风险需要降低，哪些风险应该坚决杜绝，需要采取何种措施降低风险。

2. 供应链质量风险评估

对于企业而言，在供应链质量风险管理的过程中，需要应用好供应链质量风险评估表，需要计算不同的质量风险因素的具体得分情况，方便获得和供应商或者是产品生产商相关的质量风险评价，并且这份评价是总体评价。这样也能够获得供应链质量风险得分表以及供应商质量风险评估表，另外也可以结合供应商质量风险评估表及其给出的评估结果，最终进行供应商综合风险测评。供应链质量风险评估的内容主要包含了产品风险评估以及安全评估类别，需要具体结合企业客户要求对产品部件的控制内容进行分析，只有这样才能够获得更加完整的风险评估情况。

3. 供应链质量风险记录

对于企业而言，供应链质量风险记录表可以实现供应链质量风险记录的目的，并且还要报告企业供应链质量风险管理的状态。其中，风险记录表的内容主要包含了以下几个方面：供应商名称、供应商公司地址、产品或者服务的危害性评估、供方经理签名、风险名称、风险原因、风险影响、风险概率、风险危害性、风险评估等级、风险所有者、行动计划、状态评估、计划状态以及发生日期等。供应链质量风险记录表的格式和各区域的描述，如表5-2所示。

表5-2　　　　　　　　　　　供应链质量风险记录表

供应商： 地址：				复查指标		供应商产品/ 服务危害性评估			供方经理：			
风险 条目 编号	风险 名称	风险 原因	风险 影响	风险 影响	风险 概率	风险 危害性	风险 评估 等级	发生 日期	风险 所有者	行动 计划	计划 状态	状态 评估

4. 供应链质量风险防范与控制

随着市场竞争越来越激烈，企业面临的质量风险也越来越多，越来越严重。所以，质量风险管理必须做到持之以恒。上面介绍的质量风险评估的主要因素以及主要的风险要素，针对产品质量风险要素以及供应商风险要素进行了分类，能够为企业创建产品质量风险、供应商风险评估以及预警评价指标体系提供必要的技术支持。对供应链环节中的所有合作企业有可能存在的不同质量风险和特征，应该采取不同的应对对策，尤其是对于质量风险，更应该加强防范，具体可以从技术层面以及战略层面考虑。对于供应链企业而言，为了达到预期目标、要求和相应的供应链上的企业达成合作，并且形成共担风险以及共享利润的双赢结果。所以，供应链环节中的所有成员企业应该建立十分紧密的伙伴关系，是整个供应链环节实现成功运作以及加强风险防范的十分重要的条件。

与其他战略伙伴达成合作关系，第一步应该做的就是加强整个供应链环节合作企业之间的信任；第二步要加强所有成员企业之间的信息共享以及信息交流；第三步要创建高效的合作机制，保证整个供应链环节中的所有企业都能够实现风险共担、利益共享。为了有效控制和预防出现供应链质量风险，对于企业而言，还需要做好各种应急处理，具体包括制定相应的应变措施、制定有效应对各种突发情况的具体处理流程、创建应急事件处理小组。一旦预警系统发出警报，就应该及时采取有效措施进行处理，避免给整个供应链上的合作企业带来较为严重的后果。企业通过创建应急解决机制，可以有效化解整个供应链合作过程中可能出现的各种质量风险，并且可以有效减少可能导致的实际损失。

5.4.6 供应链质量风险监管体系

1. 美国消费者安全委员会

为了保障消费者免受不安全消费品质量的伤害，美国于 1973 年成立了消费品安全委员会（CPSC）。美国消费品安全委员会是一个负责保护公众免受由消费品的风险所造成的伤害或死亡的机构。作为一个独立的联邦监管机构，CPSC 在保护美国消费者安全方面发挥了很大作用。CPSC 承担了联邦政府有关消费品安全管理的职能，目前属于 CPSC 管辖范围的消费品有 1.5 万多种，主要包括家用电器、玩具、儿童用品以及其他用于家庭、体育、娱乐及学校的消费品。根据美国《消费品安全法》规定，食品、药品、化妆品、烟草、机动车辆等消费品不属于 CPSC 的管辖范围，由其他部门负责监管。

CPSC 国家伤害信息交换中心负责发布消费品安全相关的统计数据和信息。每年，交换中心都会收到 6000 多条美国公众发来的申请信息。交换中心使用以下的数据库作为信息源。

（1）国家电气伤害监测系统。由一组医院样本组成，这些医院样本在统计意义上可以代表全国范围的医院急诊室，可以从相当数量的消费品伤害信息和医院急诊部门的处置信息中评估相关情况。收集到的数据涵盖了非常广泛的伤害相关问题，并包括了产品相关伤害的数量和严重程度的估计。

（2）死亡证明文件。如果发现消费品与死亡事故相关，则各州卫生部门会将这些死亡证明提供给 CPSC。交换中心将受害者信息移除之后，提供死亡证明摘要。

（3）深入调查文件。文件包含事件调查报告的摘要，调查围绕产品相关的伤害或事故展开。基于受害者和目击者的谈话，报告会提供事故序列、人的行为和产品的涉及程度。

（4）伤害/潜在伤害事故文件。文件包含了从热线报告、报纸报道的相关产品、体检医生的报告和 CPSC 收到的来信等渠道收集的信息摘要，并按照消费品分类检索。

对于庞大而复杂的管辖范围，CPSC 的监管重点是可能引起火灾、爆炸、电击、化学或物理危害以及导致儿童伤害的产品，其中风险管理是保障产品安全性的重要方法之一。

消费品风险管理的具体措施包括以下几点。

（1）建立消费品伤害信息数据库。全国电子伤害监督系统是美国 CPSC 运行实施的一个伤害统计以及后果追溯监测的系统。2000 年，CPSC 对该系统做了扩展，以收集所有伤亡数据。因此，不仅是美国，世界各地很多国家都将全国电子伤害监督系统作为一个重要的公共安全研究工具。

（2）数据来源。全国电子伤害监督系统从美国 5000 多家医院中，选定大约 100 家医院的急诊室数据作为该系统的样本数据。虽然医院急诊室的监测数据是该系统的基础数据，但是该系统收集到的数据不仅局限于监管和调查层面。这些监测数据可以使美国消费品安全委员会及时地对伤亡数量进行估计。同时，这些数据可以为特定种类消费品安全的进一步研究提供依据，还可以为产品召回、公众安全意识活动、消费品安全标准等工作提供必要的依据。

（3）系统运行。全国电子伤害监督系统的运作流程可以用以下示例说明：当一位病人入诊该系统的医院急诊室时，该系统便开始收集数据。急诊室工作人员得出该病人的伤害发生原因，同时将信息输入该病人的诊疗记录。每天工作结束后，相关人员将检查急诊室的资料进行整理，收集符合该系统标准要求的数据，工作人员将这些数据以编码的形式录入该系统的编码表。

全国电子伤害监督系统的维护工作人员将一天的信息数据输入 CPSC 的计算机，应用相应的软件进行交互方式的编辑，同时剔除不合理的信息。数据录入完成后，通过安全的互联网将数据传送到 CPSC，经过第二台计算机的编辑后，合理有效的数据将被纳入该系统的数据库，可以对这些数据立即进行进一步的审查，在收集数据的同一天，数据的分析过程也开始着手展开。流行病学研究所的专家将对这些数据进行分析，他们不仅要指导消费品的质量控制，还要找出其中潜在的危害因素。

（4）后续调查。对于在全国电子伤害监督系统层面辨识的一些事件，后续调查就是通过电话或者以面对面的方式对病人或病人的亲属进行访谈。调查报告将提供该事件可能的原因，包括人、产品和环境之间的相互作用等重要信息。委员会的工作人员将利用这些信息对危险类型事件进行分类、提供降低或消除危害的方法措施、识别有缺陷的产品、评估安全标准的有效性等。

（5）监管流程。对于消费者的安全监管，美国的做法呈现出双向的监管模式，即伤害发生前的监察和伤害发生后的总结分析。

在伤害发生前，通过对产品进行抽样检查来监管消费品安全问题。抽样检查的方式有两种，并且分别由不同的部门执行。国内供应的产品，由委员会定期或不定期派工作人员去工厂或市场抽样检查；进口产品，由海关抽批检查或者不定期到市场代理商仓库抽样检查，对于样本产品进行试验，其目的在于证明样本产品是否符合安全标准，如果符合安全标准，是否存在不安全因素，是否可能导致伤害。

伤害发生后，CPSC通过对与消费品有关的伤害事故信息进行分析来实施相应的监管，收集信息的渠道有很多。CPSC建立起一个伤害信息交换中心，用来收集、调查、分析并发布伤害数据和信息。这些数据和信息涉及与消费品有关的死亡、伤害和疾病的原因以及预防措施。CPSC还创建了全国电子伤害监督系统，对美国国内及其领地内的100家样本医院直接收集医院急诊部接纳的由于消费品所造成的受伤病例信息，根据医院急诊室的各种案例，有效估算在全国范围内与消费品有关的伤害状况。此外，CPSC还收集死亡率信息，每年CPSC工作人员从其他机构购买上千份的非故意消费品伤亡的证明书及与消费品死伤有关的报告。除以上信息系统以外，CPSC的信息来源还包括厂商的报告制度、消费者的投诉等，然后对收集到的信息进行分析，对存在风险的产品实施处理，该信息资料可以为市场上容易引发伤害的消费品的监测工作提供依据。

对于违规商品以及存在风险的产品，依据有关法令，CPSC采取以下四种处理方法。

（1）通知召回。当产品违反安全委员会的法令或规章时，业主将收到CPSC的通知函，要求业主提供改善计划与详细的步骤，这些计划与步骤必须经过CPSC官员的认可。通知召回的方法有两种：一是简洁明了的信函或其他资讯传送，通知消费者、批发商或零售商召回；二是张贴召回海报，通常要求海报张贴120天，并要把海报张贴到零售商出口、进口、柜台、商品摆售架以及消费者服务台等明显的地方。

（2）当产品存在潜在危险因素，也不符合CPSC法令和规章，并经地方法院裁决时，CPSC责令其禁止陈列销售。

（3）违背各种法令的规定，或者产品已经被CPSC公告禁止陈列销售的，则予以扣押和充公。

（4）对违规产品应负责的公司或个人，处以以下两种处罚：一是民事刑罚，违反《消费者安全法》第 19 节安全规定的产品，处以 5000 美元～12.5 万美元的处罚；二是刑事刑罚，对故意违反《消费品安全法》第 19 节规定公告、禁止陈列销售的产品，对其责任人处 10 万～25 万美元罚款及一年以下的有期徒刑，对其责任公司处 20 万～50 万美元的罚款。

美国 CPSC 机构的消费品安全监管流程如图 5-9 所示。

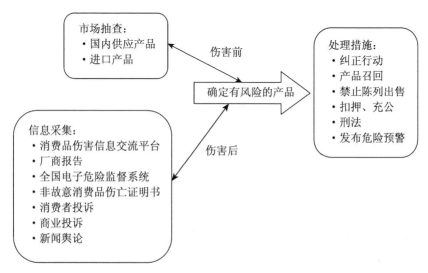

图 5-9　美国 CPSC 机构的消费品安全监管流程

从图 5-9 可以看出，美国的这种集主动预防监察与事后反馈监测为一体的双向监管机制，对于发现消费品缺陷、及时地解决问题、降低风险等级以及完善消费品安全体系发挥着非常重要的作用。

2. 欧盟 RAPEX 系统

（1）RAPEX 系统。

RAPEX 是欧盟危险产品快速响应系统（不包含食品、药品和医疗器械），是监控进口产品的质量、卫生、安全的标准平台，是欧盟用于在使用者之间交流危险产品相关信息以及将这些信息有效传达给消费者的工具，它的核心精神是"确保欧洲消费者安全"。通过 RAPEX，成员国和欧盟委员会之间可以交换信息，以便采取措施来阻止或限制使用或销售对消费者人身健康和安全有风险的供应链产品。可以说，RAPEX 促使欧盟更密切地关注世界范围内的产品供应链，它为欧洲确保进口产品安全建立了一个有力的地区性乃至跨区域的国际性监督网络。

RAPEX 系统需要依靠欧洲委员会和各成员国国家监管机构之间的紧密合作，其工作流程如图 5-10 所示。

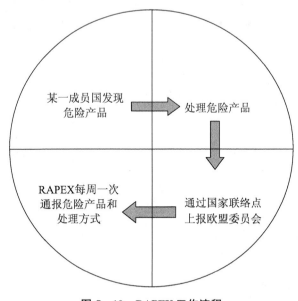

图 5-10　RAPEX 工作流程

　　欧盟委员会健康与消费者保护总司（Directorate-General for Health and Consumers of the European Commission）是 RAPEX 系统的管理者。当一种产品（如玩具、儿童护理用品或家用器具）被发现具有危险性时，首先，欧盟有关职能部门采取适当的行动来消除这一风险，它可从市场上撤回产品，从消费者手中召回或发布消费者警告；其次，欧盟有关成员国联络点将受限产品、这种受限产品对消费者产生的风险、职能部门为防止风险和事故而采取的措施通报欧盟委员会健康与消费者保护总司；再次，欧盟委员会健康与消费者保护总司将欧盟各国的国家联络点收集到的产品风险信息和处理方式等信息予以发布，每周发布一次；最后，根据 RAPEX 的通报信息，各国的国家联络点需要确认通报的危险产品是否在本国市场存在，如果有，政府需要采取措施消除风险。

　　RAPEX 系统中的每个成员国都指定了主管的市场监管机构，并授予它们必要的权力，以采取措施防止或限制危险产品的经销和使用。更确切地说，各国监管机构要有足够的能力取得在市场上销售的产品样本，在实验室进行检验，并在这些产品给公共利益带来风险时，命令生产者和经销者停止销售，从市场上撤回或从消费者手中召回产品。另外，参加 RAPEX 系统的各个国家设立了唯一的

RAPEX 联络点，以便在国家层面实现 RAPEX 系统的协调运作。

当各国监管机构、某个生产者或经销者采取措施，防止或限制对公共利益存在严重风险的某种产品继续销售或使用时，RAPEX 联络点会使用标准的通报表向欧盟委员会提交关于该产品的信息，并提供以下详细资料：①产品标识——名称、品牌、型号、描述和图片；②产品携带的风险——风险类别、实验室检验结果和风险评估；③采取的风险防范措施——措施种类、范围、持续时间和生效日期；④被通报产品的分销渠道——制造商、出口商、进口商、经销商及目的国。欧盟委员会审查所提供的信息是否符合欧盟"第 2001/95/EC 号一般产品安全指令"及 RAPEX 指导原则，并检查其完整性。该程序的实施结果被称为"生效"。如果另一个国家早已通报了对同一产品及同一风险采取的措施，即 RAPEX 网络早已进入预警，则通报不会生效。通报包括成员国针对给公共利益带来风险的产品采取的措施或行动，提供相关信息。

反馈指成员国对"已生效"通报提供的回应信息。反馈通常包括其他成员国发现通报产品以及采取措施的信息。如果欧盟委员会的审查结果为"生效"，通报信息将被发布到该系统欧盟所有参与国的 RAPEX 联络点。此后所有 RAPEX 联络点将该信息转达本国相关职能部门，然后相关职能部门检查市场中是否有被通报的产品，是否有必要采取适当的措施来消除风险。这些市场监管活动的结果（包括其他国家监管机构的相关补充信息），随后再通过 RAPEX 系统报告给委员会。这些回馈信息被称为"反馈"。

RAPEX 系统还可用于通报生产者和经销者针对其已投放市场的危险产品"自愿"采取的防范或限制措施的信息，其中"自愿"措施是指无须公共管理机构干预而采取的措施。

生产者和经销者对于评估其投放市场的产品是否存在危险应负最重要的职责。因为身为专业人员，他们掌握着与产品有关的信息，并且同消费者有接触，因此，一旦他们获知某种产品存在危险，他们必须立即通知本国的监管机构，清楚地说明问题产品、携带的风险以及必需的追踪信息。为了防止给消费者带来进一步风险，他们还必须采取措施告知监管机构，即使尚未获得所需的全部信息，也应该尽快同本国监管机构进行联络。这些信息随后由 RAPEX 联络点通过 RAPEX 系统传送给欧盟委员会，再传送到参加 RAPEX 系统的其他国家。经营者的责任是将有关危险产品的信息报告给监管机构，这是市场监控程序中的关键因素之一。各国监管机构能够监控企业是否采取了适当措施解决危险产品造成的风险，并评估是否有必要采取其他措施。为了简化生产者和经销者履行通报责任的实际操作程序，欧盟委员会开发了一套网络应用程序，称为"GPSD 企业应用"。图 5 - 11 描述了欧盟委员会、各国 RAPEX 联络点和市场监管机构之间的合作方式。

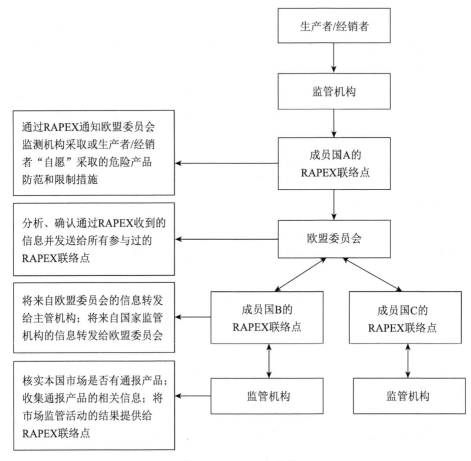

图 5 - 11 RAPEX 网络

欧盟委员会每周在 RAPEX 网站发布 RAPEX 通报综述，内容涉及消费者存在严重风险的产品以及产品安全报道和有关消费者举办的重要活动的信息。RA-PEX 每周通报综述提供的产品信息、其携带的风险性质以及为预防这些风险而采取的措施。这些信息可以帮助消费者确认他们正在使用或者打算购买的产品是否已在 RAPEX 通报中提及。从 2009 年开始，欧盟委员会开始在 RAPEX 每周通报综述中发布成员国对初始产品通报的反馈信息。

（2）RAPEX 与中国。

RAPEX 为中欧之间开展进一步合作和信息交流提供了重要的渠道。"RA-PEX—中国"系统于 2006 年 9 月开始运作。这一系统是中欧之间传递危险产品信息的平台，或者说是欧盟用以监督中国出口产品安全的工具。欧盟认为中国也正在"收获"中欧之间自 2006 年开始合作的成果；RAPEX 为中欧在产品质量、安全控制和市场监管方面的合作发挥了积极的作用。

由于"RAPEX—中国"系统的大部分通报涉及中国的产品，因此近几年来欧盟重视利用该系统加强与中国主管机关在产品安全方面的合作。2008 年 11 月 17 日，欧盟健康、消费者委员会总理事会和中国质量监督检验检疫总局（下称"中国质检总局"）签订一个关于合作安排的升级版的谅解备忘录（Mo U）。这个内容扩充的备忘录更明确地提及"RAPEX—中国"（REPAX－China）系统，提出要更好地利用这个专用的系统向中国质检总局提供有关中国原产的危险产品信息。

"RAPEX—中国"系统使中国可以在出口产品源头上控制产品安全问题。中国质检总局每个季度会根据 RAPEX 的数据向欧盟委员会报告其后续措施，越来越多的调查也使中国质检总局、中国制造商和出口商主动采取预防性或限制性措施，由于缺乏可获信息还有一些可追溯案无法采取进一步措施。

对于 RAPEX 监督抽查发现的不合格产品，中国质检总局的后续措施主要为：一是责令不合格产品生产经营者进行整改复查，对存在质量问题的产品依法查处，加强对同类产品共性问题的跟踪抽查；二是将监督抽查结果通报地方政府和相关部门，为有关政府部门掌握进出口商品质量状况、制定相关政策措施提供参考；三是发布监督抽查结果，让消费者知晓产品质量信息，便于公众监督和选购，切实维护消费者的合法权益。

数据显示，在 2017 年 5～9 月，RAPEX 系统通报并召回电器设备类产品共计 51 例，其中中国制造共计 46 例，占通报召回总数的 90.20%；2017 年 9 月 22 日，通报产品总数为 39 例，中国大陆产品被通报共计 26 例，占通报召回总数的 66.7%；2017 年 12 月 1 日，通报产品总数为 60 例，中国大陆产品被通报共计 30 例，占通报召回总数的 50.0%。这就要求中国必须树立因质量问题引发信任危机的忧患意识，而企业产品的质量问题则是中国质检总局利用"RAPEX—中国"系统采取后续措施的最大挑战。国家需要不断迎接挑战，找出产品质量问题的根源，采取有效措施，提高产品质量，从而提升广大消费者的满意度。

必须强调的是，"RAPEX—中国"系统使中国质检总局可以获得有关中国产品的 RAPEX 数据（而不是全部 RAPEX 数据库）。

5.5 供应链质量控制的其他相关研究

5.5.1 供应链最优生产策略和质量检验策略的制定

供应链最优质量控制策略研究非常关注生产策略和质量检验策略的制定，重点讨论供应商以及生产商的生产过程在不完全受控情况下的供应链双方的生产和检验策略选择以及互动过程，并确定最优质量控制策略。

生产策略指企业生产或加工某种零部件时确定的质量水平，生产策略可以赋予零部件或产品一定的质量水平。供应链中的任何企业都具有自身的生产和检验策略，而且生产和检验策略共同构成某一企业的质量控制活动所对应的质量水平。供应链各企业必须分别协调自身的生产和检验策略，从而达到一个使自身利益最大化的总的质量水平。

质量检验就是对产品的一项或多项质量特性进行观察、测量、试验，并将结果与规定的质量要求进行比较，以判断每项质量特性合格与否以及产品合格与否的一种活动。质量检验主要有进货检验、过程检验以及最终检验三种基本类型。质量检验是判断产品质量标准的客观依据。质量检验的对象是产品的质量特性。质量检验策略是指企业在来料检验和出厂检验等检验活动中实施的质量检验方法，可以是对产品进行筛选或改善零部件，以提高产品的整体质量水平。检验中发现的质量不合格品会影响订货决策，而一批来料中可能存在不合格品，这往往导致原本按照经济订货批量订购所得到的实际可用产品数量的减少，进而造成缺货或者频繁订货，从而影响供应链各方的和谐关系。

质量检验策略一般有全部检验、抽样检验及不检验三种策略。在质量检验中广泛使用的是抽样检验策略。抽样检验是指从一批产品中随机抽取少量产品（样本）进行检验，据以判断该批产品是否合格的统计方法和理论。经过抽样检验判为合格的批次，不代表该批次中的所有产品都合格；同样，经过抽样检验判为不合格的批次，不等于该批次中的所有产品都不合格。抽样检验一般适用于以下三种情况。

（1）破坏性检查验收，比如产品的寿命、材料的强度检验。

（2）被测对象是流程性材料，如钢水化验、整盘钢材的检验。

（3）产品数量很多或检验费用很高，需要节省时间和检验费用。

抽样检验的常用术语及定义，如表 5-3 所示。

表 5-3 抽样检验的常用术语及定义

术语名称	定义
批	相同条件下制造出来的一定数量的产品
单位产品	为实施抽样检查的需要而划分的基本单位
批量	检验批次中包含的单位产品个数，以 N 表示
样本单位	从检查批次中抽取用于检查的单位产品
缺陷	产品的质量特性未满足预期的使用要求
不合格	单位产品的任何一个质量特性不满足规定要求
不合格品	有一个或一个以上不合格的单位产品
抽样方案	规定了每批次应检验的单位产品数量和有关批次接受准则的一个具体的抽样方案
抽样计划	一组严格不同的抽样方案和转移规则的组合

抽样检验根据检验特性值的属性不同可分为两类：计量型抽样检验和计数型抽样检验。计量型抽样检验是定量地检验从批量中随机抽取的样本，利用样本特性值数据计算相应统计量，并与判定标准比较，以判断产品批是否可接收；在产品质量特征性服从正态分布、近似服从正态分布和生产过程处于统计稳定状态的情况下适用。计数型抽样检验包括计件抽样检验和计点抽样检验。计件抽样检验是根据被检验样本中的不合格产品数，推断整批产品接收与否；计点抽样检验是根据被检验样本中的产品包含的不合格数，推断整批产品接收与否。

抽样检验根据抽取样本的个数分为一次抽样检验、二次抽样检验、多次抽样检验和序贯抽样检验。一次抽样检验是指只从检验批次中抽取一个样本进行检验，然后对该批次产品做出是否接收的判断；二次抽样检验是一次抽样检验的延伸，它要求对一批产品抽取至多两个样本即做出批接收与否的结论，当第一个样本不能判定批接收与否时，再抽第二个样本，然后由两个样本的结果来确定批是否被接收；多次抽样检验是二次抽样检验方案的推广，国家标准 GB 2828—87《逐批检查计数抽样程序及抽样表》中含有计数型五次抽样检验方案，它可能需要从一批产品中抽取五个样本来推断该产品批是否可以接收；序贯抽样检验是多次抽样的进一步发展，最早是由美国 A. Wald（沃尔德）于第二次世界大战时期为适应贵重军品抽样检验的需要提出的，序贯抽样检验不限制抽样次数，每次从批次中只抽取一个单位产品，检验后按某一确定规则做出接收或不接收该批产品或继续抽检的判定。

从总体中抽取样本时，为了尽量代表总体质量水平，最重要的原则是不能存在偏好，即应用随机抽样法来抽取样本。按照此原则，抽样方法有以下几种：简单随机抽样、系统抽样、分层抽样和整群抽样。

简单随机抽样也称为单纯随机抽样、纯随机抽样、SPS（每秒采样次数）抽样，是指从总体 N 个单位中任意抽取 n 个单位作为样本，使每个可能的样本被抽中的概率相等的一种抽样方式。它的特点是每个样本单位被抽中的概率相等，样本的每个单位完全独立，彼此间无一定的关联性和排斥性。

系统抽样也称为等距抽样或机械抽样、SYS 抽样，它是首先将总体中各单位按一定顺序排列，根据样本容量要求确定抽选间隔，然后随机确定起点，每隔一定的间隔抽取一个单位的一种抽样方式。它主要用于无法知道总体的确切数量的场合，如每个班的确切产量，系统抽样多见于流水生产线产品的抽样。

分层抽样是指先将总体的单位按某种特征分为若干次级总体（层），然后再从每一层内进行单纯随机抽样，组成一个样本的方法。分层抽样尽量利用事先掌握的信息，并充分考虑了保持样本结构和总体结构的一致性，这对提高样本的代表性是很重要的。采用模块结构化生产线生产的产品的检验往往选择分层抽样的方法。

整群抽样又称聚类取样，即按照某一标准将总体单位分成"群"或"组"，从中抽选"群"或"组"，然后把被抽出的"群"或"组"所包含的个体合在一起作为样本，被抽出的"群"或"组"的所有单位都是样本单位，最后利用所抽"群"或"组"的调查结果推断总体。

目前，大部分学者考虑了全部检验和不检验两种检验策略。在不检验策略下，一批来料在从供应商处接收时不经过检验直接接收，而在卖给消费者之前进行部分检验。这样会使一部分不合格产品流入市场，造成企业的声誉下降、内部损失成本增加等。在全部检验策略下，所有的来料在购买前首先进行检验，从而保证来料没有不合格品。这样虽然没有不合格品流入最终市场，但这种检验策略会产生较高的检验成本。在现实生活中，应用更为广泛的是抽检策略，抽检代替全检的主要原因包括：一是某些情况下检验可能是破坏性的，因此必须使用抽样检验；二是全检会耗费检验人员更多的精力，导致检验人员的疲劳，因此全检并不能保证质量 100％ 没有缺陷。抽样检验的情形在现实中大量存在，然而基于抽样检验研究的难度较大，只有极少数学者的研究涉及了抽样检验策略。

5.5.2 非合作环境下供应链产品质量故障控制研究

供应链质量控制策略的相关活动大多是在非合作博弈环境下进行的。非合作博弈理论探讨的是当相关个体均知道其质量控制活动相互影响且均在决策中考虑其他个体时的单一个体的决策过程，它是研究参与者在利益相互影响的局势中，如何选择决策，使自己的收益最大，即策略选择问题。各企业质量控制活动的动态博弈过程是单一个体决策的交互过程，其中每一个体的行为均具有目的性，而且每一个个体的战略决策均对其他个体产生影响。非合作环境下的供应链各企业主要关注自身企业的利润，而不太关注供应链整体的利润和其他企业的利润。因此，一般情况下，非合作环境下的供应链各企业期望通过单方面的质量控制与协调措施的实施改善并提高自身的利润。然而，非合作环境下，基于供应链各企业自身利润与供应链整体利润紧密相连，是供应链整体利润的一部分，为此，各企业的供应链质量控制研究必然在供应链各企业质量协调互动的基础上进行。

供应链质量控制活动的非合作环境是指各企业独立确定自身的质量相关决策，以实现自身利润和利益最大化的供应链运作和管理环境，供应链质量控制相关活动主要是指各企业基于产品质量相关条款的竞争活动。非合作环境下，供应链各企业利用自身所掌握的相关质量条款展开竞争以实现自身利益的最大化。

目前非合作环境下供应链质量控制相关活动的研究大多采用非合作博弈理论以及委托—代理理论。需要说明的是，传统的委托—代理理论主要建立在优化理论的基础上，而现阶段的委托—代理理论大多建立在非合作博弈理论的基础上。在对委托—代理关系理论研究的过程中，委托—代理关系从本质上讲其实就是信息不对称的双方之间产生的契约关系，委托人和代理人基于平等的地位，在自愿的前提下就双方在以后的合作中应该行使的权利和承担的责任进行协商，并在达成一致的基础上形成显性或者隐性的契约关系。委托—代理理论的建立，是因为企业的所有者希望能够降低自己和职业经理人之间因为利益不一致和信息不对等而造成的代理成本。委托—代理理论是在不对称的市场信息条件下委托人与代理人之间的利益博弈，委托人从追求自身效益最大化的目标出发，最大限度地促使代理人努力工作。

非合作环境下供应链质量控制相关活动关注的重点是供应链运作环境下围绕单一企业内部，基于产品质量的内部故障和外部故障以及与两者相关联的决策和活动。研究者主要对产品内部故障以及外部故障下的产品定价、最小订购数量、退货、数量弹性、分配方式、提前期及产品质量控制等问题进行研究。非合作环境下各企业供应链质量控制相关研究主要考虑由制造商和客户两个主体构成的两阶段供应链。

内部故障即内部故障成本，又称内部损失成本，是指产品在出厂前由于发生品质缺陷而造成损失，以及为处理品质缺陷所发生的费用之和，如废品损失、返工损失、停工损失、产量损失等。内部故障成本一般与企业的废、次品数量成正比。它是企业质量成本以及供应链质量成本的重要组成部分。在供应链环境下，内部故障成本与供应链内部各企业的检验活动以及检验过程中不合格品的相关处理相联系。因此，内部故障成本是联系供应链各企业质量控制相关活动重要的、直接的桥梁。

外部故障即外部故障成本，又称外部损失成本，指的是产品在销售和使用中发现其缺陷而造成的由制造企业支付的一切费用的总和。它一般包括质量异议赔偿、产品折价损失、质量信誉损失等。在供应链环境下，外部故障成本与供应链最终产品中的不合格品的相关处理相联系。因此，外部故障成本也是联系供应链各企业质量控制相关活动重要的、直接的桥梁。

供应链质量故障如图 5 - 12 所示。

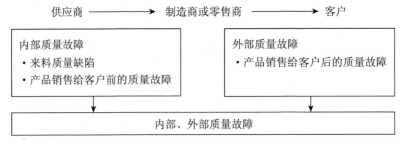

图 5 - 12　供应链质量故障

关于最优质量控制策略的研究主要包括两种：买方不对供应商提供的产品进行加工和买方对供应商提供的产品进行加工。买方对供应商提供的产品是否进行加工在很大程度上取决于产品的结构，不同的产品结构应当有针对性地设计不同的控制策略，不同的控制策略达到的控制效果是不同的，产品结构在从模块式到集成式的渐变过程中，需要考虑内部惩罚、抽检比例等指标的变化，如果不加区分地对不同的产品结构应用同样的策略，控制手段的经济性和有效性会受到影响。

6 供应链质量协调

6.1 供应链协调理论

供应链管理最早出现在制造业中，供应链管理的核心问题就是供应链协调，通过协调和控制供应链中各个成员间的信息流、物流和资金流，以达到降低生产经营成本、提高供应链整体效益的目的。

协调的概念来源于系统研究，系统协调是指多个子系统对其目标资源等进行合理安排，以调整各自的行为，最大限度地实现系统和各自子系统的目标。系统协调程度越高，输出的效应和功能就越大，结果也就越有价值，因而系统的整体功能应大于各部分子系统功能之和。一般来说，需要进行协调的系统往往包含若干个相互矛盾或冲突的子系统。如果这些子系统不能通过协调来妥善处理各方冲突，那么该系统总体功能将由于系统宏观结构的失稳而失效，甚至产生负效应，即系统的整体功能小于各部分子系统功能之和。

Malone（马隆）认为协调就是在一组成员之间，在他们执行任务达到目标过程中的决策和通信的模式。Romamo（罗马）定义协调是在供应链合作伙伴之间的决策、通信和交互的模式，可以帮助计划、控制和调整供应链中所涉及的物料、零部件、服务、信息、资金、人员和方法之间的交流，并支持供应链网络中关键的经营过程。Hewitt（休伊特）指出供应链网络协调涉及计划、控制和调整企业内和企业间的物流过程，因为物流过程包含物料运输、供应链网络的信息流和资金流。Simatupang（西马图庞）等定义供应链协调就是联合供应链成员的一系列目标使之达到供应链目标。国内学者对供应链协调也给出了定义，李赤林认为供应链协调就是供应链中的所有成员都一起行动起来增加供应链的总利润，否则就是供应链失调。庄品将供应链协调定义为基于供应链成员之间物流、资金流和信息流等要素设计适当的协调激励机制，通过控制系统中的有序参数，有效地控制系统的整体，使之从无序转换为有序，达到协同状态，从而在供应链成员之间建立战略性合作伙伴关系。合理分配资源，共同分担风险，提高信息共享程度，减少库存，降低总成本，最终实现系统的整体效益大于各部分的效益之和。

目前，理论界对于供应链协调还没有统一的定义，综合前人的研究成果，本书认为：它是指为使供应链的信息流、物流和资金流能无缝地、顺畅地在供应链中传递，减少因信息不对称造成的生产、供应和销售等环节的不确定性，以及消除因供应链的各成员目标不同而造成的利益冲突，提高供应链的整体绩效而采取的各种行动。也就是说，供应链协调指的是供应链的各成员企业维持良好的关系，保持一致的行为，并实现供应链整体效益最佳的状况。如果供应链的所有阶段都采取能促进整个供应链的利益提升的行为，那么供应链的协调性就会得到改善。供应链的协调要求供应链的每个阶段都考虑自身的行为对其他阶段的影响。

供应链协调通过广泛采用各种协调理论、管理方法措施和技术实现手段来组织和调控体系内各要素，通过协商、谈判、约定、协议、沟通、交互等协调方式，建立供应链企业关系协调机制和渠道，消除协调障碍，使供应链体系从无序转换到有序，达到协同或和谐的状态，使供应链的各种流能无缝地、顺畅地在链中传递，并与外部衔接融合，减少供应链流程中各环节的不确定性，消除供应链中负面效应和因各成员或利益主体目标不同而造成的利益冲突，提高供应链体系的整体功能和绩效。

供应链成员之间的合作会因为信息不对称、市场不确定性、个体理性等而存在风险，为了使供应链成员都能从合作中获得满意的结果，最大化供应链总体绩效，必须采取措施协调供应链运作。尤其要在供应链成员合作的各个阶段采用有效的契约激励，从而提高供应链系统的协调水平。将供应链核心企业作为委托人，成员企业作为代理人，供应链协调的运作流程如图 6-1 所示。

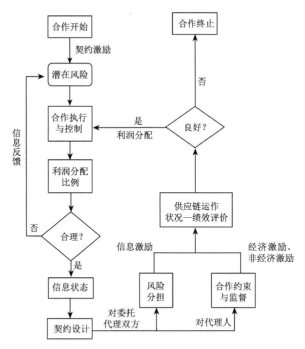

图 6-1 供应链协调的运作流程

6.2 供应链协调机制研究

6.2.1 供应链协调机制

供应链协调机制是指基于供应链系统内成员间物流、资金流和信息流等要素设计适当的协调机制，在供应链成员之间建立战略性合作伙伴关系，合理分配利润，共同分担风险，提高信息共享程度，减少库存，从而降低总成本，使整个供应链获得的利益大于各成员企业单独获得的利益之和，从而实现系统利润最大化。由于供应链管理涉及两个或两个以上的独立企业，并且为了实现供应链整体绩效，需要合作方之间能对各自的战略、技能、管理流程和创新等进行充分的协调，从而达到多方能力之间的平衡，并能发挥出大于单个企业绩效的整合效应，一旦相互之间无法达到这种状态，必然会产生矛盾和冲突。供应链协调机制正是基于供应链成员之间这种利益矛盾提出的，它决定着成员企业的协作效率，是供应链管理的重要组成部分。

供应链协调机制可以归结为四类：物流同步、信息共享、激励联盟和集体学习。供应链协调机制研究框架如图 6-2 所示，分别列出四个贡献循环来考核每种协调机制的贡献，目的是建成一个具有整体综合能力的集成供应链系统。

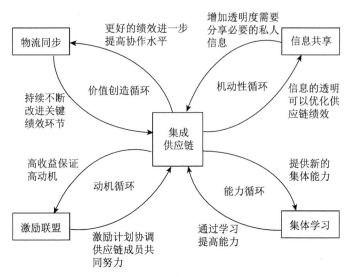

图 6-2　供应链协调机制研究框架

第一个循环与物流同步对应，由价值创造过程组成，设计该循环的目的是通过应用改进的创造能力来提高供应链成员和整个供应链系统的绩效。第二个循环与信息共享对应，显示供应链系统的机动性，能够使供应链成员了解客户需求、产品运动和绩效考评方面的信息。信息的透明可以帮助供应链成员综合物流过程，优化并增加响应市场条件变化的能力。第三个循环与激励联盟对应，表明实现供应链协调的动机，一般出现在多边利益被认可之前。设计一个激励模式主要是为了以更高收益激励供应链成员结盟，共同决策和行动。第四个循环与集体学习对应，是一个能力循环。旨在综合供应链成员分散的技能，使之成为集体技能，促使供应链成员从其他成员那里获得新的技能。集体学习对加强运营能力、改进创造价值能力都是有效的。

近年来国内外很多学者对供应链协调机制进行了广泛探索，提出了信息协调和契约协调。信息协调是指为了不同主体或职能，通过合作实现某一结果而进行的信息的相互交换。在供应链管理中，信息协调机制是供应链成员协调各种决策活动的一种基本机制。信息协调机制显示了信息在各成员之间怎样、什么时候、以什么方式以及在多大程度上进行共享，即信息交换的频率、时机选择、方向和手段。从两种协调机制发挥作用的时间顺序来看，契约协调机制首先为供应链成员进行协调提供了制度安排。而当企业的高层领导之间达成协议后，实际的交易活动需由双方的工程师、销售人员和产品开发人员通过日常的活动来完成。这些日常的活动，体现了供应链成员之间如何通过信息交换，来获得供应链系统外部以及系统内部各成员之间的信息，防范由于不确定性造成的供应链风险，从而避免或减少供应链失调。在供应链成员信息协调过程中，信息技术的发展对供应链绩效产生很大影响。当供应链成员的信息系统较为分散时，供应链系统的信息就会流通不畅，最终加剧系统的不确定性。而当供应链成员能够整合各自的信息，组成一体化的信息系统时，供应链系统的信息就会及时和通畅，从而提高系统的稳定性，减少整个系统运行的成本。许多知名企业已经在上下游之间建立了信息共享平台，例如：宝洁公司和沃尔玛通过组建专有的信息系统，实现了实时的信息交换，宝洁公司能够获得其在沃尔玛货架所有产品的销售和库存数据，从而能根据顾客需求实现 JIT（准时生产）供货。另外，由于供应链是个网络，信息共享还必须建立在网络中所有成员的基础上，从单条渠道向多条渠道发展，实现网络式传递。例如：当供应链中某一个成员发生缺货时，很可能会影响下游、下游的下游以及下游同一水平的其他成员。因此，供应链需要一种能够将系统外部和系统内部各种信息及时传递给网络中所有成员的信息系统，防范信息不对称带来的风险。

契约协调是供应链协调的主要手段，是指为了不同主体或职能，通过合作实现某一结果而在参与人之间进行的权利的相互交换。契约协调机制在给定的信息结构下，为供应链成员进行合作提供了制度安排。在发展供应链管理过程中，将各成员之间的权利、责任和任务分配以契约的形式确定下来，能够减少整个供应链的交易成本。虽然供应链本身的运作也是有成本的，但是，如果这一成本低于纵向一体化的企业或完全市场进行协调的成本，供应链或者其他介于企业和市场之间的组织性框架就会被组建起来。

供应链节点企业之间的协调从不同的角度出发有不同的分类。①根据协调的职能不同可以分为：生产—供应协调、生产—销售协调和库存—销售协调。一般认为生产—供应协调是如何确定订货策略的问题，如订货批量、订货时间间隔等；生产—销售协调主要考虑的是生产能力与库存控制策略的问题；库存—销售协调往往是对一个仓库（或多个仓库）面对多个用户的供应分配问题，问题的决策就是如何确定库存补给策略和配送计划，使总的库存配送成本最小。②根据决策中心的不同可分为：集中式协调、分布式协调和竞争合作关系式协调。集中式协调是指整个供应链由一个中央决策者控制，它拥有系统中的所有信息，所有成员的决策都按照系统最优的原则来进行，研究的内容包括不同情形下的系统最优决策。分布式协调是指供应链有两个或两个以上决策者，强调供应链中实体的独立性，对资源的共享程度低，缺乏通信与交流。竞争合作关系式协调是分散式与集中式相结合的混合模式，各个企业一方面保持各自的独立性运作，另一方面参与整个供应链的同步化运作体系，在保持独立性与协调性统一的同时，根据竞争合作关系系数的不同，各个企业参与整个供应链运作体系的程度不同，采用的协调方法也有所差异。③根据协调的范围不同可分为：内部协调和外部协调。内部协调主要是指各个企业内部相关决策、信息、运作等方面的协调。外部协调是指供应链企业与企业之间的协调。在供应链的整体运作过程中，一方面，为了达到供应链的同步化运作，供应链企业之间需要进行一定的协调；另一方面，为了满足供应链整体运作的要求，供应链企业内部也必须进行协调，从而使之符合供应链企业间的协调标准。

1. 供应链失调的现状

目前，随着经济全球化的浪潮席卷而来，企业越来越注重自身的核心竞争力。相应地，一些原本在法律和经济上独立的企业，开始在供应链上进行实体方式的运作，以实现供应链的价值增值。如果供应链的每一阶段只是追求各自目标的最优化，而未考虑对整条供应链的影响，就会导致失调，从而在各个方面损害整条供应链的运作业绩。失调有以下几种影响。

（1）失调会增加生产成本。为了满足顾客的需求，企业及其供应商制定更加具有变动性的订单流，为应付变动性，采取扩大生产能力或者增加库存量的方法，这样都会使单位产品的生产成本大大提高。

（2）失调会增加库存成本。各个节点企业为了应付增大了的下游企业的需求变动，必须保持更高的库存水平，因此增加了仓储空间和运输压力，从而导致库存成本增加。

（3）失调延长了补给供货期。由于供应链失调增加了需求的变动性，与正常需求相比，制造商和供应商更加难以安排生产计划，就会出现生产能力和库存与订单需求无法匹配的情况，最终导致供应链内制造商以及供应商的补给供货期延长。

（4）失调会增加运输成本。企业及其供应商的运输需求与订单的完成与否密切相关。供应链失调会导致运输需求随着时间的变化而产生剧烈的波动。所以，企业需要保持足够的运力来满足高峰期的订单需求，这就使运输成本提高。

（5）失调会增加送货和进货的劳动力成本。订单的多少会带动企业及其供应商送货的劳动力需求量的变化，分销商和零售商进货的劳动力需求量也会有类似的变化。因此，对于这种订单的波动，成员企业在供应链的不同阶段有不同的选择，要么保有剩余劳动量，要么变动劳动量，但不管怎样都会增加劳动力总成本。

（6）失调降低了供应链内产品的供给水平，货源不足的现象发生得更加频繁。订单的大幅度波动使企业难以安排其生产计划，无法及时向所有的分销商和零售商供货，企业往往难以安排其生产计划，从而导致零售商经常出现缺货、企业销售量减少的现象，引起了零售商和消费者的抱怨，从而导致服务水平下降。

（7）失调恶化了供应链中各节点企业的关系。"牛鞭效应"损害了供应链不同节点企业之间的关系，使每一个企业都把责任归咎于其他企业。于是，不同企业节点之间互相不信任，使协调变得更加困难。

2. 供应链失调的原因

供应链是典型的、动态的、需要协调的系统，任何导致供应链内不同阶段成员只注重自身利益的最大化或者信息扭曲和变动性增加的因素，都可能导致供应链失调。导致供应链失调的因素主要有以下几个方面。

（1）纵向渠道中风险分担和收益分配问题引起供应链失调。

纵向渠道协调问题，即同一渠道上各成员之间的协调问题。比如在生产商与零售商二级供应链系统中的渠道协调，一个产品出售给最终顾客后可以产生两个边际效益，一个是零售商获得的销售价与批发价差额，另一个是生产商获得的批发价与成本差额。在这个系统中，如果零售商面对随机需求，就有可能出现库存短缺和库存过剩的风险，对于这类风险的承担，如果安排不妥，就会出现不协调的情况。另外，供应链成员存在自治性，每个成员都努力在自己的决策权范围内寻求自身利益的最大化。自身利益最大化是成员的首要目的，系统最优的结果并不是成员最关心的。若要成员之间达成合作，即使达到了系统最优的局势，也必然要求将合作总收益进行适当的再分配，同时必须满足一定的公平性条件，否则也会造成供应链失调。

（2）目标冲突引起的供应链失调。

供应链是由多个不同利益主体组成的系统，各个成员的最优化目标可能发生冲突。他们在努力追求自身利益最大化的同时，可能会使供应链整体绩效降低，即导致双重边际化效应，这样就会导致供应链失调。比如，管理者希望通过过量采购或超前采购从制造商处获得数量折扣，但是这种采购却会引起库存的增加；而对于运输与分销环节，供应商总希望通过运输的规模经济来降低运输成本，却由此引起了库存成本的上升和顾客服务水平的下降。如果各成员在制订自身计划时未能与其他成员进行协商，则供应链可能会失调。

为了消除目标冲突，实现供应链协调，必须克服以下几个障碍。①大批量订购和配送。零售商为了能获得批量折扣，累积小批量的订单，从而使订单的变动性加强；而制造商为了获得运输的规模经济，积累大量的小批量配送，但这使库存费用增加和顾客服务水平下降。②订货量分配的博弈。由于制造商的生产能力有限，零售商不得不通过博弈来获得更多的订货量。③价格波动。由于制造商所发起的商业促销和其他短期折扣活动导致超前采购，超前采购期订货量大增，而过后订购量又极少。这种促销手段导致制造商送货量呈现变动性，其变动幅度明显高于零售商销售量的变动幅度。④行为障碍指每个阶段对失调的认知程度。由于每个阶段的管理者认为自己做得尽善尽美，从而对其他阶段的不信任度加强。⑤激励障碍是指给予供应链内不同阶段或参与者的激励会导致一系列变动性增加、总体利润下滑的情形。比如运输部门经理薪酬只与单位货物的平均运输成本挂钩，这势必使其尽量运用规模经济来降低运输成本，但这增加了库存成本等，导致总体利润下降。

（3）信息的不对称性造成信息在不同阶段传递时的扭曲。

所谓"信息不对称"是指每个企业都有自己的私有信息，这些私有信息只有企业本身知道，对方企业并不完全清楚。一方面，供应链中的消费者对商品的需求信息沿着供应链从下游向上游传递，由于完整的信息在各个阶段之间无法共享，所以信息在传递过程中，就会发生信息失真或信息扭曲的现象，而这种扭曲由于供应链产品的多样性而夸大。譬如，福特公司每种车都有许多选择方案，从而制造了多种不同的车型，车型的日益多样化使福特公司难以协调与数以千计的供应商和销售商之间的信息交换；同时导致了"牛鞭效应"的产生，"牛鞭效应"的存在，降低了客户的服务水平，增加了供应链的成本，影响了供应链上各成员的关系，造成供应链失调。另一方面，供应链中各个成员企业之间虽然有长期合作伙伴关系，但是他们都是独立决策的经济实体，因此相互之间也存在着竞争。如果上游企业做出不切实际的承诺，签约后供应商可能采用欺骗行为，为了自身利益最优而损害下游企业的利益，从而导致道德风险问题。

3. 供应链失调对经营业绩的影响

供应链的失调会导致成本上升，服务水平、对市场的快速反应能力和总体利润下降，出现"牛鞭效应"。"牛鞭效应"是对需求信息扭曲在供应链中传递的一种形象的描述，其基本思想是：在供应链上的各节点，企业只根据来自其相邻的下级企业的需求信息进行生产或者供应决策时，需求信息的不真实性会沿着供应链逆流而上，产生逐级放大的现象；当信息达到最源头的供应商时，其所获得的需求信息和实际消费市场中的顾客需求信息发生了很大的偏差。由于这种需求放大效应的影响，供应方往往维持比需求方更高的库存水平或者说是生产准备计划。

"牛鞭效应"造成了供应链上的预测不准确、需求不明确和供给不稳定，企业间合作性与协调性差，造成了供应缺乏、生产与运输作业不均衡、库存居高不下、成本过高等现象。"牛鞭效应"影响了供应链的绩效指标，具体表现为增加了供应链中的生产成本、库存成本、运输成本、发货和收货的劳动力成本，延长了补货提前期，降低了产品的可获利水平，这些因素和企业制造过程中的不确定因素叠加在一起，将会降低供应链的利润，导致巨大经济损失。解决"牛鞭效应"最好的方法是将这个鞭子缩得越短越好，这样引起的变化也会很小。通过高效的供应链管理系统，可以减少"牛鞭效应"，直接降低企业的营运成本，实现实时响应客户需求的理想境界。高效的整合供应链被认为是解决问题的最有效武器，但是一些传统的模式必须改变才能达到真正的高效运转。

从供应商的角度看，"牛鞭效应"是供应链上的各层级销售商（总经销商、批发商、零售商）转嫁风险和进行投机的结果，它会导致生产无序、库存增加、成本加大、通路阻塞、市场混乱和风险增大，因此妥善解决就能规避风险，减量增效。

4. 供应链协调的价值

首先，供应链协调的价值在于可以提高顾客满意度。对顾客满意的理解不仅是买到自己想要的产品，同时要考虑顾客对购买过程是否满意等问题。交货时间延迟、服务态度差等都会影响顾客行为，即顾客没有达到正常的期望值。而供应链协调的研究都考虑了或正在考虑这些问题，因为供应链使网链的上下游节点的供求关系更加紧密地结合在一起，他们的关系再通过协调机制的梳理，使产品信息的流通渠道达到最短，从而使最终消费者的各种信息从下游准确而迅速地反馈到生产商，提高了顾客满意度，为客户将来的光顾打下了较好的基础，也会产生口碑效应，扩大客户需求，提高市场占有率，所以为此而付出一些成本是值得的。

其次，从供需企业的角度看，供应链协调的价值在于可以降低双方库存和成本。总成本最低化和总库存最小化是供应链管理目标中的重点，因此链上各个企业的库存和成本的协调优化就显得特别重要。虽然供应链中的各成员是独立决策的，且都以各自利益为目标，但是能够通过一定的协调机制、合约以及特定的经营模式，使各成员的经营、决策活动能够相互配合，且尽量使每个成员的个体目标与总体目标相接近，即将供应链上各个成员企业作为一个有机的整体来考虑，避免由于流程不畅或者合作不协调带来损失，使各种运作与管理活动的成本最小。协调又可使产品和信息在供应网链上快速流动，减少库存量，减少资金占用，从而大大降低库存成本。

再次，供应链协调的价值在于提高响应时间，使总的运转周期最短。不管在什么时候，"时间"总是一个很重要的竞争要素，特别是当今市场的竞争不再是单个企业间的竞争，而是供应链与供应链间的竞争。每条链必须重视从原材料采购到最终消费者的各个环节：下游企业要保持供应的连续性，选择合适的供应商并建立适当的供应关系，降低供应破裂的风险；保持信息渠道的畅通，必要时可建立专门的信息服务公司，及时、准确地传输上下游流动的信息；更新公司经营理念、注重产品的换代升级，及时推出新产品、策划新的服务模式。随着协调机制的进一步成熟，人们会尽量把这些因素考虑进去，所以可以大大提高供应链的响应时间。

最后，供应链协调的价值在于可以降低众多不确定性因素的影响。供应链管理过程中遇到种种不确定性，如需求的不确定性、成本的不确定性、价格的不确定性、利率的不确定性和各成员行为的不确定性等，如果链上成员能按照某种协调机制办事、根据合约条款各司其职，就会使整个供需过程变得有章可循、井井有条，有效地降低这些不确定性的影响。

总之，供应链的协调关键是协调物流、信息流和资金流的运转和传递，能够使整个供应链系统的运营更加流畅，提高工作效率和客户满意度，最大限度地减少不必要的成本。

5. 供应链协调的方法

供应链中的协调包括两个层次的协调：一个层次是指供应商、制造商和销售商之间的相互协调，即宏观层次上的协调；另一个层次是指供应商、制造商和销售商各自内部各种活动之间的协调，即微观层次上的协调。从宏观战略的角度来看，可选择的供应链协调方法主要包括以下几个。

(1) 构建供应链战略合作伙伴关系。

供应链内各成员企业之间各自为政和缺乏合作是导致供应链失调的根本原因。各自成员企业之间的相互不合作和相互对立，导致信息传送失真和传递不畅、经营策略的相互排斥以及企业目标不一致的冲突等问题。一旦在供应链内建立了战略伙伴关系与信任机制，管理者便更容易采取上述措施来缓解"牛鞭效应"，实现供应链协调。合作伙伴关系是各方为了共同目标，以信任为基础、供需为纽带，以达到共赢而结成的关系。实施供应链合作伙伴关系意味着新产品和新技术的共同开发、数据信息的交换、市场机会共享和风险共担，在这种情况下，下游企业选择上游企业时就不再只考虑价格，而要兼顾优质，并且有利于企业间的资源优化配置、技术支持、同步化作业和后勤保障。因此，只有建立供应链企业之间的战略合作伙伴关系，才能从根本上减弱或消除导致供应链失调的因素，提高供应链的协调性。

良好的合作关系往往能降低供应链节点企业之间的交易成本，比如说供应商如果相信来自零售商的订货量和预测信息，他们就可以减少预测方面的重复努力。伴随准确的共享信息，交易成本的降低有助于双方相互收益并减弱"牛鞭效应"的影响。对于促进合作伙伴关系，我们可以采取相应的激励措施以及建立评估指标体系。评价指标体系可归纳为四类：企业业绩评价、业务结构与生产能力评价、质量系统评价和企业环境评价，其结构体系如图 6-3 所示。

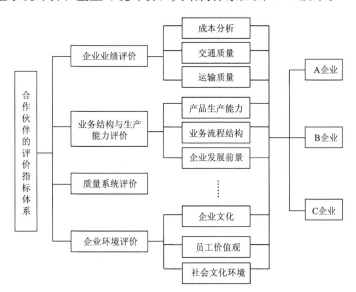

图 6-3 合作伙伴的评价指标体系

对于供应链协调的控制企业需要有清晰明确的目标，明确战略合作伙伴的关系，全体成员积极参与，建立共同的远景目标，增进相互之间的信任和创造必要的价值增值，以确保战略联盟的顺利进行。此外，还要慎重选择合作伙伴，为了使伙伴选择更加准确可靠，通常还需要执行团队进行实地考察，以获得供应商或客户状况的第一手资料。同时对选出的伙伴进行培训，以便得到他们的支持，从而更好地实施战略目标。

（2）信息共享。

各企业可以通过信息共享来提高可获得信息的准确度，实现供应链的协调。

①建立供应链信息系统，共享销售信息。供应链内各企业之间共享销售数据，会有助于降低"牛鞭效应"。如果零售商能够与其他供应链企业共享销售数据，那么所有的供应链企业都能够以顾客需求为依据来预测未来的需求，大家的目标也就趋于一致。同时，恰当的信息系统的选用也会有利于数据的共享。许多企业已经通过互联网与供应商共享销售数据，提高了供应链的协调性。②共享预测和规划数据。一旦销售数据得以共享，如果要实现完全的协调，供应链的不同企业需要进行联合预测和规划。如果无法联合制订计划，销售量数据就无法准确地保证供应链协调。假设某零售商的促销活动会使某一月份的需求量大增，但如果下个月零售商不打算促销，即使零售商与制造商都有过去销售量的数据，两者的预测也会有很大的不同。因此，制造商要了解零售商的促销计划的信息，关键就是要保证整条供应链的所有企业按照共同的需求运营，才能达成协调。③共享库存数据。通过共享零售商库存水平的信息，供应商能够大大提高其满足订单的能力。供应商得到零售商库存信息后，能更好地估计零售商的订单频率和订单量，从而加快订单处理流程，减少货物批量，缩短提前期，并使货物流更快更通畅。在供应链内各个节点企业各自决策的情况下，只有供应商能够从共享信息中得到好处，零售商则很难得到利益。共享零售商的库存水平信息，可以协调供应商的运输，从而使其享受运输的规模效应，很好地平衡供应商与零售商的库存水平。④单企业控制的补给策略。设计一条供应链，由其中的一个企业来控制整条供应链的补给决策，会有助于弱化"牛鞭效应"。在实际生产生活中，零售商是最关键的补给者，因为零售商直接与最终消费者打交道。因此，由一个企业控制整条供应链的补给决策，则多头预测得以消除，有利于供应链实现协调。对于直销产品，由于制造商是直接销售消费品给顾客的，没有中介，因此，会自动实现补给的单企业控制，制造商自动地成为补给决策订单的唯一控制者；当销售是通过零售商实现时，分销商或制造商在销售量数据管理的基础上，有规律地补货给零售商，也可以实现补给决策的单企业控制。持续补给方案系统将整个供应链连为一体，提供了良好的信息基础设施，是持续补给方案实施的基础。

（3）提高运营业绩。

管理者可以通过提高运营业绩，设计合适的产品配给方案，以防出现商品短缺的问题，从而缓解"牛鞭效应"。①缩短补给供货期。通过缩短补给供货期，能够减少供货期期间需求的不确定性，因为在销售季节内，大多数订单的发出能够使供货期缩短，这极大地提高了预测的准确度，因此，对于季节性商品的销售非常有利。缩短补给供货期还减少了潜在的不确定性需求，极大地缓解了"牛鞭效应"。②减少批量规模。减少批量规模降低了需求波动的幅度，管理者可以采取降低与订购、运输、接收相关的固定成本等措施。降低固定成本，目前通常采用一种计算机自助订单的方式；运输方面，管理者可以通过在一辆卡车上装满各种小批量产品来降低批量规模而不增加运输成本，也可以通过多家供应商使用一辆卡车的联合运输来降低批量规模；另外，鼓励不同顾客以同一种方式订购，使需求在时间轴上均匀分配，也可以弱化批量影响。③以前期销售量为基础进行配置，限制动机。管理者设计合适的配给方案，可以避免订单规模被零售商人为地扩大。企业可以根据零售商的前期销售量，运用周转盈利方案，为零售商配给产品，然后将配给与前期销售量相结合，这样就避免了零售商人为扩大订单规模的行为，缓解了"牛鞭效应"。

（4）设计定价策略以稳定订单规模。

管理者可以通过设计定价策略，鼓励零售商小批量订购，减少超前购买，从而缓解"牛鞭效应"。

①数量折扣由批量折扣转为总量折扣。在以批量为基础的数量折扣策略下，零售商为了最大可能地利用折扣优惠，会尽最大努力扩大他们的批量规模。但是，在以总量为基础的数量折扣策略下，可消除零售商扩大批量规模的动机，因为这种折扣方式考虑的是某一特定时期的购买总量，而不是某一笔交易的购买量。以总量为基础的数量折扣会减少小批量订购，从而降低供应链订单的变动性。②稳定价格。制造商可以通过取消促销、实施每日最低限价的定价策略，也可以通过限制促销期间可能购买量来减少购买量，因此，企业和商业的各种促销活动应保持均衡化，要避免因促销而导致的需求量突然增大，从而增加了订货规模。比如沃尔玛的"天天低价"策略，可以轻松地避免这种现象的发生。

（5）规避短缺情况下的博弈行为。

面临供应不足的问题时，供应商可以根据顾客以前的销售记录来进行限额供应，而不是根据订购的数量，这样就可以防止销售商为了获得更多的供应而夸大订购量。通用汽车公司长期以来都是这样做的，现在很多大公司，如惠普等也开始采用这种方法。在供不应求时，销售商对供应商的供应情况缺乏了解，博弈的程度就很容易加剧。与销售商共享供应能力和库存状况的有关信息能减轻销售商的忧虑，从而在一定程度上可以防止他们参与博弈。但是，这些共享信息并不能完全解决问题，如果供应商在销售旺季来临之前帮助销售商做好订货工作，他们就能更好地设计生产能力和安排生产进度以满足产品的需求，从而降低产生"牛鞭效应"的概率。总之，随着经济全球化和竞争的日趋激烈，企业之间的竞争已经演变为供应链和供应链之间的竞争，因此，要加强供应链成员之间的合作和信息共享，还要综合考虑订单完成率、成本、服务水平等因素，从而降低"牛鞭效应"的影响，实现供应链总体绩效的最优化。

（6）建立有效的激励机制。

为了提高供应链的协调性，供应链的各成员企业要改变以实现企业目标为唯一目的的传统激励方式和业绩评价体系，转变为实现供应链整体目标的现代激励方式和业绩评价体系。企业不能单纯地追求产量的最大化，更重要的是保证供应链流畅的协调运行，追求整体利益的最优化和长期的效益；同时，建立合适的激励体制会使员工的工作热情高涨，工作干劲十足，提高工作效率，从而增加企业产品的产量和效益。另外，管理者可以通过制定与整体目标最优时相一致的激励措施来改善供应链中的协作关系，可以使供应链活动中的每位参与者都努力将整条供应链的利润最大化。比如：职能部门的目标与公司整体目标一致、协作定价、销售人员绩效从根据零售商买入量评估改为根据零售商卖出量评估等。

6.2.2　基于价格折扣策略的供应链协调

供应链利益协调和均衡机制是基于供应链各成员间的物流、资金流和信息流在一定的信息结构下对各成员的决策激励进行平衡，使个体理性和个体优化行为与供应链集体理性和整体优化决策相一致。在实际经济活动中要维持分销供应链的存在和稳定是比较困难的，一些分销供应链的功能企业由于自身实力的薄弱，其在供应链中处于劣势。但由于这些企业又是供应链中的必要组成部分，舍弃它将导致供应链的集成度降低，从而降低供应链的利益。在可能的分销供应链结构中，有些企业的利益分配相对处于优势，降低一点单位利益所得虽然是一种损失，但总比没有前者参与的供应链得益要强，这就在客观上要求供应链利益分配较高的一方，以某种形式补偿利益较低的一方，使双方的得益都有所提高。在实际经济活动中，这种供应链协调和利益均衡机制主要有以下三种表现形式。

1. 价格折扣

在分销供应链中资金流主要表现为实体间的转移支付，转移支付一般表现为与批量无关的固定定价和基于批量的比例定价。由于分销供应链中各成员之间供需关系的非对称性，非合作博弈状态下下游成员（订货商）往往处于最优状态而上游成员（供应商）往往处于非最优状态，因此如果让下游成员增大批量，则由于库存费用的增加，下游成员的利益将受到损害，而这将有利于上游成员降低成本。通过价格折扣可以调整上、下游成员间的利益分配，从而影响各成员的决策激励，理论证明该协调机制可以有效地克服"双重边际"问题。

2. 订货批量承诺

针对需求的不确定性，对订货量施加约束使分销供应链上下游共同承担风险，减少库存和订货波动，从而提高系统整体性能和效益。订货批量承诺主要包括最小批量承诺和柔性批量承诺两种形式，理论证明该策略可以在对称信息结构下使分销供应链系统性能达到机制控制的效果。

3. 余货返销

余货返销是在实践中比较常见的一种利益协调和均衡机制。它是针对需求不确定性导致的订货量与实际需求不匹配问题，允许下游成员以低于批发价的返销价格将剩余订货退售给上游成员，从而达到双方共担风险的效果。余货返销与柔性批量订货的区别在于：余货返销策略是在实际需求被观测后执行，属于事后控制。而柔性批量订货策略则是在实际需求还没有发生时就对订货量进行调整，属于事前控制。

供应链中的每个节点都既是后一节点的供应商，又是前一节点的顾客。供需关系始终贯穿于整个供应链，因此供需双方订货批量研究是供应链管理最重要也是最基本的内容之一。在传统的经济批量模型中，供需双方只是从自己利益出发，追求使自己的成本最低条件下的订货批量，这种订货批量是需求方的最优订货批量，但非供应商的最优订货批量。也就是说，在传统的经济批量模型中，供需双方并没有进行相互协调。为了解决这个问题，很多学者都对这个问题进行了研究，但是在他们的成果中价格折扣都是在订货商增加订货的条件下考虑的，供应商给予价格折扣，或者是给予一次性价格折扣等。徐克安等首先考虑了在订单生产方式下，当供需双方生产或订货的柔性不一样时的非合作生产订货模型，其次提出了怎么通过价格折扣政策来使买卖双方都得到好处的合作模型，考虑了减量价格折扣问题。

1. 供需批量模型的假设条件和符号

在建立模型之前，对模型的假设条件和符号等进行以下说明。

第一，研究对象是一个供应商与一个订货商组成的二级供应链。

第二，该订货商单位时间的需求量为 R_a 单位，该需求是均匀分布的。

第三，供应商采取订单方式来生产，即订货商需要多少货物时供应商就生产多少。

第四，供应商的生产能力为单位时间生产 P_a 单位，$P_a > R_d$。

第五，供应商和订货商的费用按照与产品的持有时间以及产品的数量的相关性分为三个部分：第一部分是和订货量无关的一次性准备费用，第二部分是和订货量及订货时间都有关的持有成本，第三部分是只和订货量有关的产品价格引起的自身成本。这里设供应商的生产成本为 C，一次生产准备成本和送货准备费用为 C_a，单位产品单位时间内持有成本为 H_g，订货商的一次订货准备费用为 C_d，单位产品的持有费用为 H_d，供应商的实际库存量为 Q_a，最大需求量为 Q_d，双方的市场交割价格为 A，订货商的出售价格为 B。

2. 价格折扣前供需双方批量确定

（1）订货商。

单位总成本为

$$TC_d = Q_d H_d / 2 + R_d C_d / 2 + A R_d \tag{6-1}$$

单位总利润为

$$TV_d = B R_d - (Q_d H_d / 2 + R_d C_d / 2 + A R_d) \tag{6-2}$$

经济订货批量为

$$EOQ = \sqrt{\frac{2 R_d C_d}{H_d}} \tag{6-3}$$

（2）供应商。

单位时间总成本为

$$TC_a = C R_d + Q_a R_d H_a / (2 P_a) + R_d C_a / Q_a \tag{6-4}$$

单位时间总利润为

$$TF_a = (A - C) R_d - [Q_a R_d H_a / (2 P_a) + R_d C_a / Q_a] \tag{6-5}$$

经济生产批量（渴望供应量）为

$$EPQ = \sqrt{\frac{2 R_d C_a}{H_a}} \tag{6-6}$$

渴望最大利润为

$$TF_{em} = (A - C) R_d - \sqrt{2 R_d C_a H_a} \sqrt{\frac{R_d}{P_a}} \tag{6-7}$$

但实际上订货批量由订货商决定，故供应商的实际供货量为 EOQ，此时的供应商实际利润为

$$TF_e = （A-C）R_d - \frac{C_dH_dP_d+C_dH_dR_d}{P_d} \times \sqrt{\frac{R_d}{2C_dH_d}} \qquad (6-8)$$

（3）非合作时情况分析。

一般情况下 $EOQ \neq EPQ$，而当 $EOQ = EPQ$ 时，这种情况不予讨论。下面分 $EOQ < EPQ$ 和 $EOQ > EPQ$ 两种情况加以讨论。

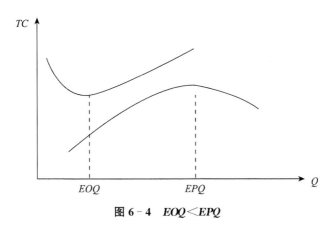

图 6-4 $EOQ < EPQ$

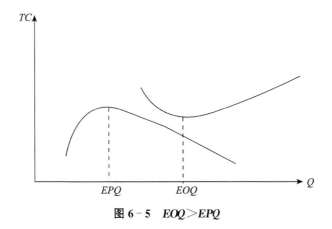

图 6-5 $EOQ > EPQ$

通过以上两个模型分析可知，供应商处于被动的局面，供应商只是在订货商已作决策的条件下再进行决策。此时，供应商未达到最优，而订货商则处于最优决策之中。这种供应商和订货商订货量的冲突可以通过图 6-4 和图 6-5 表示（注：由于价格不变，图中的 TC 不包括货物自身成本）。

当 $EOQ < EPQ$ 时，这时如果让订货商增加订货批量，则订货商持有成本增加，订货商的利益将受到损害，而这将有利于供应商利润的增加，供应商可以通

过常规的全量价格折扣方式来刺激订货商增加每次的订货量。

当 $EOQ>EPQ$ 时，这时如果让订货商减少订货批量，则订货商准备成本增加，订货商的利益将受到损害，而这也将有利于供应商提高利润，此时应考虑制定价格策略鼓励订货商降低订货，经典的价格折扣无法满足这一要求。因此，在实现供应链最优化的过程中，制定价格策略时必须考虑供需双方利益的重新分配，使供应商在降低成本的同时，促使订货商的成本降低或保持不变。

3. 采用价格折扣策略的供应链协调

假设供应商和订货商在同一供应链中，则二者合作时，本书采用价格折扣策略，采用以下价格策略模型。

$$P=A-b(Q-EOQ)/(EPQ-EOQ)$$

令 $k=EPQ-EOQ$，b 是我们需要计算的中间参数，$b>0$，则订货商的订货成本为

$$TC'_d=\frac{Q_dH_d}{2}+\frac{R_dC_d}{Q_d}+[A-b(Q_d-EOQ)/k]R_d \qquad (6-9)$$

利润为

$$TV'_d=BR_d-\frac{Q_dH_d}{2}-\frac{R_dC_d}{Q_d}-[A-b(Q_d-EOQ)/k]R_d \qquad (6-10)$$

从而求得订货商最优订货批量为

$$Q'_d=\sqrt{2KR_dC_d/KH_d-2bR_d} \qquad (6-11)$$

此时订货商的最小成本为

$$TC'_{dm}=AR_d+\left[\sqrt{2R_dC_d}\left(H^{\frac{s}{2}}-2bR_d\sqrt{H_d}/k+bR_d\sqrt{H_d-2bR_d/k}\right)\right]$$
$$(6-12)$$

可以证明，$TC'_d<TC'_{dm}$，即订货商的最小成本比原来降低了，但此种情况下，供应商并没有实现利益最大化，因此在供应链内部供应商从自己的利益出发，必然选择一定价格折扣使其利润最大，这时供应链系统的优化是一个 Stackelberg 博弈均衡。

$$\max TF_s=\left[A-\frac{b(Q_d-EOQ)}{k}-C\right]R_d-\left(\frac{Q_dR_dH_s}{2P_s}\right)+\frac{R_dC_s}{Q_d} \qquad (6-13)$$

$$Q_d=\arg\min TC'_d=\frac{Q_dH_d}{2}+\frac{R_dC_d}{Q_d}+\left[A-\frac{b(Q_d-EOQ)}{k}\right]R_d \qquad (6-14)$$

$$\text{s. t. } b\geqslant 0$$

通过求解二层规划（6-14），根据二层规划的性质，得此时供应商的最大利润为

$$TF''_s = [A - b(Q'_d - EOQ)/(EPQ - EOQ) - C]R_d -$$
$$[Q'_d R_d/2P_s \times H_s + R_d C_s/Q'_d] \qquad (6-15)$$

这时还可以证明，$TF''_s > TV'_d$，即实行价格折扣策略后，供应商的利润比原来增大了。只要通过式（6-14）求解到最优解 b，就可以得到相应的最优折扣，从而计算出订货商和供应商在不同情况下的成本和利润。

4. 算例分析

假设供应商和订货商的各种参数如下表所示。

供应商和订货商的参数

参数	A	B	C	R_d	C_s	P_s	H_s	C_d	H_d
数值	8	12	4	1000	3000	200	2.1	100	2

（1）价格折扣前。

订货商：

经济订货批量 $EOQ = 316.23$；最小订货成本为 $TC'_d = 8632.46$；最大利润 $TF''_s = 3367.54$。

供应商：

实际成本为 $TC_s = 4743.14$；实际利润为 $TF_s = 3256.86$；供应链的总成本 $TC = 13375.60$；供应链的总利润 $TS = 6624.44$。

（2）价格折扣后。

由 Stackelberg 博弈模型得到结果为 $b = 0.2256$；

订货商：订货量 $Q_d = 453.17$；成本 $TC'_{dm} = 8603.58$；利润 $TV'_d = 3396.42$；

供应商：成本 $TC'_d = 4670.21$；利润 $TF''_s = 3329.79$；

供应链的总成本 $TC' = 13273.79$；总利润 $TS' = 6726.21$。

由此可以看出，该供应商和订货商实施价格折扣策略后，双方交易成本降低，利润提高。

6.3 供应链契约协调理论

由于现实中分散式供应链成员的目标往往不尽相同而且相互冲突，在面临供应链质量等疑难问题时，供应链各成员都试图令其自身利益最大化、成本最小化，此时，供应链上易发生"双重边际化"等不良现象，供应链整体利益将不可避免地受到损害。因此，有必要建立一种有效的协调机制约束供应链各方的行为，使分散式供应链绩效在达到集中式供应链绩效水平的同时，提高供应链的质量，降低供应链的风险。契约理论证实构建合理的供应链契约能够实现供应链协调，并使分散式供应链的绩效达到集中式供应链的绩效水平。

6.3.1 供应链契约

契约理论是近 30 年来迅速发展的经济学分支之一，其一直处于不停的整合过程之中。契约理论通常包括激励理论、不完全契约理论和新制度交易成本理论。供应链契约是在契约理论的基础上发展起来的。

供应链契约是指供应链各交易主体通过提供有效的信息共享和激励措施，优化渠道绩效或效益，以保证各方利益协调的契约条款。该契约条款实施后能够使供应链各成员获得不小于分散决策下的利润水平，提高供应链系统整体绩效。供应链契约是 Pasternack（帕斯特纳克）在 1985 年首次提出的，此后，学术界关于供应链契约的相关研究层出不穷，大量学者根据不同的假设条件及研究背景提出了许多宝贵的供应链契约类型。根据契约条款在事前是否明确制定，事后是否能被第三方权威机构（制度、仲裁者等）观测和验证，可将契约分为正式契约和关系契约。

1. 正式契约

供应链正式契约是指在供应链运作过程中，契约条款在事前可以明确制定，事后也可以被第三方权威机构验证并执行，即"购进协议明确，售出绩效确凿"的供应链买卖各方交易模式。根据上述定义，可以看出正式契约的特点：第一，在缔约各方决策行为发生之前就明确制定；第二，在缔约各方采取决策行动之后可以被第三方观测、验证并强制执行；第三，具有客观验证条款执行程度的标准。常见的正式契约有批发价格契约、回购契约、数量折扣契约及收益共享契约。

（1）批发价格契约。

批发价格契约也称定价契约，是指零售商根据市场需求和供应商提供的批发价格制定其订货决策，供应商根据零售商的订货量组织安排生产，产品销售结束后，未卖出去的一切损失都由零售商来承担，其签约成本相对较低，批发价格是其唯一参数且为一固定常数。因此，在批发价格契约里，供应商所获利润是确定的，零售商承担着全部的市场风险。在批发价格契约情形下，供应商和零售商均以各自的边际效益为目标，而不考虑供应链整体的边际效益，从而产生双重边际效益，导致供应链协调失败。即便如此，批发价格契约还是因其简单和实施成本低而在实际中得到了广泛的运用。

双重边际效益是指供应链上下游企业为了谋求各自收益的最大化，每个成员在决策时只考虑各自的边际效益，而不考虑供应链中其他成员的边际效益，在独立决策的过程中确定的产品价格高于其生产的边际成本的现象。双重边际效益是美国经济学家斯宾格勒在早期对产业组织行为的研究中发现的。斯宾格勒发现当供应链存在单个上游卖者（如制造商）和单个下游买者（如分销商）时，上、下游企业为实现各自利益的最大化而使整个供应链经历两次加价（边际化）。

（2）回购契约。

回购契约是最常见的一种供应链契约。回购契约也称退货契约，是指零售商将未销售的产品以低于产品批发价的回购价返回给供应商，以此来降低零售商由于顾客需求不确定而产生的销售风险，刺激零售商增加订货量，达到风险共担、利润共享的目的。回购契约主要用于市场需求不确定、生命周期短的产品，如书籍、服装、医药产品等。

回购契约能够有效提升制造商与零售商之间的信息共享程度，消除销售商因提前订购等措施引发的产品时效性、库存积压难题。通过回购契约可以阻止零售商之间的竞争，提高供应链效率。回购契约还可以有效处理突发事件下的供应链协调问题，也可以消除供应商对销售期满后，零售商可能会对剩余未售出产品打折销售或对供应商产品品牌造成损害的担忧，从而提高供销双方共同分担客户随机需求的风险。

但回购契约也有缺点。比如，在零售商观察到需求前，先确定零售价和存货持有水平，回购契约即便能改善供应链绩效，也不能实现帕累托最优。在需求确定情形下，回购政策还会导致零售商订购的非理性，甚至在一个制造商与两个竞争性的零售商组成的二级供应链中，如果零售价由零售商控制，则仅采用回购契约并不能使供应链绩效最大化。更有甚者，当客户需求依赖于价格（一般表现为价格不固定的报童模型）及需求受到零售商努力水平影响等情形时，一般的回购契约均无法实现供应链协调。一般的回购契约不能实现供应链协调的原因有很多，比如，情景条件不符合契约的要求；情景条件符合契约的要求，但由于契约自身的缺陷，导致约束力不足、无法协调或协调结果较差；理论上，情景条件符合契约的要求，契约协调后，供应链某成员利润为负值，不符合实际情况，协调结果失效等。解决途径主要有寻找新的契约、改进原契约、组成混合契约。

（3）数量折扣契约。

数量折扣契约也是近年来比较常见的一种供应链契约，它是在数量弹性契约的基础上演变出来的。数量弹性契约是指零售商向供应商提供一个需求的预测量，供应商据此组织安排生产，待零售商获得确定的市场需求后，可以在事先规定的预测量的调整范围内确定最终购买量。数量弹性契约的实质是调整客户随机需求带来的风险和供应链收益，从而实现风险和收益分配的均衡。它关注的是产品订购数量的调整，能有效减少零售商库存，保持制造商相对平稳的生产过程，调整市场需求的不确定性给供应链带来的影响。数量弹性契约适合市场需求变化较大的产品，能够很好地降低企业由于不断调整订单所带来的高成本。在数量弹性契约基础上演变出来的数量折扣契约一般可分为 AQD 和 IQD 两类：AQD 契约是指当零售商订购量超过一定值后，制造商对所有产品都给予一定的价格折扣；IQD 契约是指制造商对所有产品都给予相同的批发价，当零售商订购数量超过某个给定值后，对于超过该给定值的产品给予一定的价格折扣。在信息对称的条件下，AQD 和 IQD 契约相互等价，AQD 和 IQD 中的任意一方均可实现对方可达到的任何协调效果。

（4）收益共享契约。

收益共享契约是指供应商以一个较低甚至低于产品成本的批发价格将产品批发给零售商，待产品销售完成后，供应链成员按事先商定的收益共享比例分享产品的销售收入。收益共享契约以其独特的魅力和优势，受到了供应链研究者的普遍关注。比如，Cachon（阿尔长）和 Lariviere（拉里维埃）认为收益共享契约能使供应链各成员企业的利润水平高于分散决策下的水平，直至达到供应链系统利润最优，即实现供应链的帕累托最优。在收益共享契约束下，供应商将产品按低于批发价或按批发价出售给零售商，并且获得一部分零售商的销售收益的协议。收益共享契约可以缓解零售商之间的价格竞争，减少供应商和零售商之间的质量等问题冲突。

但是收益共享契约自身也存在一定的局限性。首先，收益共享契约成立的重要前提是处于主导地位的供应链企业能够观测并证实处于从属地位的供应链企业的销售收入，但这在现实经济活动中往往比较困难；其次，多零售商进行竞争时，若每个零售商的收益依赖于其数量、价格和其他零售商的行动，在收益共享契约下不能实现供应链协调；再次，当存在多个竞争性的零售商或零售商采取促销等措施影响需求函数时，仅利用该契约仍然不能实现供应链最优；最后，收益共享契约虽然能使供应链企业达到帕累托最优，但达到帕累托最优时，供应链各方及整体面临的风险却未必达到最小化。

2. 关系契约

"关系契约"（Relational Contract）的概念最早由 Macneil（麦克尼尔）提

出，它是基于供应链合作各方对未来收益和彼此声誉评价的一种不完全长期契约，实施基础是信任和声誉。随后孙元欣等从交易的社会关系嵌入性出发，认为关系契约是一种"自执行"的契约，它的执行依赖于契约各方对未来合作价值和自身声誉的判断，得出关系契约在社会法律制度不完善和交易细节不可验证这两种情况下可以代替正式契约发挥作用。本书结合已有文献在对关系契约理解的基础上，认为关系契约是基于合作各方对未来收入的预期和彼此声誉的判断，是一种事前无法明确制定，事后也不能被第三方权威机构（制度、仲裁者等）观测和验证或验证成本过高的协议，其本质是一种隐含的自我实施机制。Richard Speidel（李理德·斯派德尔）在 Macneil 概括的基础上，全面总结了关系契约的特征：①持续期较长。关系契约以供应链各成员企业长期合作为基础，且关系契约的内容随着时间延伸而不断发生变化，如交易过程中企业诚信的增加和信誉的损失，会使关系契约条款的"自我实施"约束条件改变。关系契约的终止既要尊重供应链各成员企业的意图，也要考虑关系契约不满足"自我实施"约束的条件。②开放条款和自由裁量权保留。基于人的有限理性和信息的不完全性，供应链各方在签订关系契约时，不可能时刻观测到对方的决策行为和采取的行动，对未来关系所能带来的预期收益也不能即时观测。因此，缔约双方从自身利益最大化的理性角度出发考虑问题，会随着供应链各方成员之间合作关系的变化发展不断进行适时性调整。③未来合作行为和合意的治理机制。开放的关系契约条款使其必须具备"自我实施"的软约束力，而这种软约束力建立在供应链合作伙伴之间承诺的可信性基础上。关系契约不是由企业的"自利"行为来终止，而是由双方达成承诺的可信性为前提条件，以未来合作关系所能带来的收益为判断标准，决定是否履行关系契约条款的内容。一旦关系契约条款不能通过"自我实施"的方式实现最终目的，则缔约双方会触动终止关系契约条款的条件。④"交易专用性"投资。"交易专用性"投资一方面会使终止关系契约的成本增加，另一方面会使契约的约束力增强。当关系契约条款终止时，"交易专用性"投资的价值远不能补偿对其付出的成本，"交易专用性"投资的成本变成"沉淀成本"，"沉淀成本"可以作为违约责任和损失赔偿的规则。

通过以上讨论可知，供应链正式契约可以被第三方权威机构（法庭、仲裁者）验证并执行，有明确的契约条款内容和解决问题的程序，而关系契约的制定不依赖于第三方权威机构的强制执行，它是一种隐含的"自我实施"激励机制，具有软约束力，能够实现供应链各缔约方的自动履约行为。与此同时，自动履约机制会为供应链企业带来无形的声誉资产，进一步强化关系契约的"自我实施"

约束力。因此，基于长期重复合作交易的关系契约，可以通过隐含的激励机制实现供应链各合作方之间的利益协调，并提升供应链的整体绩效。

供应链上下游厂商间的协调结果往往需要以契约为载体，通常借助于经济学领域中的契约理论，在全新的理论框架和理论背景下解决。定价、最小购买量、退货策略、灵活订货、分配原则、提前期、产品质量以及随机需求等问题，都属于供应链契约讨论的问题。

一方面，供应链契约有助于分散风险。由于需求不确定、销售价格波动、产品质量不确定和运输时间不确定等因素造成的风险可以通过制定供应链契约，由供应商和采购商共同承担。例如，供应商一般依靠采购商传递的需求信息来制定生产库存决策，如果没有恰当的机制约束采购商，采购商为了降低由于市场需求不确定性造成的风险，往往使传递的需求信息扩大，从而把市场需求不确定性造成的风险转嫁给供应商，这样就形成了供应链上需求向上级逐级放大的"牛鞭效应"。通过制定供应商与采购商之间的供应链契约，可以通过签订最小采购量协议、退货协议或奖惩策略，约束采购商夸大需求信息的行为，使风险由供应商与采购商共同承担。

另一方面，供应链契约促使供应链战略联盟的形成。战略联盟是指通过有效的供应链契约，供应商与采购商双方为了追求长期目标而进行某种程度的让步，损失一定的短期利益，从而形成以信息共享、生产联盟为特征的长期稳定的合作关系。战略联盟可以达到提高信息共享水平、降低交易成本的目的，并最终使双方均得到更大的收益。然而，每种供应链契约都有其使用条件及使用范围的限制，因此，考虑随机需求情形下供应链质量协调及其风险分担问题，需要对相关契约进行选择及改进，使其符合研究背景及使用条件。

总之，通过合理的供应链契约可以有效地对供应链各方进行约束，协调供应链各方决策及各成员之间的利益分配，并有助于分散风险、形成战略联盟，保证供应链各方和供应链整体的利益最大化。即使某些契约约束下的供应链无法实现完美协调，但也可能存在帕累托最优，保证供应链中的任何一方的利益至少不比原来差。

6.3.2 供应链契约协调

在国内外学者关于供应链契约协调的相关研究中，供应链契约指的就是一种协议或一种约定。当供应链中任意两个成员企业之间进行买卖交易时，他们之间所制定的供应链契约就是指关于价格、采购量或其他决策变量的协议或约定；供应链协调则是指通过有效方式和方法，使供应链中的所有节点成员的目标与供应链整体的目标达成一致。那么，显而易见，供应链契约协调便是通过供应链契约这种方法，使成员目标与企业整体相匹配，即供应链核心企业通过制定契约条款的形式为各成员企业进行合作提供制度安排，以协调缔约各方的利润，减少供应链系统的效率损失。供应链契约协调的研究目标是在供应链的成员决策时，不能仅追求自身的利益最大化，同时更要追求供应链的整体利益最优化。

Spengle（施宾格勒）于 1950 年提出了"双重边际化"问题，是在文献中可以查阅到的最早的有关供应链契约的理论基础。在由一个制造商和一个零售商组成的二级分散型供应链中，二者分别为了追求自身利益的最大化，会进行以下决策：当制造商为零售商供货时，为了自身的利润，会将产品以高于产品成本的价格批发给零售商；那么零售商为了自身的利益，会随之减少产品的进货量，并提高产品的零售价格。可以发现，从制造商的批发价格到零售商的进货量再到零售商的零售价格，一步一步偏离供应链整体绩效最优的目标值，说明当供应链成员仅考虑自身利益时，会损害供应链的整体绩效。在二者追求各自利润最大化的过程中，制造商对产品的批发价格进行了第一次的边际化加价，零售商对产品的销售价格进行了第二次的边际化加价，产品在经过了两次加价后最终流向顾客手中，顾名思义，称之为"双重边际化"。由于销售商和零售商仅从自身的角度出发，忽略了供应链的整体目标，从而出现双重边际化的问题，严重损害了供应链的整体绩效。

Pasternack（帕斯特纳克）在 Spengle 的研究基础之上，进一步地拓展研究了双重边际化问题，他构建了一个二级分散型供应链模型，经过求解分析发现当零售商遇到报童问题时，零售商在进行自身库存水平的决策时，会考虑到制造商给定的批发价格，由于现实当中产品批发价格普遍会大于生产成本，那么此时零售商的库存水平就会低于供应链集中决策下的最优库存水平。

可以说，上述两篇文献相当于供应链契约协调的"开门砖"，为后续的理论研究奠定了坚实的基础，在此基础之上，其他学者进一步就这一领域展开了广泛的研究。

近几年来，供应链契约协调的研究一直都是国外学者研究的热点，国内学者在这一领域的研究也是卓有成效。2008 年，王明超考虑供应链参与企业不同风险偏好的供应链契约模型（批发价格契约模型、收益共享契约模型），并对供应链的可协调性展开了讨论。于明进、王炬香和桑圣举研究了当两级供应链的成员企业具有风险偏好时，供应链收益共享契约的设计。2009 年，贺珺玮针对零售商处于核心地位的供应链进行了研究，并得出无论需求函数是加法或是乘法，收益共享契约和期权契约模型均能够使零售商处于主导地位的两级供应链实现协调，而且处于主导地位的零售商可以利用他的权利，而处于从属地位的供应商只能获得他接受契约的最小收益，从而使零售商实现自身收益最大化。2012年，沈冰研究了随机需求环境中，以供应商为主导的两阶段供应链，在考虑零售商厌恶损失和完全理性这两种情况下，对于静态契约及动态双因素扰动契约的协调策略展开研究。方新基于收益共享契约，研究由零售商和供应商组成的促销努力系统在付出促销努力时，对由一个供应商、一个零售商和需求随机的市场构成的三级供应链整体绩效的影响。2013年，简惠云研究了单一因素风险偏好以及风险与公平偏好双因素分别对零售商和供应商决策行为的影响，并与风险中性、公平中性下的最优决策行为进行对比分析。2014年，王维、傅忠宁、李亚楠和张龙忠的研究发现，零售商促销时传统的回购契约不能协调易逝品供应链，基于此，建立促销成本分担和回购混合契约模型，然后设计返利模型协调供应链；聂腾飞主要研究在供应链管理中社会偏好对于决策者乃至整个供应链的影响。

以上研究多是以生产商或销售商的行为因素对供应链契约协调展开研究的，也有少数学者考虑到消费者行为因素的重要性，Su（苏）基于顾客的策略行为，研究得出经典的回购契约、销售折扣契约和利润分享契约均能自由地协调供应链；申成霖等研究表明当存在顾客退货行为时，销售回扣契约和经典回购契约均不能实现供应链协调，基于此提出了基于退货的差别回购契约能够实现供应链协调；黄松等发现在理性预期均衡时，利用数量折扣契约和收入分享契约均可以协调供应链。

综上学者的研究可以发现，契约是协调供应链的重要手段，通过签订契约条款，可以明确供应链各成员之间的权利、责任和任务，从制度上对各成员企业加以约束，使他们共同分担风险，合理分配利润，激励成员企业行为。因此，建立合理有效的契约协调机制对于供应链的实际运作具有十分重要的现实意义。然而，供应链企业要想在日益激烈的竞争中获得优势，就需要建立长期性和重复性的战略合作伙伴关系，鉴于正式契约只能在一定程度上解决自身的执行问题，不能达到完全解决的状态，因此，运用关系契约协调供应链的研究逐渐成为现代学者和企业所关注的热点问题。

6.4 供应链质量协调研究

6.4.1 供应链质量协调理论

导致供应链整体运作效率下降的典型原因之一是"双边际化效应"，即由于各个企业在进行决策时都追求自身利益的最大化，最终导致各个企业决策的结果不能实现供应链整体利润的最大化。消除供应链中双边际化效应的主要方法是供应链协调，其目的是通过各种方法使供应链中各成员减少冲突竞争及内耗，更好地分工合作，发挥供应链的整体优势以获取最大收益。

供应链协调是供应链管理领域中的核心概念，与非合作博弈理论中的囚徒困境相对应。通常情况下，供应链环境下各企业分散式决策的结果构成一个纳什均衡，而且此均衡结果小于集中式决策的结果，即最优解。此时，需要寻求相应的方法和实施途径使分散式决策的纳什均衡逐渐接近并最终等于集中式决策的最优解。供应链协调的主要手段是契约协调，供应链契约协调是经济学契约理论在供应链中的一种表现形式。

美国麻省理工学院（MIT）斯隆管理学院开发了著名的"啤酒游戏"，通过模拟一条啤酒供应链上五个节点企业的决策情况来真实地再现信息不畅对供应链协调的巨大影响。虽然说在整个游戏过程中（一般是模拟 36 周或者 52 周的时间），终端客户的需求可能只发生一次波动（例如终端客户只有一次将订货数量从 4 个单位变成了 8 个单位，在此前后都保持 4 个单位和 8 个单位不变），但是由于各个节点企业都是根据自身的经营状况进行决策，加之上下游企业之间信息不畅，从而导致啤酒零售商、批发商、分销商、制造商的存货数量发生巨大波动。在某些周内这些供应链上的节点企业的缺货量和存货量分别会高达 100 单位以上，有些甚至还会攀升到不可思议的 200 单位以上。这种现象非常类似于一个牧童拿着鞭子的一头轻轻抖动，结果导致整条鞭子的各个组成部分都发生剧烈的上下波动，这种现象在供应链管理理论研究中称为"牛鞭效应"。"牛鞭效应"指供应链上下游企业，由于信息不对称等原因，无法有效地实现信息共享，导致最终客户需求向原始供应商传递过程中发生需求信息扭曲，而导致需求变动放大的现象，这种需求变动在经济学上一般通过方差变动来表示。著名的啤酒游戏揭示了现代管理理论中的一个重要观点，即整条供应链的协调状况会影响各个节点企业的经营绩效。"牛鞭效应"表明，越是处于供应链后端，企业响应速度越慢。

其结果是，当市场需求增加时，供应商往往无法支持制造商；而当市场需求放缓时，供应商则往往继续过量生产，造成库存积压，形成额外的库存费用。"牛鞭效应"可能导致供货短缺，造成客户流失和违约损失。"牛鞭效应"还会涉及企业的营销、物流、生产等领域，增大供应商的生产、供应、库存管理和市场营销等的不稳定性，降低供应链整体的协调性，增加供应链整体的成本及风险。

产生"牛鞭效应"的主要原因有需求预测修正、订货批量决策、价格波动、短缺博弈、库存责任失衡和应付环境变异、非理性预期等。

当处于不同供应链位置的企业预测需求时，都会包括一定的安全库存，以应付变幻莫测的市场需求和供应商可能出现的供货中断。当供货周期较长时，这种安全库存的数量将会非常显著。例如，一个美国计算机制造商预测到某型计算机的市场需求是 10 万台，但可能向中国的供应商下 11 万台的零件订单；同理，中国计算机零件供应商可能向其供应商订购 12 万台的原材料。以此类推，供应链各节点库存将逐级放大。

此外，有些预测方法也会系统地扭曲需求。以移动平均法为例，前三个月的趋势是每月递增 10%。但市场增长不是无限的，总有一天实际需求会降低，其间的差额就成了多余库存。如果供应链上各个企业采用同样的预测方法，并且根据上级客户的预测需求来更新预测，这种系统性的放大将会非常明显。

需求预测修正指的是当供应链的成员采用其直接的下游订货数据作为市场需求信息和依据时，就会产生需求放大。比如，在市场销售活动中，假如零售商的历史最高月销售量为 1000 件，但下月正逢重大节日，为了保证销售不断货，他会在月最高销量的基础上再追加 $A\%$，于是他向其上级批发商下 $(1+A\%) \times 1000$ 件的订单。批发商汇总该区域的销售量预计后（假设）为 12000 件，为了保证零售商的需求，又追加 $B\%$，于是向生产商下订单 $(1+B\%) \times 12000$ 件。生产商为了保证批发商的需求，虽然他知道其中有夸大成分，但他并不知道具体情况，于是他会按照至少 $(1+B\%) \times 12000$ 件投产，并且为了稳定供应链需求，在考虑毁损、漏订等情况后，又加量生产，这样一层一层地增加预订量，导致了"牛鞭效应"的发生。

在供应链中，每个企业都会向其上游订货，一般情况下，销售商并不会来一个订单就向上级供货商订一次货，而是在考虑库存和运输费用的基础上，在一个周期或者汇总到一定数量后再向供应商订货；为了减少订货频率，降低成本和规避断货风险，销售商往往会按照最佳经济规模加量订货。同时，频繁订货也会增加供应商的工作量和成本，供应商也往往要求销售商在一定数量或一定周期内订货，此时销售商为了尽快得到货物，或以备不时之需，往往会人为提高订货量，这样，由于订货策略导致了"牛鞭效应"的发生。

价格波动是由于一些促销手段或经济环境突变造成的，如价格折扣、数量折扣、与竞争对手的恶性竞争和供不应求、通货膨胀、自然灾害、社会动荡等。这些因素使许多零售商和推销人员预先采购的订货量大于实际的需求量，因为如果库存成本小于由于价格折扣所获得的利益，销售人员就会愿意预先多买，这样的订货没有真实反映需求的变化，从而产生"牛鞭效应"。

当需求大于供应时，理性的决策是按照订货量比例分配现有供货量，比如，总供应量只有订货量的40%，合理的配给办法就是按其订货的40%供货。此时，销售商为了获得更大份额的配给量，可能会故意夸大其订货需求，当需求降低时，订货又突然消失，这种由于短缺博弈导致的需求信息的扭曲最终导致"牛鞭效应"的发生。

库存责任失衡加剧了订货需求放大。在营销操作上，一般做法是供应商先铺货，待销售商销售完成后再结算。这种体制导致的结果是供应商需要在销售商（批发商、零售商）按照之前的订货量将货物运至其指定的地方，而销售商并不承担货物搬运费用；在发生货物损毁或供给过剩时，供应商还需承担调换货、退货及其他相关损失，这样，库存责任就会转移到供应商，从而使销售商处于有利地位。同时，在销售商资金周转不畅时，由于有大量存货可作为资产使用，销售商会利用这些存货与其他供应商易货，或者不顾供应商的价格规定，低价出货，加速资金回笼，从而缓解资金周转的困境；而且，销售商掌握的大量库存也可以作为与供应商进行博弈的筹码。因此，销售商普遍倾向于加大订货量，掌握主动权，这样也必然会导致"牛鞭效应"的发生。

应付环境变异所产生的不确定性也是促使订货需求放大的现实原因。自然环境、人文环境、政策环境和社会环境的变化都会增强市场的不确定性。销售商应对这些不确定因素影响的主要手段之一就是保持库存，并且随着这些不确定性的增强，库存量也会随之变化。当对不确定性的预测被人为渲染，或者形成一种较普遍的认识时，为了保持应付这些不确定性的安全库存，销售商会加大订货量，将不确定性风险转移给供应商，这样也会导致"牛鞭效应"的发生。

非理性预期。如果某种产品的需求大于供给，且这种情况可能持续一段时间，厂家给供应商的订单可能大于其实际需求，以期供应商能多分配一些产品给他，但同时也会传递虚假需求信息，导致供应商错误地解读市场需求，从而过量生产。随着市场供需逐渐平衡，有些订单会消失或被取消，导致供应商库存增加，也使供应商更加难以判断需求趋势。等到供应商搞清实际需求时已经太晚，成为又一个"计划跟不上变化"的典型。

供应链质量协调是供应链质量管理的核心。供应链质量协调关注的主要问题是质量契约设计问题。供应链环境下的质量管理是与供应商和买方以及买方和顾客间的契约紧密结合在一起的。供应链质量契约设计主要涉及买卖双方非合作和合作两种情形下的质量契约，包括基于产品质量水平的乘法契约和产品质量保证契约等内容。

非合作情形主要关注买方或卖方通过设计自身产品的生产、检验或加工质量水平以及产品外部故障发生时双边承担成本的不同比例来达到控制另一方产品质量水平的目的。研究方法主要基于非合作博弈理论和委托—代理理论。有些学者研究了顾客发现产品出现质量问题时（即发生外部故障），供应商和生产商根据一定的分担机制共同承担外部故障成本。其中，供应商承担外部故障的比例基于由供应商造成的外部故障部分成本和由供应商造成的外部故障发生概率两项指标，并得出实现供应链协调时的最优成本分担比例。值得注意的是，上述研究假定生产商对供应商的来料检验不存在错检、漏检情况。然而现实中买方的来料检验总存在错检、漏检的情形，因此要考虑错检、漏检情形对外部故障发生的概率造成的影响。

此外，随着经济全球化的发展，供应链成员间的关系进一步发展，现实供应链运作中，大量的供应链质量契约是通过谈判达成的。谈判领域涉及汽车行业、木材行业、零售业及药品行业等，谈判环境下的供应链协调不容忽视。然而，现有的供应链质量契约设计研究一般基于买卖双方非合作的情形，合作情形下的研究比较少，其深入研究尚未展开，存在产品结构模式及其特征、产品质量风险等多种谈判影响因素，难以满足供应链质量管理的现实需求。

谈判情形下的供应链质量契约探讨的重点是供应链成本的合理分担和利润的合理分配问题，这将会有效避免因信息不对称而产生的交易成本等问题，可以提升买卖双方的信任程度，突破非合作环境下单方制定质量契约的局限性，保证谈判结果的稳定性和长期性，有利于供应链各方之间的长期良性互动和发展。在契约设计方面，主要关注双方通过谈判的形式共同设计基于产品质量水平的契约。此时的契约条款包括买方的检验和加工质量水平、产品交付、卖方的生产质量水平等。谈判的重点是对影响谈判进程和结果的谈判程序、不对称信息、时间价值、谈判破裂风险等诸多因素进行深入研究。

总体来说，供应链环境下，契约中质量条款订立的终极目标是供应链协调。

供应链协调就是在相互依存的各主体之间实施某些行为，这些行为可以使具有不同目的的各个主体朝着一个共同的方向奋斗。供应链协调下，每一个企业的利益以及整个供应链的利益均得到优化，且任何进一步提高某一个企业或某些企业利益的措施都不可能使其他所有企业均从中获利，达到帕累托最优状态。因此，契约中质量条款订立的终极目标就是供应链协调，质量条款不仅可以提高整个供应链的质量水平，使供应链中的质量成本在各企业间合理分担，还可以使每一个企业以及供应链整体的质量管理活动达到最佳状态。

6.4.2 供应链质量协调的相关研究

现实中的供应链一般以非合作博弈的情形居多，因此，学者们对供应链质量协调的研究也主要集中在非合作环境下进行，非合作博弈环境下供应链质量协调是与供应商和买方以及买方和顾客等的契约（合同）紧密结合在一起的。重点就契约约束下的来料质量缺陷情形下的最优订购协调、产品质量故障时的成本分担以及质量水平的选择三个问题进行研究。

1. 考虑质量缺陷的供应链最优订购协调研究

目前，学者们研究了在全检验或不检验情形下，随机需求和质量缺陷协同效应下的最优订购问题，但尚未涉及抽样检验的情形，更未涉及随机需求和质量缺陷协同效应下的供应链协调及风险分担问题。为了保证产品的质量水平，满足客户的随机需求，提高供应链绩效，降低供应链风险，有必要同时考虑随机需求及质量缺陷下的供应链协调及风险分担机制对供应链各方进行的约束，尤其是在抽样检验情形下。

2. 考虑产品质量故障的供应链成本分担契约设计研究

对于非合作博弈环境的已有研究，学者们通常基于非合作博弈理论和委托—代理理论来关注产品外部故障发生时双边承担成本的不同比例。

还有学者研究了生产商检验出供应商来料存在质量问题（即发生内部故障）以及顾客发现产品存在质量问题（即发生外部故障）两种情况同时存在时，供应链各方关于外部故障造成的成本分担问题。这种双重情形的影响在现实的供应链运作过程中也是普遍存在的，但这些研究都建立在供应商只承担固定比例的外部故障成本的假设上，与质量责任和质量故障对等原则吻合度较低。

7 供应链质量绩效管理

7.1 供应链绩效的概念

在企业管理中,绩效是围绕组织目标而实施的一系列管理活动,包括组织及其成员所作的贡献或工作成绩。供应链的最终目标是让消费者满意,应该将供应链视为一个有机整体,而不是通过一些独立流程或企业的简单集合来考虑绩效问题。从物流角度看,从生产到销售,每个环节都是价值增加的过程;从信息流角度来看,供应链中各成员企业通过信息共享和协调,可以大大降低其运作风险和成本,及时有效地把握消费者的需求动向。供应链绩效是指供应链的整体运作效率,是供应链及其成员在供应链资源的支持下,通过信息协调和共享,在供应链的运作活动中增加和创造的价值总和,对供应链绩效的管理是对供应链业务流程的动态评价。一般来说,可以用两个特性指标来衡量:一是从质量、成本、服务、可靠性、订货提前期等方面来评价产品的性能;二是这个过程是如何对需求的变化和对没有预见到的供应链中断事件做出反应的。

供应链运作的外部环境在不断变化,为了减少外部环境对集成供应链管理的消极作用,必须对供应链的内部运作进行持续的改进,提高供应链系统的整体适应能力,增强其竞争力,这是优化其运作效果和效率的重要保证。影响供应链绩效的驱动首先来自供应链外部,即外部驱动力;其次来自供应链内部,即内部驱动力。供应链战略的产出是这些驱动力综合作用的结果。

1. 外部驱动力

外部驱动力具体体现在行业特征、竞争者、技术、客户和经济及社会环境等方面。

(1) 行业特征。就目前而言,现有的供应链研究主要集中在制造行业和仓储零售行业方面,供应链管理所涉及的行业特征使其在绩效的考核角度存在很大差异。比如,制造业的供应链管理侧重于采购及物料管理,其管理的思路是扩展传统的内部行为至外部,达到与战略合作伙伴的共同优化;仓储零售业的供应链管理则侧重于运输和物流管理，它将供应链物流部门的狭隘定义扩展为从供应商到客户的物流价值链，有效的实物分销和运输是其业务流程的主要组成部分。对这两种行业的区分可以大致区分出供应链管理的两大类，因此其绩效的侧重点也分别处在与供应商的合作关系和物流上。

（2）竞争者。供应链的核心竞争力为供应链在竞争过程中保持了独有的竞争优势。竞争者的技术优势、产品以及流程的革新和人力资源的整合都成为影响供应链绩效的长期驱动力。竞争单元的集成供应链需要从客户角度分析，利用标杆法，对供应链中的非增值行为进行分析，找出竞争者在某些可能的领域中对供应链的潜在机遇和威胁。

（3）技术。技术的作用主要是在产品、服务及信息流上对供应链的绩效产生影响。

（4）客户。客户作为供应链市场的导向和利润来源，是供应链绩效评价的主要驱动因素。客户不断变化的个性化要求、不断降价的要求以及消费的偏好，都增加了供应链在运作成本和生产周期上的压力。

（5）经济及社会环境。经济压力通常会迫使供应链降低成本以应对世界范围的竞争，而良好的供应链管理可以帮助企业降低成本。社会环境的变化对于与供应商形成伙伴关系也会产生重要的影响。

2. 内部驱动力

内部驱动力主要表现在流程机制、合作伙伴、组织结构、供应链战略以及企业在供应链上、下游的位置等方面。

（1）流程机制。供应链运作的流程取决于产品、服务和市场的分布，在业务流程的设计上分为分散采购集中制造和集中采购分散制造两种类型。市场层面的不同会使业务流程在设置上存在差异，流程上的差异导致的供应链绩效上的差异是供应链绩效内部驱动因素中值得关注的部分。

（2）合作伙伴。传统的交易对象之间的关系被视为一方相当的收益与另一方相当的损失，两方面所得与所失相加为零。供应链管理需要将这种零和博弈转变为供应链内部合作者之间的双赢，从而使整个供应链获利更大并且处于供应链核心的合作者之间的利润分配更加合理和有效。

（3）组织结构。按照产品的模块化水平和流程的延迟原则，供应链在组织结构上分为刚性型、柔性型、模块型和延迟型 4 种类型。

（4）供应链战略。供应链绩效是战略执行的结果，绩效评价要与战略相契合，同时应反馈战略的执行。供应链战略因为供应链发展集成的阶段以及供应链经营方式的不同对其绩效提出了不同的要求。Stevens（史蒂文斯）（1989）将供应链集成归结为4个阶段：基础建设阶段、功能型阶段、内部集成阶段和外部集成阶段。这使供应链战略从单一组织向多组织协调集成，从市场反应型发展为市场导向型，绩效也从内部单一评测扩展到了多方共同决定。供应链运作方式的不同导致了战略管理重心的不同，高度集成的供应链在绩效上与上游或下游紧密的联系达成捆绑的联合体。以计算机制造业为例，IBM（国际商业机器）注重整个设计、制造、分销和市场的全过程；Dell（戴尔）则在装配和市场、服务上下大力气；Compaq（康柏）则注重装配和市场。

（5）企业在供应链上、下游的位置。在供应链运作过程中，不同位置的企业对供应链运作的绩效评价不同。

对供应链运作绩效产生作用的外部驱动力与内部驱动力影响分析框架，如图7-1所示。其中，外部两个同心圆表示影响供应链绩效的驱动首先来自供应链外部，其次来自供应链内部，供应链战略的产出是这些驱动力综合作用的结果。这个框架反映了环境和供应链运作本身的变化，需要通过优化成本、提高服务、加快对市场需求和机遇的响应、技术优势的不断提高等以支持供应链所拥有的竞争优势。

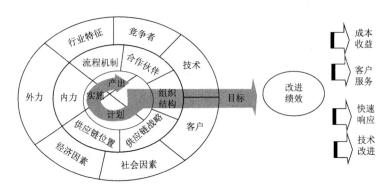

图7-1 供应链产出驱动力影响分析框架

7.2 供应链绩效管理

在企业管理中，绩效既是围绕组织目标实施的管理活动或具体的业务活动，同时也是组织及其成员所做的贡献或工作成绩。供应链绩效是指供应链整体运作效率，是对供应链业务流程的动态评价，涉及供应链的运作过程和运作结果。

7.2.1　供应链绩效管理的概念

供应链绩效管理指的是从供应链管理的整体出发，综合应用各种先进的技术和方法，开发其潜能，顺次完成绩效计划、控制、评价和改进等，以提高供应链整体及其成员绩效。一般包括确定基准、设计指标、度量绩效、检查指标完成情况、分析供应链流程存在问题、制定改进措施以及建立激励机制等。通过对供应链绩效的考核，协调各成员之间的利益，不断提高供应链及其成员企业运作的效率和效益。

7.2.2　供应链绩效管理的职能

供应链绩效管理的基本目标在于通过提供供应链的经验及概念信息，支持企业解决问题、制定决策。供应链绩效管理简化并精练绩效指标，从不同的视角为企业提供绩效衡量的结果，从而为供应链运作状况评估奠定了基础，继而支持供应链的计划、协调、组织和控制。供应链绩效管理的职能可划分为 7 大类：①提供供应链绩效信息，提高供应链管理的透明度；②监测并指导供应链运作；③发现供应链运作中存在的问题，及时预警；④分析运作绩效的因果关系；⑤支持供应链控制体系；⑥支持研发体系；⑦衡量管理人员和员工的工作绩效。从上述职能的描述可见供应链绩效管理在全球供应链管理控制中起着举足轻重的作用。但是，与此同时，我们必须了解：绩效衡量仅仅是全球供应链管理流程的一个步骤，企业有必要为此设定标准并采取有效措施以确保标准的执行，绩效衡量只是整个质量绩效管理体系的一环。此外，由于供应链涵盖供应商、物流服务提供商、生产商、零售商及消费者在内的整个价值链，而供应链各参与者均有效益最大化的需求，各方之间又存在成本和效用此消彼长的关系，因而利益关系的均衡成为供应链绩效管理不可忽略的要素。因此，全球化供应链的绩效管理应致力于协调供应链各参与方的运作，避免某一参与方为追求自身利益最大化而采取的导致整个供应链竞争力下降的决策，以实现整个供应链增值以及全系统和全流程的最优化。

7.2.3　供应链绩效管理方法

1. 传统的供应链绩效管理方法及其局限

传统的供应链绩效管理方法主要有两种：绩效衡量矩阵和平衡计分卡。鉴于平衡计分卡是为克服绩效衡量矩阵的局限性而设计的，故此处仅讨论平衡计分卡。供应链绩效管理的平衡计分卡，要求企业从顾客角度、内部角度、创新和学习角度、财务角度测评运营绩效，将绩效远景、绩效维度和绩效测度融入全球化的经营环境中，从而在战略层面实现整体运营内部和外部、财务和非财务合作与竞争、整合与离散的平衡。其基本设计逻辑是：从相关的战略绩效远景出发（如顾客、员工、创新、财务或资源配置层面），从企业战略的决策者对于全球供应链中因果关系的认识，引出最为重要的绩效维度（即关键成功因素，如效率、质量等）；然后，为前述绩效维度设立具体指标，即评估绩效维度实现和控制情况的一系列绩效测度指标。平衡计分卡为管理人员提供了更为开阔的绩效管理视角，从而更有利于企业供应链决策。然而，在实践中，许多企业只将平衡计分卡用于静态管理，从而使其在改进供应链绩效过程中的成效不明显，如：①平衡计分卡多为财务部门制定，因而企业高度关注财务信息而忽略了同样重要的非财务信息和定性信息；②人工归集的信息易产生错漏和滞延；③信息采集频率低，存在人为篡改数据的隐患；④制定战略的高级管理层和策略层、操作层分离，使管理层在绩效衡量中面临着不确定性因素；⑤平衡计分卡无法分析决策与绩效的因果关系，管理人员无法凭经验改进供应链绩效；⑥平衡计分卡无法衡量供应链跨组织间的协作（即企业与上、下游企业的协作）。

2. 供应链绩效管理循环（SCPM Cycle）

针对传统供应链绩效管理方法存在的不足，H. L. Lee（李）和 J. Amaral（阿曼龙）提出供应链绩效管理循环，如图 7 - 2 所示，SCPM Cycle 是一个包含识别问题、辨析根源、采取正确措施解决问题，并持续追踪、动态验证有关的数据、流程和行为等管理行动的动态闭合循环。SCPM Cycle 始于例外情况识别。识别例外情况之后，管理层需辨析导致例外情况的内在根源、可供选择的行动方案及其可能造成的影响，以确保出现例外情况时，能够迅速反应并采取措施进行管理，而企业只需及时、准确地采取应对措施实现绩效改进。其后，企业应将前述应对措施形成文件，对系统数据和信息进行更新。在某些情况下，应对措施可能会导致例外情况以及运营规则、运营流程等的重新定义，因此，企业须对绩效管理系统流程进行持续的验证和更新。

在供应链绩效管理循环中，对例外情况的识别及诊断是难度最大的，也是最关键的一环。在经济全球化背景下，企业面临着国内外市场的诸多不确定性及不可控因素，如经济因素、竞争因素、技术因素、政治法律因素、政治文化因素、地理与基础设施因素、分销结构等，其识别例外情况的难度大，任务艰巨。因此，管理层应致力于研究例外情况发生的真实原因，如此才能采取直接而有效的措施对供应链绩效加以管理。

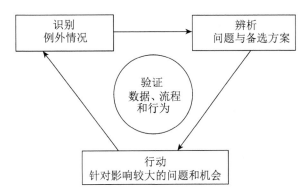

图 7 - 2 供应链绩效管理循环（SCPM Cycle）

7.2.4 供应链绩效评价

1. 概念与内涵

从系统分析角度来看，绩效评价是整个系统分析的一个有机组成部分，该项活动是系统分析与决策活动的结合点。绩效评价的目的主要有两个：一是判断各方案是否达到了各项预定的性能指标，能否在满足各种内外约束条件下实现系统的预定目标；二是按照预定的评价指标体系评出参评方案的优劣，做好决策支持，进行最优决策。

供应链绩效评价是指围绕供应链的目标，对供应链整体、各环节（尤其是核心企业运营状况以及各环节之间的运营关系等）所进行的事前、事中和事后分析评价。供应链的绩效评价，从着眼点来看，应服务于供应链的目标；从客体来看，应包括供应链整体及各组成成员；从空间来看，涉及内部绩效、外部绩效和供应链综合绩效；从内容来看，涉及反映运营状况和运营关系的各种指标；从时间来看，包括事前、事中和事后。

随着全球制造业的发展，供应链管理在制造业中普遍应用，成为一种新的管理模式。市场竞争不再是单个企业之间的竞争，而是供应链之间的竞争。因此，供应链管理绩效评价对供应链运作和管理尤为重要。

2. 供应链绩效评价研究现状

1）供应链绩效评价原则

徐贤浩等人在分析了现行企业绩效评价指标特点的基础上，提出了在衡量供应链绩效时应遵循的 5 项原则，强调要对关键绩效指标进行重点分析，要采用能反映供应链业务流程的绩效指标体系，评价指标要能反映整个供应链、各组成成员的运营情况以及各组成成员之间的关系，应尽可能采用实时分析与评价方法。

这些原则比较明确、具体，对选择供应链绩效评价指标具有重要的指导意义，但也存在一些问题：①没有明确与供应链目标的关系。评价绩效的指标必须与供应链目标一致或正相关，因为不同的供应链的目标不尽相同，自然评价的内容、方式、方法也不可能完全一样。一般来说，产品与服务的最终消费者对成本、质量、服务等的要求，应该成为供应链所有参与者共同的绩效目标。②缺乏战略性考虑。在评价原则中，除了5项原则外，还应充分注意对供应链的长远发展潜力以及可持续发展能力的评价。

2）供应链绩效评价指标选取的研究

Davis（戴维斯，1993）从理论层面分析了供应链绩效评价的环境影响因素，并提出供应链绩效评价是由需求不确定、供应不确定和技术不确定三个关键指标构成的。Gordon Stewart（戈登·斯特瓦特，1997）利用供应链运作参考模型（Supply Chain Operation Reference，SCOR）提出度量供应链绩效的11项指标，分别是：交货情况、订货满足情况、完美的订货满足情况、供应链响应时间、生产柔性、总物流管理成本、附加价值生产率、担保成本、现金流周转时间、供应周转的库存天数和资产周转率。Roger（罗根，1999）教授认为顾客服务质量是评价供应链整体绩效的最重要手段，供应链绩效评价应从外在绩效、可靠性、响应速度、能力、服务态度、可信性、安全性、可接近性、沟通能力和理解顾客能力10个方面进行。Beamon（比蒙，1999）从资源、产出和柔性3个方面构建了供应链绩效评价体系，资源方面的指标有总成本、配销成本、制造成本、存货成本和投资报酬率；产出方面的指标有销售额、利润额、订单满足率、准时交货、缺货、顾客响应时间、制造前置时间、运送错误和顾客抱怨；柔性方面的指标包括时间柔性、数量柔性、产品柔性和混合柔性。

马士华教授等（2000）提出了供应链绩效评价的一般性统计指标，包括客户服务、生产与质量、资产管理和成本4个方面。徐贤浩等（2000）提出了能反映整个供应链业务流程绩效的评价指标，包括产销率指标、平均产销绝对偏差指标、产需率指标、供应链产品出产（或投产）循环期指标、供应链总体运营成本指标、供应链核心产品成本指标和供应链产品质量指标。

Amrik S. Sohal 和 Bhatnagar（阿姆里克 S. 索哈尔和巴特纳格尔，2004）认为工厂位置、供应链的不确定性和生产实际是构成供应链竞争力的要素，从分析这3个要素出发，构建了供应链绩效评价指标体系，包含提前期、库存、进入市场时间、质量、顾客服务和柔性，并用其评价供应链竞争力。霍佳震（2004）从集成化供应链绩效评价体系出发，分别从供应链整体、核心企业、供应商及销售商这4个方面研究了绩效及其评价体系。陈志祥（2004）按照供需协调的物流协调、信息协调、资金流协调与工作协调四大领域，建立了适合敏捷供应链供需协调绩效评价的分层、分类考核的多目标的绩效评价体系。Bradley Hull（布雷德利·胡尔，2005）从供应链的供求弹性角度出发，设计了供应链对市场变化的响应、供应链容量利用率、供应链分配问题、价格折扣或成本增加对供应链产生数量影响的4个评价指标。

国外对于供应链绩效评价的研究从物流系统切入，并不断添加与其相关系统，如财务、制造和营销等的信息，对物流系统评价内容加以充实，最终完善供应链评价方法。国内学者则从大系统出发，对供应链进行横向（核心企业、供应商和销售商）或纵向（物流、信息、资金等）切分，基于不同的切分方法，建立供应链评价方法。国外的研究更加贴近实际运作，国内的研究则更好地体现了全局观念。

3）供应链绩效评价体系的研究

（1）基于BSC的供应链绩效评价体系。

1992年美国著名学者Kaplan（卡普兰）和Norton（诺顿）在《哈佛商业评论》上发表了题为《平衡计分卡：驱动绩效的评价指标体系》的文章，首次把BSC引入了绩效考核领域，随后又发表了一系列文章，逐步形成了今天的BSC模型。BSC模型克服了传统绩效评价只注重短期财务指标的缺陷，从财务、客户、内部流程、学习和创新4个方面把企业战略目标分解为具体目标和考核目标，从而达到全面考核企业绩效的目的。BSC模型框架如图7-3所示。

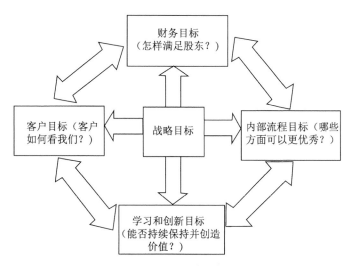

图7-3 BSC模型框架

目前对供应链绩效评价研究的学者将平衡计分卡模型进行扩展补充，将其改造为对整条供应链绩效评价的模型。Brewer 和 Speh（布鲁尔和斯佩，2000）指出，只有掌握平衡计分卡和供应链管理之间的关系，才有可能平衡供应链，使其获得竞争优势。马士华和李华焰（2002）在平衡计分卡模型的基础上，提出了平衡供应链计分法，从客户、供应链内部流程、未来发展性和财务价值角度研究了供应链绩效评价问题，并提出相关指标。Jong Han Park（琼·汉·派克）等学者构建了基于平衡计分卡的供应链绩效评价框架。郑培和黎建强（2008）基于平衡计分卡的研究提出了供应链动态平衡计分卡评价体系，建立了五维动态平衡计分卡模型。

（2）基于供应链运作参考模型的供应链绩效评价。

供应链运作参考模型是由供应链协会（Supply‐Chain Council，SCC）开发，适用于不同工业领域的参考模型。1996 年春，两个位于美国波士顿的咨询公司为了帮助企业实现从基于职能管理到基于流程管理的转变，牵头成立了供应链协会，并于当年年底发布了供应链运作参考模型（SCOR）。它包括 4 个部分：供应链管理流程的一般定义、对应于流程绩效的指标基准、供应链"最佳实践"的描述以及选择供应链软件产品的信息描述。根据流程定义的详细程度不同，该模型可分为顶级、配置级和流程单元级三个不同等级。其中顶级包括计划、采购、生产、配送、退货和回流 5 项流程，主要用于指导企业作出基本的战略决策；配置级定义了标准的供应链核心流程，主要用于指导企业在实施供应链管理时对流程进行划分；流程单元级是对配置级所定义流程的进一步分解，其度量供应链绩效的二级指标共有 5 项。基于供应链运作参考模型的供应链绩效评价体系，就是根据 SCOR 模型每一层的描述内容制定相对应的执行特点及评价指标，从而实现对供应链绩效的评价。作为目前影响最大、应用面最广的参考模型，SCOR 支持企业内、外部业务流程的测评和改善，使战略性企业管理成为可能。

SCOR 模型如图 7‐4 所示，其以业务流程为导向，不仅有利于企业按程序进行规范的供应链绩效评价，而且有利于企业建立和完善供应链绩效评价信息系统。

Bullinger（布林格）等人利用 SCOR 框架对供应链进行了"自底向上"的绩效评价。何忠伟等人选择 SCOR 模型的绩效衡量指标作为基准分析的基础，对供应链流程进行绩效评价。此外，中国电子商务协会供应链管理委员会（CSCC）在 2003 年 10 月颁发了与 SCOR 相似的中国第一个自主且拥有知识产权的以供应链订单反应为核心的绩效管理模型，即《中国企业供应链管理绩效水平评价参考模型（SCPR1.0）构成方案》。SCPR1.0 包括 5 个一级指标、15 个二级指标和 45 个三级指标。

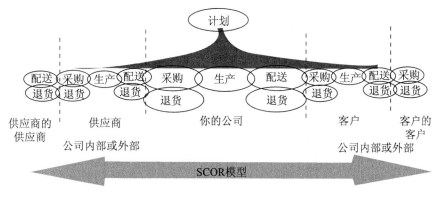

图 7 - 4　SCOR 模型

（3）关键指标法。

关键绩效指标（KPI）是通过对企业内部流程的输入端、产出端的关键参数进行设置、取样、计算和分析，来衡量流程绩效的一种目标式量化管理指标，是把企业的战略目标分解为可运作的远景目标的工具，是企业绩效管理的基础。KPI 评价模型通过对企业宏观战略目标分解产生的可操作的战术目标，即影响公司战略发展、总体业绩的一些关键领域的指标的评价，形成了以责任为导向的体系化管理模式。

KPI 是目标管理（MBO）与帕累托定律（二八定律）的有机结合。它对企业的战略目标进行全面的分解，分析和归纳出支撑企业战略目标的关键成功因素（CSF），继而从中提炼出企业、部门和岗位的关键绩效指标。其核心思想就是，企业的绩效可通过关键指标来把握和引领，企业应当抓住主要矛盾，重点考评与其战略目标关系最密切的关键绩效指标。在遵循原则（具体的、可测量的、可实现的、实际的、有时间限制的）前提下，设置需要从财务、内部业务、市场与客户四个维度来选择。确定指标有头脑风暴法、鱼骨分析法和成功关键分析法等。2009 年，陈科提出"3+1"供应链集成化绩效分析方法。"3+1"方法即关键指标提炼方法、因素关联分析方法、影响路径发现方法加上深层规律挖掘方法，并选择各种方法的方案为主成分分析、结构工程分析、模糊网和管理咨询方法。

建立明确的切实可行的关键绩效指标体系，是做好绩效管理的关键。它有以下几层含义：①关键绩效指标是用于评估和管理被评估者绩效的定量化或行为化的标准体系。也就是说，关键绩效指标是一个标准体系，它必须是定量化的，如果难以定量化，那么也必须是行为化的，如果这两个条件都无法满足，就是不符合要求的关键绩效指标。②关键绩效指标体现了对企业目标有增值作用的绩效指标。关键绩效指标是针对企业目标起到增值作用的工作产出而设定的指标，基于关键绩效指标对绩效进行管理，就可以保证真正对企业有贡献的行为受到鼓励。③通过在关键绩效指标上达成的承诺，员工与管理人员就可以进行工作期望、工作表现和未来发展等方面的沟通。关键绩效指标是进行绩效沟通的基石，是企业关于绩效沟通的"共同辞典"，有了它，管理人员和员工在沟通时就可以有共同的语言。

企业在不同时期关注的经营和管理重点会随着市场环境、企业内部环境的变化而变化。企业不同时期所关注的 KPI 体系与传统的指标体系相比，在假设前提、考核目的、指标产生、指标来源、指标构成及作用、收入分配体系与战略关系等方面有较大区别。战略导向的 KPI 体系对企业的绩效管理有重大意义：首先，丰富了 KPI 体系的内涵；其次，成为企业战略管理的一个子系统；最后，它是对绩效考核理念的创新。即便如此，关键指标法也存在许多缺点：①通过聚焦于功能性的关键指标，他们仅仅满足于"局部"最优的行为，而放弃了组织整体的利益。②需要尽快编撰和分析信息，而可见度经常不那么大，此外，他们仅仅提供一段有限时间的信息，并没有透彻分析未来的情况。③关键指标的跟踪是手工操作的，因此数据的计算经常会出现错误，或者与时间不一致。④很多时候，工人们不知道怎样处理数据。究竟什么是差的绩效并不总是那么明晰，什么时候开始行动，如何行动也是不明确的。或者，人们被衡量流程本身弄得心烦意乱以至于根本不行动，理由是"分析处于瘫痪状态"。⑤尽管关键指标是甄选过的，在成为关键绩效指标后，仍然会存在缺乏反馈和确认的情况，因此不能保证大多数相关商业驱动因素被精确地衡量。⑥有经验的管理者知道怎样"操纵"或"修补"关键因素。

此外，所有企业不同时期所关注的 KPI 体系的集合称为 KPI 库。企业必须建立动态开放的 KPI 库以适应各种权变因素对 KPI 体系的影响。KPI 库设计应符合以下要求：清晰地描述考核对象的增值工作产出，每一项工作产出都能提取绩效指标，具有各项增值性产出的相对重要性等级，易于和实际绩效水平比较。设计关键绩效指标库应经过以下四个阶段：①确定工作产出。该阶段的主要任务是自上而下地明确组织目标，逐级确定增值产出、绘制客户关系图并为各项产出划分权重。②建立评估指标。该阶段应先针对不同的工作产出选择使用的关键指标类型，比如属于数量型、质量型、成本型还是时限型，之后根据 SMART 原则设计评估指标。③设定评估标准。该阶段应先设定基本标准与卓越标准，随后确定由谁来进行评估。基本标准是期望达到的水平，卓越标准则是未做要求但可达到的绩效水平。评估标准的描述形式包括定性描述和定量描述。④审核 KPI 库。该阶段要求审核指标与标准的客观性、全面性和可操作性，并且提供反馈及修复信息。

关键绩效指标库的设计一般有两种思路：按组织结构分解和按经营流程分解。通常有三种方式来建立 KPI 库，即依据部门承担责任的不同建立 KPI 库、依据职能种类不同建立 KPI 库以及依据平衡计分卡建立 KPI 库。依据部门承担责任的不同建立 KPI 库主要强调部门从本身承担责任的角度对企业目标进行分解，进而形成评价指标，其优点是突出了部门的参与性，但可能会导致战略稀释现象的发生，忽略对于责任流程的体现；依据职能种类不同建立 KPI 库突出了对组织具体目标的响应，各专业职能按照组织制定的每一项目标，提出专业的响应措施，但该方式会增加部门管理的难度，造成指标缺乏对过程的描述；依据平衡计分卡建立 KPI 库的方式把 BSC 的"财务、客户、内部经营流程和学习成长"四个不同绩效维度看成供应链质量 KPI 的主控因素，然后在每个主控因素下按相关方法寻找和设定每一级关键绩效指标和下一级关键绩效指标，从而建立 KPI 库。

（4）其他常用模型。

①作业成本法（ABC）。

作业成本法基于作业成本模型，是一种基于价值链分析的成本模型。这种方法克服了传统财务统计方法的不足，将财务评价和业务运作结合起来，能更好地与企业业务流程中的人力资源、材料和设备资源等相联系；并将业务流程分解成单个成本驱动，并评估每一个活动需要的资源如时间、成本等。这种方法还能使业务流程的成本和真正生产率评估较之传统的财务统计方法更有效，例如，使用模型让组织或供应链精确地评估某一个特定顾客或面向某一市场特定产品的成本。模型不是取代传统的财务统计方法而是提供对成本绩效更精确的理解，而是使绩效评价指标更好地与业务流程及活动的人力、材料、设备等资源相联系，精确评估业务流程的生产率和成本。

②经济增加值模型（EVA）。

针对剩余收益指标作为单一业绩评价指标所存在的缺陷，美国斯特恩·斯图尔特咨询公司开发并注册了经济增值指标——EVA，并在《财富》杂志上将其完整地表述出来。经过多年的发展与完善，已经扩展成一个集业绩评价、财务决策、资本预算、价值评估、薪酬体系、管理激励等功能于一体的财务管理系统，是当今世界流行的管理工具之一，被美国《财富》杂志称为"现代公司管理的一场革命"。EVA 是指经过调整的税后经营利润减去该公司现有资产经济价值的机会成本后的余额，用公式表示为：

EVA＝调整后的税后经营利润－（资本投入额×加权平均资本成本率）

资本投入额＝营运资本需求＋固定资产净值＋其他经营性资产净额

从 EVA 的定义可以看出，EVA 是站在投资者，即股东的角度，考察企业收益在扣除债务成本和权益资本成本后的资本增加能力，是一种经济学意义上的利润，它体现了股东受益最大化的思想。另外，实施 EVA 须将企业各级经理转变为"准所有者"，以使经理承担与股东同样的风险，与股东具有相同的所有权理念。如此便建立了一个激励与约束作用共存的报酬机制。

3. 供应链绩效评价存在的主要问题

（1）评价所需信息量大，数据收集困难。

现有供应链绩效评价体系中的指标涉及垂直和水平两个方面，垂直方面从企业内部的基础流程层面到管理策略层面，水平方面从供应链上游（供应商）到供应链下游（客户）。随着全球化经济时代的到来，供应链越来越长，所需要采集的信息也越来越多。实践中现有方法对供应链绩效进行评价的难度日益加大，往往评价时难以获取完整的数据。在数据不完整的情况下，定量分析会产生偏差，导致评价结论和实际现状的差异显著。

基于 SCOR 评价体系模型的指标选取反映了这一问题。SCOR 理论体系十分全面地构建了产供销各个环节的指标。其中有文献资料选取百余个评价指标用于构建供应链绩效评价体系。在实践中每个指标的收集和分析过程都消耗企业的资源，庞大的指标体系带来沉重的系统运作负担。这一负担使中小企业不堪重负而望而却步。即便是在大中型企业，实施后得出的结果因为涉及因素过多使企业在绩效改进时觉得迷茫：不同的指标指向不同的方向，这些方向同时进行改进在收到效果前会继续消耗企业大量的管理资源。当经济环境和回报预期不足以驱动继续投入的情况下，改进工作往往不被采用，评价结构也就失去了意义。

（2）获取的评价信息相互关联，有重复。

在众多收集到的供应链评价指标中，考虑其中的相互关联，指标所代表的信息有着很大程度的重复。企业内部的基础流程面指标所承载的信息在企业管理策略层面指标所承载的信息有重复。上层管理数据是基层流程数据的集成，基层流程数据是上层决策数据的部署和分解，凭借对各项指标的理解不能保证信息不重复，而对重复信息的辨识和处理也面临着很大的困难。供应链上游端（供应商）指标所承载的信息和供应链下游端（客户）所承载的信息同样有所重复。供应链下游端所承载的信息是供应链上游端所承载的信息经过供应链过程后的变异。供应链上游端所承载的信息无法保证在供应链过程中完全变异，在数据重复的情况下，定量分析所产生的偏差会使评价结论和实际现状的差异显著。

（3）企业特征明显，供应链特征不突出。

供应链绩效评价理论是近十年在企业绩效评价理论的基础上发展而来的，带有浓厚的企业特征。基于平衡计分卡的供应链绩效评价方法沿用了企业绩效评价的四个维度，即从财务、客户、内部经营流程和学习成长四个方面对供应链进行评价。其实质是将企业等价为一段供应链，而将供应链作为企业的延伸。这里忽略了供应链的"链"特征。企业在战略的引领下，各职能部门的利益有着共同的方向，即只有在战略方向上才能实现绩效的最大化。而供应链却不同，有着更强的基于自己利益的博弈。企业除了通过提升自身内部运作来提升绩效，还能运用博弈，甚至牺牲供应链上其他企业的利益来提高自身绩效表现，而这一高绩效表现与供应链评价体系所追求的内容背道而驰。龙头企业为了提升资金运作效率，在减少自身来料库存的同时，要求供应商及时供货，这就使供应商在尚未建立准时供货系统时，为避免丢失客户而增加自身成品库存或在客户企业周边建立中间仓库的方法来克服可能遇到的波动。当龙头企业的绩效提升时，其供应商企业的绩效就下降。龙头企业在供应链绩效评价中所占权重较大，整体绩效将会提升。这就说明现有供应链绩效评价方法未突出"链"特征，基于评价结果所采取的行动可能驱动供应链向不希望的方向发展。

在基于平衡计分卡的供应链评价方法中，可以发现财务、内部经营流程和学习成长集中于企业，权重大大超过客户因素。调研发现在基于平衡计分卡建立的供应链绩效评价体系中，企业内部因素指标确实占据了较大的权重，财务权重往往超过总量的50％。此外，内部因素超出外部因素权重也体现了平衡计分卡以企业为对象的实质，而这一实质却非供应链绩效管理所追求。基于平衡计分卡思想建立的供应链绩效评价体系，强化了企业自身因素并弱化了供应链环境中的特定要求，对评价结果的使用带来局限。

4. 供应链绩效评价研究发展趋势

（1）供应链发展潜力评价。

供应链由许多合作企业组成，供应链发展潜力直接取决于各成员企业的长远发展潜力。企业的长远发展潜力是企业通过自身的运作，不断扩大积累而形成的发展潜能。企业发展能力的形成主要依托企业不断增长的销售收入、降低开支而节约的资金和企业创造的利润。一个企业可能有很强的盈利能力，但如果把所有利润通过各种形式都转化为消费，不注重企业的积累与再投资，那么即使企业效益指标很高，也不能说明这个企业的发展能力强。因此，供应链及各成员企业绩效评价将长远发展潜力作为主要内容之一。从宏观角度讲，它可促进国有经济总量的不断增长；从微观角度讲，它可以促使经营管理者重视供应链及各成员企业的持续经营和经济实力的不断增强。

（2）供应链环境绩效评价。

近几年，随着人们对环境破坏以及自然资源过度浪费的认识越来越深刻，一些研究机构和专家学者开始将环保问题作为供应链管理的一个重要部分来考虑。美国国家科学基金（NSF）资助 40 万美元在密歇根州立大学的制造研究协会进行了一项"环境负责制造"研究，提出了"绿色供应链"的概念。比曼（Beeman）将一些环境因素引入供应链模型，提出了更广泛的供应链设计方式，也提出了"绿色供应链"的概念。他改变了一些经营指标，增加了一些经营指标，包括资源回收率、核心回报率、废物比、生态有效性等。绿色供应链绩效评价或供应链环境绩效评价将成为供应链绩效评价研究的又一个热点。

（3）供应链敏捷性评价。

敏捷制造是一种面向 21 世纪的制造战略和现代生产模式。敏捷化是供应链和管理科学面向制造活动的必然趋势。敏捷供应链（Agile Supply Chain）以增强企业对变幻莫测的市场需求的适应能力为导向，以动态联盟的快速重构（Re-Engineering）为基本着眼点，以促进企业间的合作和企业生产模式的转变、提高大型企业集团的综合管理水平和经济效益为主要目标，支持供应链的迅速结盟、优化联盟运行和联盟平稳解体。供应链的敏捷性强调从整个供应链的角度综合考虑、决策和进行绩效评价，使生产企业与合作者共同降低产品的市场价格，并始终追求快速反应市场需求，提高供应链各环节的边际效益，实现利益共享的双赢目标。供应链敏捷性评价将成为供应链绩效评价中需要深入研究的重要课题。

（4）供应链绩效评价系统的研究与开发。

供应链管理是获得国际竞争优势的重要手段之一。利用信息技术进行经营过程重构，与用户、供应商结成联盟，创建虚拟企业的供应链，消除供应链中不增值的环节，简化经营过程和减少时间，提高质量和降低成本，将成为提高企业全球竞争力的有效途径。供应链系统应充分利用信息技术提高系统的管理与运作效率。由于供应链具有如此重要的作用，在全球竞争环境下，对供应链技术与系统的研究与开发已成为国内外的热点之一。因此，供应链绩效评价系统的研究与开发必将纳入供应链绩效评价研究的轨道。

（5）供应链绩效评价模型与方法的研究。

供应链绩效评价是供应链管理中的一项综合性活动，涉及供应链各个方面。因此，为了充分反映供应链绩效的全貌，需要研究建立集成化供应链绩效评价的层次结构模型，明确评价内容，设定评价要素，设置评价指标（包括统一的评价指标标准值）；不仅要评价供应链的整体绩效，还要评价各子系统的绩效，更要对供应链绩效进行综合评价。为此，需要研究如何使用定量分析与定性分析相结合的方法，如模糊数学方法、人工神经网络方法、层次分析法等来进行供应链质量绩效的综合评价。总之，有关供应链绩效评价模型与方法的研究将成为又一项新的研究课题。

7.3 供应链质量绩效管理

现行的企业质量绩效管理体系，往往对供应链质量战略的关注程度不够，主要表现在现行的质量管理绩效考核体系中没有将与质量战略业绩相关的关键成功因素纳入评价的范围，因而没有发挥出质量管理绩效考核的战略导向作用。

7.3.1 供应链质量绩效管理概念

质量绩效（Quality Performance）一词最早应用于企业内部，主要是指能够以低成本获取高质量的企业绩效。国家质量奖中的卓越绩效模型被西方企业广泛采用，很多企业引入该模型进行自我评价，进而提升产品和服务质量。质量绩效就是指企业按照先进的质量标准体系来自我评价、自我提升最终达到的卓越绩效（Excellence Performance）。具体到供应链的研究范围内，本书认为供应链质量绩效管理，是在原有企业视角的质量管理、绩效管理的基础上，理顺供应链发展思路，关注供应链核心企业及其他内部相关企业的核心业务流程绩效，规范供应链企业内部质量管理，尽最大可能保证供应链平稳地引进供应链质量战略导向的绩效管理模式。供应链中的各个成员（供应商、制造商、分销商等）按照先进的质量标准体系来自我评价、自我提升，最终达到整体的卓越绩效。供应链质量绩效不是单个企业的卓越绩效，而是实现整个供应链内所有成员的卓越绩效。供应链质量战略性绩效管理系统是一个循环的动态系统，它所包含的各个环节紧密联系、环环相扣，任何一环脱节都将导致战略绩效管理的失败。

供应链质量绩效管理以供应链质量战略目标为核心，完善供应链质量绩效考核指标体系，增强供应链质量绩效管理的质量战略导向性。供应链质量绩效考核指标体系是贯穿"三层"绩效管理体系的主线。以供应链质量战略目标为绩效考核指标体系的核心，本着"突出主营业务质量、全面综合评价、指标考核科学"的原则，通过对供应链质量战略目标的分解，结合供应链质量考核指标、行业对标指标、年度业绩责任书和各单位职能部门的管理要求，建立科学的供应链质量关键绩效指标体系，使供应链质量战略目标通过各项考核指标以及考核制度得以细化和落实。

同时，供应链质量绩效考核指标体系融入供应链流程管理理念，强化业绩指标的过程管理，夯实管理基础。为了有效避免绩效考核走入"重结果而轻过程；强调量的增长而忽视质的改进"的误区，引入流程管理理念，将每一项业绩考核指标作为一项工作流程的输出，通过分析指标的实现流程，明确关键控制环节或要素，增加过程控制指标。

7.3.2 供应链质量绩效管理模式构建指导思想

供应链质量绩效管理模式构建的指导思想如下。

（1）以供应链质量战略为导向。通过建立以供应链质量战略为导向的质量管理模式，将建设"卓越质量""供应链全面质量管理"等现代质量任务，渗透到供应链企业各部门的日常质量活动中，激发所有员工发挥出最大潜力，并将其各项质量活动引导到为实现该目标而努力的轨道上来，从而实现供应链质量战略的牵引作用。

（2）明确供应链质量绩效评价的目标。首先，需要落实供应链质量责任和任务，评价结果供制订供应链质量工作计划和决策时参考，保证供应链质量总体战略目标的实现；其次，着重在供应链质量水平和绩效创造上进行经营管理过程和人员素质考核，为薪酬、奖惩、晋升和岗位调整提供依据，激励和约束被考核者；再次，着重在产品或服务质量控制、协调及改进等能力和适应程度上进行考核，作为潜能开发和教育培训的依据；最后，基于供应链质量管理视角，通过有效的沟通和反馈，为改进和调整供应链质量政策提供依据，提升供应链质量管理水平。

（3）建立供应链质量绩效管理的概念。供应链质量绩效管理理念的建立在供应链质量绩效考核过程中发挥着举足轻重的作用。供应链质量绩效评价人员应该充分认识到供应链质量绩效管理需要绩效考核，但绝不仅限于绩效考核。供应链质量绩效管理需要通过一系列的手段对组织运行效率和结果进行控制和掌握，其实质就是从提高和改善供应链质量绩效这一根本目标出发，通过被考核者的参与和持续的动态沟通，达到实现供应链整体质量目标的目的。供应链质量绩效管理是一个完整的系统，包括供应链质量绩效计划、动态的供应链质量绩效沟通、供应链质量绩效考核、供应链质量绩效诊断与辅导、考核供应链质量评价结果等环节。

（4）高度重视供应链质量绩效考核制度。供应链质量绩效考核制度和考核工作的展开，直接关系到供应链质量发展战略的高度。

7.3.3　供应链质量绩效管理模式的构建

BSC与KPI整合法供应链质量绩效管理模式的构建，要着眼于从供应链的层次审视供应链质量绩效管理体系，而非单个企业的质量绩效管理体系。供应链质量绩效管理模式即供应链战略绩效管理模式，必须基于供应链质量发展战略，以市场为导向，缩短反应时间，创新质量、技术与服务，重视供应链团队协作，面向长远进行供应链质量绩效管理，进而提高供应链整体管理水平。供应链质量战略绩效管理模式需要多种方法融会贯通、取长补短，而不是通过一种方法就能够建立，这样才能建立适应供应链相对复杂的内、外部环境的质量战略绩效管理整合模式。

通过供应链质量绩效管理系统，供应链质量战略目标在供应链各企业的各级组织和员工中上下沟通、达成共识、层层分解、传递，引导供应链全体成员为供应链整体质量目标的实现和可持续发展做出贡献。具体做法：首先要理清供应链整体质量战略地图及各企业、各部门的质量战略地图，建立起供应链质量战略地图与企业及部门质量战略地图之间的接转关系，将其转化为具体的质量战略目标与行动方案，并作为相关责任单位的质量绩效考核指标。

基于以上考虑，供应链质量绩效管理模式，是复杂系统构成的整合模型，包括关键绩效指标与工作任务考核的模式，同时也包括纵向分解形成的牵引性指标与横向流程提取的保障性指标。

（1）结合供应链质量发展战略，利用平衡计分卡方法对企业目标进行分解。对供应链来说，供应链企业现成的一些质量业绩目标，不一定能够全面反映供应链质量管理状况，因而供应链要结合自身质量战略与供应链质量业绩考核要求进行目标分解。

（2）将平衡计分卡及其四个维度的指标具体到各企业及质量部门，将各企业及其部门的平衡计分卡在组织的愿景和战略下进行整合。进而将部门指标分解到岗位,使员工明白自己对企业战略目标实现的作用并将指标作为员工衡量自己工作绩效的标准,这样各个岗位的员工才能有的放矢,岗位关键绩效指标的实现才能支撑部门指标的实现。

(3) 供应链业务流程的顺畅保证供应链质量战略目标的实现。顺畅的业务流程使供应链企业的每个员工在日常工作的每个环节都能体现企业质量战略目标、使命和价值观导向,使质量战略目标转化为行动,再以行动来实现供应链企业的质量战略目标。

(4) 利用流程分解方法确定岗位关键绩效指标。在为各个岗位设计质量绩效评价指标时,根据流程分解的结果按照职能等区别对各个评价涉及的岗位进行分类,设计出一个大的指标体系;然后根据每个岗位被赋予的和组织战略密切相关的核心职能或职责,对已有的指标体系框架具体化,从而设计出个性化的质量绩效评价指标。

(5) 根据流程分析确定岗位质量职责。岗位质量职责是供应链企业内每一个岗位的具体质量工作内容和责任,对每一个岗位的质量工作内容及有关因素进行系统描述和记载,并指明担任这一岗位的人员必须具备的知识和能力。确定岗位质量职责是设计供应链质量绩效管理系统的重要依据,它对供应链质量绩效管理系统的作用,表现在评价的质量内容必须与质量工作的内容密切相关,尽力减少评价指标中缺失的部分和受污染的部分。

7.3.4 供应链质量关键绩效指标体系的构建

确定供应链质量绩效考核指标是 BSC 与 KPI 整合法供应链质量绩效管理体系的中心环节,是进行供应链质量绩效考核的基本要素,制定科学有效的供应链质量绩效考核指标是供应链质量绩效考核取得成功的保证。

1. 建立指标体系的总体思路

按照 20/80 法则和 SMART 原则,运用关键绩效指标法从业绩评价指标体系中提炼出供应链企业级质量 KPI 体系,根据企业级质量关键业绩指标,按照流程重点、部门职责之间联系的原则,提取部门级的质量关键绩效指标,然后根据部门级的质量关键绩效指标以及岗位职责提取员工级的质量关键绩效指标,进而建立起供应链质量绩效考核指标体系。

2. 供应链质量关键绩效指标的提取程序与方法

围绕战略目标的要求,同时覆盖供应链质量业绩考评,利用"头脑风暴法"

和"鱼骨图法",找出供应链质量关键成功因素,进一步确定供应链质量关键绩效指标。

首先确定供应链企业级质量 KPI。通过访谈及文献调研对战略目标进行梳理,并绘制供应链整体及各企业战略地图;为了设计供应链企业级质量关键绩效指标,利用鱼骨图的方法对企业的质量关键成功因素范围进行分析。然后确定部门级 KPI。在确定供应链企业级 KPI 后,根据战略地图确定部门相关联的质量目标,再确定部门级的质量战略地图,由部门质量业绩考核责任书来确定部门级的质量 KPI。最后确定员工质量 KPI。在企业级和部门级质量 KPI 确定之后,各部门的主管根据企业级质量 KPI、部门质量 KPI、岗位质量职责和业务流程质量,采用与分解企业级质量 KPI 相同的方法,将部门质量关键绩效指标进一步细分,分解出员工个人质量 KPI。

3. 供应链质量指标体系的层次结构与分类

供应链质量指标体系可呈现出层次分明的结构,一般可分为供应链企业级质量关键绩效指标、部门级质量关键绩效指标和员工级质量关键绩效指标三个层面。

第一个层面是供应链企业级的质量 KPI,是通过基于供应链质量战略的关键成功要素法分析得来的;第二个层面是部门级的质量 KPI,是根据企业级质量 KPI、部门质量职责、业务流程质量分解而来的;第三个层面是员工级的质量 KPI,是根据部门质量 KPI、岗位质量职责和业务流程质量演化而来的。这三个层面的指标共同构成质量关键绩效指标体系。在三个层级的质量 KPI 之间建立纵向分解关系,保证工作任务的落实和战略目标的实现。上一级质量 KPI 是下一级质量 KPI 分解的约束和依据,下一级质量 KPI 是对上一级质量 KPI 的落实和支撑。

企业通过质量 KPI 体系的建立,把质量战略目标通过自上而下的层层分解落实为部门和员工个人的具体质量工作目标,将供应链企业质量战略转化为内部过程质量和活动质量,从而确保质量战略目标的实现。质量 KPI 体系不仅成为企业员工质量的约束机制,同时发挥质量战略导向的牵引作用,通过提高员工个人质量绩效最终实现企业质量绩效的提高。

建立供应链质量绩效指标分类框架。可将供应链质量绩效指标分为三类:战略计划类质量绩效指标、流程类质量绩效指标和职责任务类质量绩效指标。通过三种方法和提取来源来建立质量 KPI 库。这三类指标存在一定程度上的交叉,比如战略计划质量指标与结果性流程质量绩效指标有一定的交叉,而上述质量绩效指标体系又可分为牵引性质量指标和保障性质量指标。其中，牵引性质量指标是纵向分解质量指标，是将质量战略地图、质量关键成功要素及质量战略目标层层分解而获得，其目的在于分解质量战略目标，保证质量战略有效执行。纵向分解质量指标按照平衡计分卡（BSC）的方式分为四类，即财务类质量指标、客户类质量指标、内部经营类质量指标和学习成长类质量指标。

保障性质量指标是横向流程质量指标，来源于现行核心流程质量（特别是ERP流程）。它是从流程的整体输出及流程中各关键活动质量的输出中提取出来的，其目的在于提高和保障质量运行效率。横向流程质量指标包括过程质量绩效指标与结果质量绩效指标。过程质量绩效指标是从流程中各质量关键活动的输出中提取质量、数量、时间、成本、安全等方面的质量绩效指标；质量绩效指标是流程中各项质量活动的整体最终输出结果，它是流程中各相关部门与岗位的"共享考核质量指标"，该类质量指标与纵向分解质量指标有较多重复。过程性流程质量绩效指标所依附的质量活动由哪个部门或岗位执行，该绩效指标就考核哪个部门或岗位。结果性流程质量绩效指标是与该流程中执行任务的各部门、各岗位都相关，较难明确界定出来哪一家部门、岗位为该指标承担唯一质量责任，它往往属于多个部门、岗位的共享性质量绩效指标。

7.3.5 供应链质量绩效管理模式特点

1. 全面性和战略性

基于质量 KPI 的绩效管理体系，以质量战略为核心，对质量战略目标进行由上而下的层层分解；每个下一级的质量指标都是根据上一级质量指标的关键成功因素进行分解提取而得到的，层层分解最后转化为员工的质量关键绩效指标。这样的指标分解方式，保证了指标体系的系统性、可操作性和完整性，使各指标最终落实到具体的岗位上，并在与员工的质量关键绩效指标之间建立了桥梁与纽带，确保了每位员工的工作都是为实现总体质量目标服务，最终实现战略目标。

2. 重点性和针对性

关注企业核心业务流程，突出重点性，根据岗位提取质量考核指标，提高针对性。对于不同的部门、岗位层级和特点，有针对性地设定相应的质量考核重点；对负有领导责任、以结果为导向的岗位的考核以质量 KPI 和重点质量工作事项为主。

3. 完整性与逻辑性

以平衡计分卡为核心的质量绩效管理体系，保证了各级质量指标体系的完整性与逻辑性，保证了质量战略目标聚焦于传递，并以自身的持续改进机能促进了有效运行与持续完善，对质量管理提升起到了积极的推动作用，已经成为持续健康发展的重要手段。

4. 程序性和创新性

供应链企业和部门质量指标体系，是从质量战略目标按照自上而下的程序，采取平衡计分卡与质量关键成功因素法相结合进行创新分析设计。指标体系设计应用平衡计分卡和关键成功因素法，综合上级单位年度质量工作要求，结合企业文化和企业愿景，从财务、客户、内部经营、学习成长四个维度，设计出质量关键成功因素（QKPI），并整合组织运作的核心流程，提取流程质量绩效指标。

7.3.6 供应链质量绩效管理的持续改进

1. 提升供应链质量绩效管理实效，建立统一的供应链质量考核平台

供应链质量绩效管理体系应用平衡计分卡方法，管理内容覆盖生产、经营、管理提升等供应链质量相关的各个方面，逐步体现出供应链质量绩效管理的实际效果。这些供应链质量考核服务于供应链纵向专业质量管理，是供应链质量绩效管理体系的补充。随着供应链质量绩效管理体系的成熟，逐步将所有的专业考核统一到供应链质量绩效考核平台之中，以保证上下的协调一致和高效的工作结果。

2. 综合应用供应链质量绩效结果，逐步完善供应链质量管理体系

依托供应链质量绩效结果在质量管理方面成功应用的经验，在完善供应链质量管理体系的过程中，逐步推进供应链质量绩效结果与供应链质量战略、质量管理各模块的深度对接。

3. 塑造供应链企业质量绩效文化，建立供应链质量绩效管理长效机制

强调精细化管理，强调供应链质量战略执行力，继续推进供应链质量绩效管理文化建设，强调供应链质量绩效管理的战略导向，强调精细化管理思想的贯彻落实，强调高效执行力的长效机制，是供应链质量绩效管理工作的主要内容。

8 物流质量管理

8.1 物流质量

8.1.1 物流质量的概念

物流质量是一个系统的概念。一方面，在物流活动过程中，各工艺环节、各种资源、技术、设备等的质量具有具体的定性定量的质量标准描述，可以直接地确定质量规格和操作规范；另一方面，物流是为客户提供时间、空间效应的服务，需要根据客户的不同需求提供不同的服务，物流服务必须有一套完整的服务质量考核体系，物流服务质量将直接由客户根据其需求的期望来评价。

物流质量是指物流服务活动本身固有的特性，是满足物流客户和其他相关要求的能力。物流质量既包括物流对象的质量，又包括物流手段、物流方法的质量，还包括物流协作质量，它是一种全面的质量观。

物流质量具体包括以下内容。

1. 物流产品的质量

在生产企业严格的质量保证条例的要求下，产品出厂即具有本身的质量标准。物流过程中，必须采用一定的技术手段，保证产品的质量不受损坏，并且通过物流服务提高客户的愉悦性和满意度，实质上是提高了客户对产品质量的满意度。另外，有的产品在交给客户使用后需要持续的服务，只有高质量的服务，才能让客户用得放心、用得开心，才能留住客户，比如汽车的消费，4S 店就是产品服务延续的一种组织。

2. 物流服务质量

物流活动本身并不是目的，而是为了达成某种生产或流通目的而进行的一项服务性附属活动。产业化的物流及第三方物流，属于第三产业的范畴，它的主要作用就是通过提供这种服务，满足客户要求来获取相应的报酬和利润。无论是内部还是外部的"客户"，他们要求的服务质量都各有不同，因此，物流服务的过程中需要掌握和了解"客户",如商品质量的保持程度、流通加工对商品质量的提高程度、批量及数量的满足程度、配送额度、间隔期及交货期的保证程度、配送和运输方式的满足程度、成本水平及物流费用的满足程度、相关服务的满足程度等方面现实和潜在的需求,以最大限度地实现客户的需求导向。此外,物流服务质量是变化发展的,随着物流领域绿色物流、柔性物流等概念的提出,物流服务也将会形成相应的新的物流服务质量要求。

3. 物流工作质量

物流工作质量是指物流服务各环节、各工种和各岗位具体的工作质量。这是物流服务的质量总目标分解成各个工作岗位可以具体实现的质量,是提高服务质量所做的技术、管理、操作等方面的努力,为实现总的服务质量,要确定具体的工作要求,以质量指标形式确定下来的工作质量目标。

提高物流各系统、各组成要素的工作质量是确保物流服务质量的基础。为实现总的服务质量,要确定具体的工作要求,形成日常的工作质量指标。物流系统非常庞杂,工作质量内容也十分复杂,但其对物流服务质量的提高起直接作用。所以,提高物流服务质量要从工作质量入手,把物流工作质量作为物流质量管理的主要内容及工作重点。通过强化物流管理,建立科学合理的管理制度,充分调动员工的积极性,不断提高物流工作质量,物流服务质量也就有了一定程度的保证。

4. 物流工程质量

物流工程质量是把物流质量体系作为一个系统来考察,用系统论的观点和方法,对影响物流质量的诸多要素进行分析、计划,并进行有效的控制。

物流工程是支撑物流活动的工程系统,受物流技术水平、管理水平、技术装备、工程设施等因素的影响。物流工程是支撑物流活动总体的工程系统,任何物流企业的物流运作都必须依靠有效的工程系统来实现。工程系统既包括自建的工程设施,如自建仓库、配送中心、机场等,也包括已建好的工程设施,如国家建设的物流基础设施平台。

从以上四个方面可以看出,物流质量管理与一般产品质量管理的主要区别在于一方面要满足生产者的要求,使其产品能及时准确地转移给消费者;另一方面还要满足消费者的要求,即按消费者要求将其所需的商品及时送达,并使两者在经济效益上达成一致。

8.1.2　物流质量的特性

反映物流质量要求的质量特性有功能性、经济性、安全性、时间性、舒适性和文明性。

1. 功能性

功能性是指服务实现的效能和作用。例如：售货的功能是使顾客买到所需商品；交通运输的功能就是将旅客和货物送达目的地。顾客得到这些服务功能是对服务的最基本要求。因此，功能性是服务质量最基本的特性。

2. 经济性

经济性是指顾客为了得到相应服务所需费用的合理程度。这里所说的费用是指服务周期总费用，即顾客在接受服务的全过程中，直接、间接支付的相关费用总和。

3. 安全性

安全性是指服务供方在对顾客进行服务时，保证顾客人身不受伤害、财务不受损失。安全性的提高或改善与服务设施、环境有关，也与服务过程的组织、服务人员的技能、态度等有关。

4. 时间性

时间性是指服务能否及时、准时、省时地满足需求的能力，与服务人员的技能、态度等有关。

5. 舒适性

舒适性是指顾客在接受服务的过程中感受到的舒适程度；舒适性含义因服务不同而不同，但大体上包括服务设施是否适用、方便、舒服，服务环境是否清洁、美观和有秩序等。舒适性与服务的不同等级相对应，但任何等级的服务都应努力提高其舒适性。

6. 文明性

文明性是指顾客在接受服务的过程中，满足精神需求的程度。能否营造一个自由、宽松的环境气氛和友好、和谐的人际关系，是服务竞争的一个重要手段。

8.2 物流质量管理

8.2.1 物流质量管理概述

在传统物流概念中，物流活动主要是解决"产、需"在时间和空间上的分离问题，从而创造出时间和空间上的效用，人们往往认为物流是补足产、需之间的产品数量差额的主要手段，从而忽视了物流质量管理在创造时间以及空间效用中的重要作用。在物流领域中，由于质量管理水平低，直接导致物流质量隐患增多、质量事故不断。例如，车祸、沉船等事故不仅会造成货物及人员装备的损失，而且使参与物流的各方企业经济损失严重，经营效率低下。

现代物流管理理论中物流质量管理的含义如下。

（1）物流质量管理就是依据物流系统活动的客观规律，为满足物流顾客的服务需求，通过制定科学合理的基本标准，运用经济办法实施计划、组织、协调和控制的活动过程。

（2）物流质量管理是现代物流管理的核心，运作质量的好坏直接关系到物流整体绩效的好坏。

（3）物流质量管理是现代质量管理理论在物流作业和运筹优化全过程中的应用，是供应链上满足顾客要求的重要一环，是物流服务特性满足顾客需求的程度。

物流质量管理主要包括质量保证和质量控制两个方面的内容。质量保证是对顾客实行的质量保证，就是维护顾客的利益，提高顾客满意度，并取得顾客信誉的一系列有组织、有计划的活动。而质量控制是对物流运作方内部来说的，是测量实际的质量结果，与标准进行对比，对某些差异采取措施的调节管理过程。质量控制是质量保证的基础。

当代经济的特点是经济的全球化、一体化。企业面对的是开放的市场，顾客需求的多样化、个性化，产品和服务质量的水平及营销水平上的竞争将日益加剧。而我国现有企业对于物流的管理有许多不规范的因素。例如，在企业中，存在严重的家长制作风、缺乏严格的决策程序等，导致物流作业方式和物流服务水平低下，没有形成规范化、标准化的物流服务流程规则，这给满足顾客多样化的需求带来了困难。企业内部管理制度混乱、物流信息化程度低，难以满足工商企业信息化的要求，会影响物流企业的服务水平、业务量的发展和竞争力的提高。结合我国现阶段的国情，重视质量管理理论在现代物流中的应用是亟须且必要的。质量管理在提高物流服务水平、降低企业成本、提升企业核心竞争力等方面都具有重要的作用。

8.2.2 物流质量管理的内容

1. 物流质量管理内涵

物流质量管理（Logistics Quality Management）是通过制定科学合理的基本标准对物流活动实施的全对象、全过程和全员参与的质量控制过程。

物流质量管理的基本特点有以下几点。

①全员参与。物流管理的全员性是由物流的综合性、物流质量问题的重要性和复杂性决定的。

②全程控制。物流质量管理是对物品的包装、仓储、运输、配送、流通加工等若干过程进行全过程管理。

③全面管理，整体出发。影响物流质量的因素具有综合性、复杂性，加强物流质量管理就必须全面分析各种相关因素，把握内在规律。

物流运作体系的质量考核指标有以下几个。

①运作质量指标，即衡量物流配送实物操作水平的质量指标。

②仓储服务质量指标，即在仓储管理中对库存管理、理货操作等方面服务的监控指标。

③信息服务质量指标，即对物流服务中客户预约、信息跟踪反馈、签收单反馈等信息服务质量的监控。

④客户满意度监控指标，即关系到客户直观感受，由客户反馈的指标。

物流运作质量指标考核需要注意的问题有以下几个。

①观念转变，树立现代物流整体质量管理思想。

②根据实际需要和预期客户期望满足程度制定质量考核指标体系。

③加强基础资料收集，保证服务质量监控的客观真实。

2. 物流质量管理具体内容

（1）物流商品质量管理。

一般情况下，物流商品质量管理主要包括以下两个部分。

一是保护商品质量。物流的生产过程就是商品实体的流动过程。商品在进入流通领域前就具有一定的质量，最后保证把商品完好地交给用户。二是通过物流加工和物流过程改善商品质量。物流生产不仅是转移质量和保护质量，现代物流采用满足需求多样化和方便流通与消费的深层次流通加工手段，进一步提高了商品的质量，物流的生产过程也是商品质量的形成过程。

（2）物流服务质量管理。

物流服务质量是对物流生产过程的管理，按照客户的需求，把商品实体从生产者转移给消费者，即提供服务。物流生产的主导产品就是服务，其产品质量就是服务质量。保护商品质量和改善商品质量都是物流服务质量的重要组成部分。

此外，不同时期企业的物流服务质量是变化发展的，将在社会发展进程中根据客户需要提出绿色物流、逆向物流等新的物流服务概念，从而形成新的服务质量要求；同时，需要适应经济全球化发展，引进国际物流服务标准，不断提高物流服务质量，积极开展国际化物流经营活动。例如，美国一些物流企业重视为客户提供技术服务工作，把为客户提供及时的技术服务工作作为竞争的一种重要手段。在产品销售之前，编写和发放产品样书、说明书、产品使用指南、技术手册等，在公司内设置产品介绍示范室和操作训练室，向客户介绍实物和指导操作要点等。

（3）物流工作质量管理。

物流工作质量管理是指企业内部对物流质量的控制。物流工作质量管理和物流服务质量管理是两个既有联系又有区别的概念。物流服务质量水平取决于各个工作质量的总和，所以，工作质量是物流服务质量的某种保证和基础。工作质量是具体体现和反映在各个环节、各工序的质量，由于物流系统的庞杂，工作质量内容也十分庞杂。例如，以仓库工作的操作质量为例，就可归纳为以下许多内容：商品损坏、变质、挥发等影响商品质量因素的控制；商品丢失、错发、破损等影响商品数量因素的控制及管理；商品维护、保养；商品入库、出库检查及验收；商品入库、出库计划管理，计划完成及兑现的控制；商品标签、标志、货位和账目管理，建立正常的规章制度；库存量的控制；质量成本的管理及控制；库房工作制度、温湿度控制制度及工作标准化管理；各供需设备正常运转和完好程度管理；上下工序（货主、客户）服务等。

（4）物流工程质量管理。

物流工程质量管理是指在物流系统运作中，由人员、设备、材料、方法、测量器具和环境等所体现的物流服务质量水平的管理过程，包括对人员素质、体制因素、设备性能、工艺方法、计量与测试和环境等因素的稳定性等的控制和调整。与产品生产的情况类似，物流质量不但取决于工作质量，而且取决于工程质量，优良的工作质量对物流质量的保证程度，受制于物流技术水平、管理水平和技术装备水平。

3. 物流服务质量

（1）物流服务。

当顾客需求从少品种、大批次、少批次、长周期转变为多品种、小批次、多批次、短周期，我国商品流通的渠道发生了剧变，传统仓储业、物流业面临着严峻的挑战。我国的物流企业要想在激烈的市场竞争中生存、发展和壮大，就必须进一步认识物流产业属于服务业这一基本性质，运用服务经济理论认真分析物流产业的物流过程，打破传统物流业进行商品的运输和仓储的服务模式，根据企业的实际调整服务结构，向物流服务的广度和深度拓展和延伸，同时还必须按照服务管理原则寻找适合物流业的服务品质标准，通过实施 ISO 9000 标准来提高顾客满意度，创建物流业的服务品牌。

（2）物流服务的本质和特性。

由于物流业与一般制造业和销售业不同，它具有运输、仓储等公共职能，是为生产、销售提供物流服务的产业，所以物流服务就是物流业为他人的物流需要提供的一切物流活动。它是以顾客的委托为基础，按照货主的要求，为克服货物在空间和时间上的间隔而进行的物流业务活动。物流服务的内容是满足货主需要，保障供给，即适量性、多批次、广泛性地满足货主的数量要求，安全、准确、迅速、经济地足货主的质量需求。

按照服务经济理论，物流服务除了具有服务的基本性质之外，还具有从属性、即时性、移动性和分散性、较强的需求波动性和可替代性。所以，我们不能忘记，物流服务必须从属货主企业物流系统。流通货物的种类、流通时间、流通方式、提货配送方式都是由货主选择决定，物流业只是按照货主的需求，站在被动的地位来提供物流服务。不能忽视物流服务是属于非物质形态的劳动，它生产的不是有形的产品，而是一种伴随销售和消费同时发展的即时服务，物流服务是以分布广泛、大多数是不固定的顾客为对象，数量众多而又不固定的顾客需求在方式上和数量上是多变的，它的移动性和分散性会使产业局部的供需不平衡，会给经营者管理带来一定难度。我们也不能忘记，一般企业都可能具有自营运输、保管等自营物流的能力，会使物流经营者从质上和量上调整物流服务的供给力。

将物流服务作为一个产品来研究时，物流业服务领域的扩大、服务功能的增加应当围绕核心服务，增加便利性服务和支持性服务。例如，在包装箱标上条码，使物流过程中的各方都便于识别和点数；建立方便的订货动态系统，使物流链中有关各方能够迅速获得有关订货执行情况的准确信息；一体化的配送中心的配货、配送和各种提高附加值的流通加工服务，会使物流功能向协作化方向发展；提供产品与信息从原料到最终消费者之间的增值服务，提供长距离的物流服务，在研究货主企业的生产经营发展流程设计的基础上提供全方位、优质的物流系统服务，会使物流企业更具竞争力。从核心服务、便利性服务到支持性服务，物流服务的复杂程度也在逐渐加大，形成了梯形的物流复杂程度层。

物流服务从属于货主企业物流，是伴随销售和消费同时发展的即时服务，将物流服务作为一种产品分析的同时，不能忘记物流服务必须以顾客为导向，即物流服务产品还是顾客感知的物流服务集合。为此，对物流服务产品的分析还必须注重顾客的感知，要分析核心服务及其他服务是如何被顾客接受的，买卖双方的相互作用是如何形成的，顾客在服务过程中是如何准备参与的。因为只有注重顾客感知，才能使服务具有可接近性，使顾客在使用各种物流服务时感到便利；只有考虑了服务的可接近性、相互作用和顾客的参与，新的便利服务和支持服务才能够真正成为企业的竞争优势。

（3）物流服务质量管理体系。

服务质量是指企业通过提供物流服务，对达到服务产品质量标准、满足顾客需要的保证程度，它离不开生产和交易的过程，是在买卖双方相互作用的真实瞬间中实现的，因此，定义一个顾客感知的物流服务质量绝非易事。在 1994 年，ISO 9000 将产品定义扩大为包括服务、硬件、流程性材料、软件或它们的组合，流通企业可以通过 ISO 9000 认证来提高流通企业的服务质量，因为以 ISO 9000 为指导性标准将具有可操作性。

（4）物流服务质量环。

物流服务质量环是从识别顾客的服务需求直到评定这些需求是否得到满足的服务过程各阶段中，影响服务质量相互作用活动的概念模式。依据《质量管理和质量体系要素第 2 部分：服务指南》中第 51412 条规定，结合物流企业服务过程实物实际情况，可确定其服务质量环如图 8-1 所示。

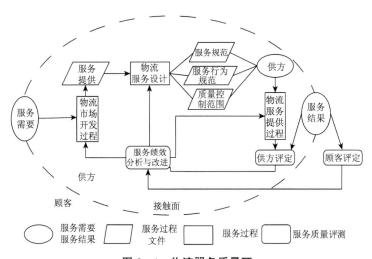

图 8-1　物流服务质量环

（5）物流质量管理体系要素。

企业的物流质量管理体系运作要素包括：物流服务需要的调研和评定、物流服务设计和物流服务提供过程和物流服务绩效的分析与改进。

①物流服务需要的调研和评定。运用设置顾客意见本、召开顾客座谈会等方式了解顾客的服务需要，特别是针对市场供给。经常地研究分析现在的、潜在的市场变化和客户需要以及物流服务需要层次。如征询顾客还需要哪些额外服务，希望得到哪些目前还没有提供的服务，订单传送的方法是否需要改进，确定哪些方面的物流服务对顾客最为重要，目前的订货速度可否接受，为了得到较高水平的服务，是否愿意支付较多的费用，对顾客的要求是否明确并为顾客所知道。

②物流服务设计。物流服务设计的任务是将服务大纲中的内容与要求策划设计为服务规范、服务提供规范和服务质量控制规范，确定开展预定服务项目的时间表，确保一切必要的资源、设施和技术支持到位，并对服务项目进行适当的、切合实际的宣传。服务规范规定了所提供的服务的特性、内容和要求即验收标准。例如：各岗位服务规范规定了服务职责、上岗条件、服务程序、服务内容与要求；服务提供规范涉及物流企业的业务管理领域，如仓库管理规范。

③物流服务提供过程和物流服务绩效的分析与改进。物流服务的提供过程一般为：集货进货—运输—装卸—搬运—仓储—盘点—订单处理—拣货—补货—出货—运输配送。在物流服务过程中，物流企业应采取行政、经济、教育等各种手段，确保各类规范的实施，不断对服务过程质量进行评定和记录，识别和纠正不规范服务，把影响服务过程质量的各方面因素置于受控状态。例如，检查所有订单信息是否完整、准确，顾客的信誉程度如何，各部门对每笔交易记录是否完整，是否有延误导致订单未及时处理，企业是否建立一定的程序对退货的处理、检查和准许等事项制定出规定，是否定期走访顾客，有无明文规定检查服务人员同顾客之间的联系。

此外，企业还应重视顾客对服务质量的投诉和评价，不断提高顾客的满意度，力争实现无缺陷服务。为此要建立一个服务质量信息的反馈和管理系统，对服务绩效进行定量的数据收集和统计分析，以寻求质量改进的机会，提高物流服务质量水平。

4. 物流工作质量

（1）工作质量。

工作质量，是指与质量有关的各项工作对产品质量、服务质量和过程质量的保证程度。无论是生产过程还是服务过程，归根结底都是由一些相互关联、具有不同职能和方式的具体工作组成。由于这些工作之间的整体性，一件工作的失误可能会波及其他工作，从而导致过程质量的失控，最后影响产品或服务的最终质量。对于企业来说，工作质量就是企业的管理工作、技术工作以及售后服务对提高产品质量、服务质量和经济效益的保证程度。

工作质量涉及各个部门、各个岗位工作的有效性，同时决定着产品质量和服务质量。它又取决于人的素质，包括工作人员的质量意识、责任心、业务水平。其中，企业的高层管理者的工作质量起主导作用，广大的一般管理层和执行层的工作质量起保证和落实作用。企业的每一项工作，无论其整体地位和岗位分工如何，都必须认真对待，保证工作质量。

工作质量能反映企业的组织工作、管理工作、技术工作及售后服务工作的水平。工作质量的特点是它不像产品质量那样直观地表现在人们的面前，而是体现在一切生产、技术和经营活动之中，并且通过企业的工作效率和工作成果，最终通过产品质量和经济效益表现出来。

（2）物流工作质量体系。

物流工作质量指的是物流企业运作过程中，各环节、各工种和各岗位的具体工作质量。物流工作质量和物流服务质量是相互关联但是又不大相同的概念，物流服务质量水平取决于各物流工作质量的总和，所以，物流工作质量是物流服务的某种保证和基础。通过强化物流管理，建立科学合理的管理制度，充分调动员工积极性，不断提高物流工作质量，物流服务质量也就有了一定程度的保证。所以，提高物流服务质量要从工作质量入手，把物流工作质量作为物流质量管理的主要内容及工作重点。

在物流企业的物流项目运作中，为了能够正常运行物流项目、更好地提供物流服务，科学、全面地分析和评价物流工作质量就成为一个非常重要的问题。物流的工作质量涉及物流各环节、各工种、各岗位的具体工作质量，用绩效考评的办法考核物流的工作质量。在我国，各企业对物流活动的绩效考核还比较少，考核的方法也比较少。从物流企业项目运作出发，制定考评供应链运作绩效的关键业绩指标（KPI，Key Process Indication）体系。

物流企业物流项目运作相关的 KPI 绩效指标系统分为五大块：运输计划、运输过程、库存过程、客户服务和财务指标。

①运输计划。

需求满足率：客户的物流需求（包括一些额外的物流需求，如不常见路线的运输、零星的货物运输、增值服务要求等）能够及时满足的比率，即：

需求满足率=（需求得到满足的次数/总的需求的次数）×100%

②运输过程。

a. 货物及时发送率：用一定时期内第三方物流企业接到客户订单后，及时将货物发送出去的次数与总订单次数的百分比来表示。

设 T 时间段内，及时发货次数为 N_i，总的订单次数为 N_t，则及时发货率为：

$$P_i = (N_i/N_t) \times 100\%$$

b. 货物准时送达率：按照客户的需求在规定的时间内将货物安全、准确地送达目的地。设 T 时间段内，准时送达次数为 N_d，总的订单次数为 N_t，则准时送达率为：

$$P_d = (N_d/N_t) \times 100\%$$

c. 货物完好送达率：按照客户的要求在规定的时间内将客户订购货物无损地送达客户手上。

设 T 时间段内，完好送达的次数为 N_w，总的订单次数为 N_t，则完好送达率为：

$$P_t = (N_w/N_t) \times 100\%$$

在实际作业中，这个指标要求很高，必须要求达到 100%。

d. 运输信息及时跟踪率：每一笔货物运输出去以后，物流企业向客户反馈运输信息的比率。该计算可以根据在 T 时间段内的数据，跟踪运输信息的次数为 N_n，总的订单次数为 N_t，则运输信息及时跟踪率为：

$$P_t = (N_n/N_t) \times 100\%$$

在实际作业中，这个指标要求也比较高，必须达到 100%。

③库存过程。

库存完好率。某段时间内仓库货物保管完成的比率。具体计算为在 T 时间段内，完好库存为 n，总库存数为 N，则库存完好率为：

$$P_k = n/N \times 100\%$$

a. 库存周报表准确率。每周的库存周报表的准确率是物流服务绩效的指标之一。具体计算为：在 T 时间段内，库存报告的准确次数除以总的库存报告次数就是库存周报表准确率。

b. 订单拣配货差错率。每个订单的拣配货差错率是考评物流配送拣配货作业业绩的指标。设点单拣配货的准确率为 P_j，则订单拣配货差错率为：

$$P_c = 1 - P_j$$

实际作业中要求订单拣配货的准确率 P_j 为 100%，故 P_c 为零。

c. 发货准确率。仓管人员根据订单准确发货的百分数。具体计算为发货准确率 $= 1 -$ 在 T 时间段错误的发货次数/在 T 时间段内的发货总数。

④客户服务。

客户投诉率：在 T 时间段内，客户投诉第三方物流企业次数与总的送货次数的比率。具体计算为：

客户投诉率＝客户投诉次数/总的送货次数×100％

a. 客户投诉处理时间：一般为2小时，可以根据行业情形，适当调节。但是客户重复投诉，则此权重应该加大。

b. 回单返回及时率：在完成每笔业务后，运输单据返回客户的比率。一般客户会每月要求收回一次运输单据以备查。

⑤财务指标。

a. 失去销售比率。反映了客户未满足既定需求的情况。用失去销售额占总销售额的百分比来表示。

b. 物流企业利润率。在 T 时间段内，客户支付给物流企业的物流费用减去物流企业为完成这些物流业务所支出的成本，与上一个 T 时间段内客户支付给第三方物流企业的物流费用的比率。具体计算为：

物流企业利润率＝（收入－成本支出）/收入×100％

c. 运输库存破损赔偿率。在 T 时间段内的物流业务收入的比率。具体计算为：

运输库存破损赔偿率＝货物破损赔偿费用/业务收入×100％

绩效考评一直是企业管理中颇具争议的话题。即便是在推行了现代绩效管理体系的企业中，也常出现种种问题而无法获取预期效果。绩效评价是管理者和员工之间最容易出现争议的部分。所以针对这一类员工，有可能是员工的工作绩效和工作质量受到了不准确的评价，因此有必要进一步收集相关的绩效信息并力求客观地评价员工的工作绩效和工作质量。

5. 物流工程质量

（1）物流工程质量体系

物流工程是流通领域及其他物流活动领域的工程系统。对流通领域而言，是这一领域独特的工程系统，主要的作用是支持流通活动、提高活动的水平并最终实现交易物的有效转移。

物流工程是支撑物流活动的总体的工程系统，可以分成总体的网络工程系统和具体的技术工程系统两大类别。实际上，任何物流企业的物流运作，包括第三方物流企业接受外包的物流运作，不可能是空手运作，必须依靠有效的工程系统来实现这种运作。当然，工程系统有可能是自建的，世界上很多大型物流公司都有自己的仓库、配送中心、机场等工程设施，有些则需要依靠组织的办法来利用别人提供的工程设施，国家建设的物流设施平台，就是这样一种基础的工程设施。任何物流企业都必须依靠有效的工程系统来保证高质量的服务。

对于生产企业而言，其内部的物流很难利用国家提供的基础工程设施平台，也很难利用社会上营业性的工程设施，在这种情况下，就需要自己建设一套工程系统。这一套物流工程系统将会是决定企业物流水平的非常重要的基本因素。

所以，与产品生产的情况类似，物流质量不但取决于物流服务质量、物流工程质量，而且取决于物流工程质量，优良的工作质量对于物流质量的保证程度，受制于物流技术水平、管理水平、技术装备。好的物流质量是在整个物流过程中形成的，要想做到"事前控制"物流质量，减少物流损失，必须对影响物流质量的诸因素进行有效控制。提高工程质量是进行物流质量管理的基础工作，提高工程质量，就能做到"预防为主"的质量管理。

借鉴美国质量管理专家朱兰的理论，物流工程质量同样有一个质量螺旋模型，从图8-2中可以看出以下几方面。

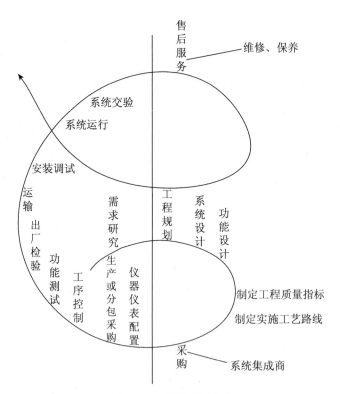

图8-2　质量螺旋模型

①工程质量的形成过程包括 17 个环节（质量职能）：需求研究、工程规划、系统设计、功能设计（单机设计）、制定工程质量指标、制定实施工艺路线、采购（工程招标、工程采购、选定系统集成商）、仪器仪表配置、生产或分包采购、工序控制、功能测试、出厂检验、运输、安装调试、系统运行、系统交验、售后服务（维修、保养）等。

②工程质量的形成过程就是一个循序渐进的过程，17 个环节构成一个循环，每经过一个循环，工程质量就有所提高。工程质量在一轮又一轮的循环中提高，在原有的基础上不断改进和突破。

③作为一个工程的质量系统，系统目标的实现取决于每个环节质量职能的落实和各个环节之间的协调。因此，必须对质量形成全过程进行计划、组织和控制。

④工程质量系统是一个开放的系统，和外部环境有着密切的联系。这些联系有直接的，也有间接的。

⑤在工程质量的形成过程中，每一个环节均需依靠人员的参与来完成，人的质量意识以及对人的管理是过程质量和工作质量的基本保证。所以，人是产品质量形成全过程中最重要、最具能动性的因素。

（2）物流工程质量管理

①预防为主，不断改进。

好的物流工程质量是设计、生产和实施出来的，不是靠最后检查出来的。根据这一基本原理，物流工程质量的管理要求把管理工作的重点，从"事后把关"转移到"事先预防"上来。从"管结果"变为"管因素"，实施"预防为主"的方针，将不合格质量消灭在物流工程建设的过程之中，做到"防患于未然"，此外仍要加强各环节的质量检验职能。

②严于律己，客户至上。

实行物流工程建设全过程的管理，要求所有环节都必须树立"下一环节就是用户""严于律己，用户至上""努力为下一个环节服务"的思想。现代物流工程建设是一环扣一环的，前一个环节的质量影响后一个环节的质量，一个环节的质量出了问题，就会影响整个生产过程以致产品质量。因此，要求每一个环节成果的质量都能经得起下一个环节（客户）的检验，满足下一个环节的要求。在一些优质物流工程建设过程中的许多环节，特别是一些关键环节，开展复查上一环节的工作，保证本环节质量，优质、准时地为下一环节活动的服务，并经常组织上下环节、相关环节之间的互相访问和互提质量保证，最后保证优质物流工程的建设。

③用事实和数据说话。

物流工程质量管理要求在物流工程建设的质量管理工作中，具有科学严谨的态度和作风，不能满足一知半解和表面现象；要对问题进行深入分析，除定性分析外，还要尽可能定量分析，做到心中有数，避免主观性、盲目性。

④质量第一。

任何物流的建设都必须达到要求的质量水平，否则，就没有或未完全实现其使用价值，从而给物流的具体业务造成麻烦，带来不必要的损失。

贯彻质量第一，要求参与物流工程建设和使用的相关企业所有员工，尤其是领导干部，要有强烈的质量意识。相关企业在物流工程建设的各个环节中首先要根据物流工程建设的要求，科学地确定质量，并安排人力、物力、财力，以保证生产出优质产品。

⑤以人为本，科学管理。

在质量管理诸要素中，人是最活跃、最重要的因素。质量管理是人们有目的的活动，要搞好质量管理工作，必须树立以人为本的管理思想。

⑥质量与经济的统一。

质量第一，质量至上。从经济的角度出发，应该是质量与成本统一，确定最适宜的质量标准。物流工程质量管理者应追求的是在满足需求条件的前提下尽量减少投入，生产出适宜、物美、价廉的产品，以取得高质量与高性价比的统一。根据这一思想，既不可以片面追求过剩质量，使成本大大提高，也不应该为了降低成本，使质量降低，影响质量的适宜性。

8.3 物流全面质量管理

8.3.1 物流全面质量管理的内容

全员参与质量管理，从供应链的角度出发，要求与产品相关的所有节点企业全员参与。所以，全员质量管理从供应链的角度可以从以下3个方面来理解。

1. 将供应链发展战略与质量管理联系起来

（1）供应链发展战略内容：①供应链管理方式创新；②节点企业合作经营机制创新。

（2）建立、实施管理体系。建立一个系统化、程序化的科学管理体系，解决产品质量问题、环境保护问题、安全健康问题，达到顾客满意、社会满意、员工满意，树立良好的供应链上所有节点企业形象。

（3）坚持诚信经营，并按照国际惯例依法经营，积极扩展营销渠道，有效占领市场。

（4）技术创新为节点企业做大做强增添活力，要积极推进技术创新，研制开发新产品，促进品牌提升，重用科技人才。

（5）人才战略是根本。不断引进人才，重视对在职人员的培训，建立奖勤惩懒的激励机制。

（6）供应链节点企业制定宏观发展战略，要以可持续发展为出发点，解决好定位和决策问题。

（7）供应链节点企业在制定宏观发展战略时，要以潜力产品为切入点，把握好四个方面的变革，即变革什么，向什么方向变革，变革到什么程度，怎么实现变革。

（8）供应链节点企业制定宏观发展战略时，要以提高经济效益为落脚点，解决好几方面的创新，即观念创新、体制创新、技术创新、管理创新。

2. 供应链质量管理的组织管理和质量职能

从组织管理和质量职能方面来看，供应链上的每个节点企业都可以划分为上层管理、中层管理和基层管理。就节点企业来说，全企业的质量管理就是要求企业各管理层次都要有明确的质量管理活动内容。当然，各层次活动的侧重点不同。

上层管理侧重于质量决策，制定出企业的质量方针、质量目标、质量政策和质量计划，并同时组织、协调企业各部门、各环节、各人员的质量管理活动，保证实现企业经营管理的最终目的。

中层管理则要贯彻落实领导层的质量决策，运用一定的方法找出各部门的关键问题、薄弱环节或必须解决的重要事项，确定本部门的目标和对策，更好地执行各自的质量职能，并对基层工作进行具体业务管理。

基层管理则要求每个职工都要严格遵守标准，按规定进行生产，相互配合，并结合岗位工作，开展合理化建议和质量管理小组活动，不断改进作业。

从质量职能来看，产品质量职能是分散在全企业中的，要保证和提高产品质量，就必须将分散在全企业中的质量职能充分发挥出来。

可见，就节点企业来说，全企业的质量管理就是要"以质量为中心，领导重视，组织落实，体系完善"。

3. 供应链节点企业绩效评价下的质量管理

由于供应链是一个由多个方面组成的复杂系统，所以，对供应链的评价也不应片面地从一个指标得出好或坏的结论，而应综合多方面的指标评价。建立供应链绩效评价指标体系就是物流质量管理的重要体现，应该遵循以下原则。

（1）能对关键绩效指标进行重点分析。

（2）能够反映供应链业务流程。

（3）能够反映整个供应链的运营情况，而不仅是反映单个节点企业的运营情况。

（4）能对供应链的运营信息作出实时的评价和分析。

（5）能够反映供应商、制造商、分销商、零售商与顾客之间的关系，能够涵盖供应链上所有的相关企业。

供应链绩效评价指标分成内部评价指标、外部评价指标和综合评价指标。

供应链节点企业的内部评价指标如表 8-1 所示，外部评价指标如表 8-2 所示。

表 8-1　　　　　　　　　　**供应链节点企业的内部评价指标**

名称	内容
经济性	前期投资、每年运营费用、利润、直接或间接的经济效益、投资回收率、全员劳动生产率等因素的衡量。包括订单反应成本、库存周转率、每件库存成本、每平方米库存成本、仓储能力利用率、总利用率、每客户/每件利润、每路线利润、包装耗损等
可靠性	单台设备的可靠性、系统可靠性技术的成熟度、故障率、排除故障所需的时间等方面的要求。如差错损失率、数量破损率、品种准确率、数量绝对差错率、库存准确率、单品入库准确率、订单入库准确率、无缺陷订单率、出库准确率、拣货准确率、品类完成、运输损坏率、按时达到率、装卸作业率
柔性	灵活性，指物流系统和生产节奏相匹配的能力，方便调整物流路线以及适应产品设计更改和产量变化的能力等
可扩展性	物流系统服务范围和物流能力方面是否进一步扩大的能力等
安全性	物流对象的安全、人员的劳动强度、安全、环境保护以及正常运行和事故状态下的安全保障。劳动强度指需要劳动力的数量及作业可能引起的劳动者的疲劳强度。环境保护指符合保护条例的要求以及对周围环境的污染程度，主要包括工作事故率、物品失窃/丢失率等

表 8 - 2 供应链节点企业的外部评价指标

名称	定义	内容
存货可得性	指顾客需要商品时，物流企业所拥有的库存能力，拥有存货意味着能始终如一地保证满足顾客对所需商品的需求	由最低库存、供应缓存量、缺货频率、可供应比率等指标组合而成
递送及时性	指物流过程中物品流动的实际时间和要求时间的符合程度	由订货提前期、供货周期、及时进货率、准时装运率、递送延迟时间等指标组合而成
交付一致性	质量一致性：物流企业是否能够并且乐意向顾客迅速地提供有关物流活动的顾客所需的精确信息。 服务一致性：指以向所有顾客提供相同标准的服务为基础，制定基本的顾客服务平台或服务方案	质量信息的及时性，能够针对缺货或延迟递送等意外情况及时调整处理，减少损失。衡量指标有服务最小变异、运输整合性、交付质量等
客户满意度	物流系统服务水平的具体体现，最终都通过客户满意反映出来	客户投诉率、投诉处理及时性、投诉处理是否得当及满意率等

8.3.2 物流全面质量管理的实施

1. 实施物流全面质量管理的方法

随着质量运动的迅速铺开，许多人耗费大量时间和精力在自己的企业内实施质量管理。可是，他们经常失望地发现，他们不知道哪种质量工具和技术最适合哪些具体场合。下面介绍几种质量工具及如何运用它们解决日常业务问题。每种工具的讨论都包括下列内容：何时用、何时不用、培训、能达到何目标、注意事项和使用程式。

（1）鱼缸会议。

这是一种组织会议的方式。不同群体本着合作的精神，一起分享各自的观点和资讯。因此，让销售部门与客户服务部、或高层管理人员与管理顾问碰头，这种做法一定管用。

何时用：鱼缸会议使某些群体与顾客、供应商与经理等利害攸关的群体加强沟通。

何时不用：如果用这种方法不能明确地分清各群体的职责，就不宜使用。

培训：会议召集人需要接受培训。

能达到何目标：迅速增进了解、扫除误解。

注意事项：这类会议影响巨大。可能会暴露实情，使内情和旁观者感到受威胁，因此需要精心组织。

使用程序：把与会者安排成内外两圈。内圈人员会上比较活跃，外圈人员则从旁观察、倾听，必要时提供资讯。会议结束时推荐改进方案，取得外圈人员的赞同。

（2）横向思维。

这是一种为老问题寻找新解决方案的工具。

何时用：由于老方法、旧思路已经不够好了，需要寻找新方法、新思路时使用。

何时不用：种种制约使这种全新的思维方式无法发挥作用时不要用。

培训：建议读 *Edward de Bono*《管理中的横向思维》一书。

能达到何目标：开创新思路，激发创意，找出可行的解决方案。

使用程序：确定问题。运用幽默、随机排列和对流观念的挑战来制订横向思维解决方案。对找到的各种想法加以适当的提炼和取舍。

（3）帕累托分析法。

帕雷托分析法（Pareto analysis）强调为 80％的问题找出关键的几个因素（通常为 20％）。

何时用：凡是一个问题的产生有多个变数因素并需要找出其中最关键的因素时，都可使用这一方法，在一个改进专案的开始阶段尤为有用。

何时不用：如果设置有更完善的系统就没有必要使用此法。

培训：需具备基本的统计知识以备分析之用。

能达到何目标：非常直观地展示出如何确定问题的优先顺序，将资源集中在何处才能取得最佳效益。这种展示让企业各级一看就懂。

注意事项：所分析的数据的准确性很重要；实际应用数据不仅靠资料还要利用常识来找出问题的原因和排出 ABC 优先顺序。

使用程序：找出问题和可能的原因。收集有关原因的资讯。绘制帕雷托分析图，横坐标表示原因，纵坐标表示问题，以出现次数、频率或造成的成本来表示。找出最关键的几个原因。依据重要性排序，利用改进技术消除产生问题的原因。

例如，某洗衣机制造商出现质量危机。在一次广泛的可信度测试中，一家大型杂志将其产品排在末位，并建议消费者不要购买。该公司具有完善的失误记录，列出的失误种类达 22 种。但运用帕雷托分析法表明，仅其中的 4 种失误就占了所有记录的 83%。

（4）质量功能分布图。

质量功能分布图（Quality Function Distribution，QFD）是一种产品和流程设计工具，可以用于把顾客的呼声转化成产品或流程的特点。采用该方法能防止企业仅因为某些观念似乎有效就予以实施。

何时用：用以设计或重新设计产品或流程，保证提供顾客切实需要的产品特性；专为制造业设计的，但也可用于服务业。

何时不用：如果问题的优先顺序已经分明、流程设计卓有成效或设计团队经验老到，不要采用该方法。

培训：该方法运用特定的惯例，建立相关的矩阵图和计分标准。在这方面有必要进行培训。

能达到何目标：有能力分排基本的产品与流程特色和所期望的产品与流程特色，这样便可以看清高成本的技术或工程投资在哪方面将有回报。同时，还提供了一个评估产品和流程变化影响的框架准则。

注意事项：花时间通过市场调研来找出顾客的真正需求。

使用程式：研究顾客的需求，找出符合顾客需求的流程设计特色。建立一个矩阵图，将顾客的需求与设计特色进行比较（即性能和方案矩阵图）并加以计分。选取 5 个左右分数最高的设计特色，然后再按 3 个层次建立矩阵图：设计特色和关键部件特点、关键部件特点和制造工序、制造工序和生产要求。

例如：某割草机制造商耗时费资重新设计其畅销割草机的控制性能，却发现顾客对此毫无反应。因此，公司经理在计划改进另一较老型号时，想要确保所做的改善的确是顾客想要的。

研究结果表明，顾客感兴趣的是性能。因此改善电动机、驱动链和刀的效率比改善控制性能可以产生更大的影响。

（5）关联树图。

这种图示工具是对关联项进行层次分类，是一种不错的思维工具，因为它提供了一种快捷的方法把各种想法总括出来，并在相关的分枝出现时可随即增加细节。

何时用：使用该图示可以为同一目标寻求多种不同的实现途径。

何时不用：不可用于详细比较各种方案。它只用于从总体上探索新的方向。

培训：无须正式培训，但设置一个协调人员会很有帮助。

能达到何目标：该图示能很有逻辑地揭示出该采用什么方法来实现目标，它们要求哪些行动和资源。

注意事项：如果你选用的方法经不起分析，要随时准备回到关联树图上来。比如，一个发展中的小公司运用这种方法来考虑员工的托儿问题。许多员工大学毕业就加入了公司，现在都供养着子女。公司开会讨论各种选择方案。结果，大家都赞成建一个日托中心。但树形图显示，潜在的成本太高，需要满足的地方法规要求太多，很难实行。于是公司选择了托儿津贴计划，让有子女的员工有选择的余地。

（6）方案效果分析法。

方案效果分析法（Solution Effect Analysis，SEA）是用于分析手头解决方案可能产生的效果的方法。

何时用：在提议变革时可运用这种方法。它能让你看清各解决方案的效果。

何时不用：你所提议的不是根本性变革，不要使用。

培训：无须正式培训，但如加以辅助很有用。

能达到何目标：一种向前看的思维方式并能预见所建议的方案会造成什么影响，避免未能预见的效果。

注意事项：人们对你正在致力的变革前景看淡时，不要阻止他们。他们并非有意发难，也许他们是对的。接受辅导会减少自己受威胁的感觉。

使用程式：记下正在考虑实施的解决方案，放在图的左侧，箭头则指向右方。在主箭头两侧用分箭头标出各种重大效果。通过集思广益，找出所有可能的效果并添到图上。计划实施行动确保该方案行之有效。

2. 实施物流全面质量管理的关键问题

物流全面质量管理的实施涉及组织内外各方面的因素，是一项长期的、动态的战略系统工程。实现全面质量管理必须建立以质量为中心的管理体制。一般来说，组织在实施全面质量管理时，应当注意以下问题。

（1）必须高度重视提高人的素质。

物流质量管理涉及5大因素：人（操作者）、机（机器设备）、料（原材料）、法（工艺、方法）和环（生产环境），各因素相互依赖、相互作用但人是处于中心地位的因素。从质量形成全过程来看，在每一个环节中人的因素都起着决定性的作用，无论是质量决策的正确与否，还是各项质量职能的落实。无论是质量计划的制订、质量控制的实施，还是质量改进的推行。离开人的积极性和能动性，是很难有满意的结果的。人的工作质量是一切过程质量的保证，要想持久、有效地开展全面质量管理，必须高度重视人的因素。

（2）必须切实做好各项基础工作。

企业基础管理工作是企业生产经营活动中有关提供资料依据、共同准则、基本手段和前提条件的必不可少的经常性工作。一般认为和质量管理关系最为密切的基础工作有：质量教育工作、标准化工作、计量工作、质量信息工作和质量责任制工作。这些质量工作密切相关、彼此联结，共同形成全面质量管理的基础管理工作体系。

（3）必须建设一个完善有效的质量体系。

产品或服务的质量是一个组织业绩的主要因素，是组织各方面工作好坏的综合体现。一个组织要以质量求生存，以品种求发展，参与国内外市场的竞争，就必须制定正确的质量方针，并建立健全自己的质量体系。质量体系是组织质量管理的核心和基础，是组织为实现质量方针、质量目标而进行质量活动的一种特定系统。通过质量体系，规定质量活动发挥作用的方式，协调各种活动之间的关系。

（4）必须加强对质量管理的监察。

质量管理应当包括组织的质量战略计划、资源分配和其他系统性活动。组织必须在其质量体系内开展一系列的技术活动和管理活动，对直接和间接影响质量的要素进行控制，以实现质量计划目标。质量体系的建立和运行为组织实施全面质量管理创造了一个必要的条件。常见的质量管理监察活动有管理评审、质量监督、质量审核、资格认证等。质量管理监察活动是全面质量管理不可缺少的一种管理手段，在 ISO 9000 系列标准中占有十分重要的地位，对于推进和改进组织的全面质量管理有着极大的作用。

（5）必须讲求经济效益。

企业管理的中心任务是提高经济效益。为了提高经济效益，一方面通过品种开发、质量改进增强产品或服务的市场竞争力，增加收入；另一方面通过优化资源配置，改善内部生产经营管理，降低成本。从质量形成规律来看，这两方面都与全面质量管理有关。全面质量管理强调在最经济的水平上为顾客提供满足其需要的产品或服务，所以必须研究质量的经济性。根据全面质量管理的目的，质量的经济性必须兼顾顾客、本组织成员及社会三方面的利益。因此，企业追求经济效益，必须以确保顾客及社会的利益为前提。

（6）必须重视各种现代管理理论和技术的运用。

物流全面质量管理涉及组织内外各种因素，十分复杂。要搞好物流全面质量管理，除了要有正确的质量方针和适宜的质量目标外，在实施过程中还必须有一定的工作程序和管理方法。无论是定性分析还是定量分析，也无论是系统优化还是现场控制，物流全面质量管理都强调方法的科学性和实用性。采用的方法必须能很好地解决问题，同时最好是比较简单、易于推广的。理论研究和实际应用已为全面质量管理提供并积累了大量有用理论及技术，如质量计划工作中的方针目标展开、质量控制工作中的统计分析工具和抽样检验技术、质量改进工作中的PDCA循环理论和QC（质量控制）小组活动形式等。实践证明，在全面质量管理中，综合运用各种现代管理理论和技术既是十分必要的，也是十分有益的。

8.4 物流质量管理体系

8.4.1 物流质量管理体系的作用

随着全球经济的持续发展和信息技术的突飞猛进，现代物流作为现代经济的重要组成部分正在全球范围内迅速扩展，同时随着我国经济快速融入全球经济，即全球经济一体化，传统物流的弊端逐步显露，并越来越成为市场经济发展的障碍。目前，现代物流对我国经济发展的重要性已成为我国政府和企业界的一个共识。近年来，运输公司重组，政府直接投资成立物流中心，全国各地的物流企业如雨后春笋般成立，并取得一定的发展。但当前，诸多物流企业往往只追求眼前利益，忽视长远效益，只注重快速发展，忽视内部管理，特别是忽视了建立质量管理体系的重要性。

近年来，国家加大了对交通运输和流通领域基础设施的投入与规划，同时积极推广信息技术的应用，全国商品流通网络和信息网络系统初具规模，并使物流、信息流的现代化水平有所提高。但总体来说，我国物流业的专业化程度较低，部门条块分割严重，很难发展综合性的物流服务，也很难引进先进的物流管理技术。例如，城市的物流企业，不仅有单纯的公路运输企业，集装箱、罐运输企业及航空速递企业，还有转口贸易型物流企业、系统内的配送中心、综合类物流企业、现代物流企业等，每个企业都是各自发展，各自为营，缺乏横向联系和合作。更不要说按照国际惯例，引入先进的管理模式和物流理念，为国内外企业提供综合性物流服务。

另外，由于全球经济一体化趋势，当前的物流业正向全球化、网络化、信息化、综合体系化发展，我国的物流业要紧紧抓住机遇，求得发展，必须按照国际惯例和通行规则，主动引进国际先进的管理模式和物流理念，早日进入国际市场。因此，贯彻和实施国际通行和认可的 ISO 9000 标准，通过质量管理体系认证，必将是物流企业今后发展的趋势之一。

目前，一些物流企业对建立物流质量管理体系的必要性和紧迫性认识不足，甚至认为物流企业根本就没有必要建立质量管理体系，这种观点影响了物流企业的发展。

建立物流质量管理体系的作用表现为以下几方面。

1. 企业成功的保证

任何一个物流企业，无论处在哪种环境，都会十分关注物流产品的质量。为了取得成功，必须使其物流产品满足以下要求。

（1）恰当的规定需要、用途或目的。

（2）商品的易得性。

（3）顾客的满意度。

（4）物流产品服务质量的一致性。

（5）符合适用的标准和规范。

（6）有竞争力的价格。

（7）反映环境需求。

（8）符合社会要求，包括法律、准则、规章、条例以及其他考虑事项所规定的义务。

2. 实现对物流产品或服务过程的系统化管理

在物流质量管理体系的建立中严格按照物流产品服务质量的产生、形成与实现的规律，对各部门、各层次、各环节和各人员的质量目标、职责权限、质量职能和工作程序做出规定，使体系得以受控，以有利于过程的协调、稳定，减少异常波动，提高工作质量和人员素质，促进物流质量管理科学化、系统化、程序化的发展和有效性的增强以及总体管理水平的提高。

3. 提供对物流产品或服务技术规范的补充和保证

组织力求使其生产的物流产品或提供的服务能符合技术规范所规定的可满足顾客需要的质量特性和质量水平，但要达到规范的要求，则离不开对各种影响因素的有效控制。如果规范或相关企业的质量体系不够完善，则不能保证物流产品或服务质量能始终满足顾客的要求。因此，只有建立和完善物流质量管理体系，才能有效地对规范进行补充和提供支持保证，实现规定的物流质量目标。

4. 证实物流质量保证能力并为物流质量保证的有效性提供依据

在合同环境要求第二方认证或第三方认证的条件下，顾客对物流质量和物流质量管理体系的要求往往需要组织以提供必要证据的形式予以验证。实施体系文件和质量记录，还是证实其物流质量管理体系和物流质量保证能力具有适宜性和有效性的手段，是物流企业与顾客之间建立信心和信任关系的依据。

5. 顾客和物流企业共同的需要

对于物流企业，需要通过物流质量管理体系的建立和运行，以适宜的成本来达到和保证所期望的质量。

对于顾客，需要供方（物流企业）具备交付所期望物流产品质量的能力并能够证明这一点。为此，物流企业需要建立和健全物流质量管理体系，并参照产品质量的认证过程，通过第三方认证，来向顾客展示物流企业具备这种物流质量保证的能力。

8.4.2 物流质量管理体系的定义

物流是一个系统，由运输、仓储、包装、搬运、流通加工和信息等要素构成的系统，并贯穿在生产、分配、流通和消费的整个过程中。作为一个组成部分，物流质量是供应链上满足顾客要求、提升服务质量的重要环节之一。

物流服务特性对物流业经营管理的影响，要求企业经营者的管理思维和决策必须以服务为导向，把物流服务作为一个产品，关注物流服务质量。

物流质量具有系统概念。一方面，在物流活动过程中，物流涉及相关商品、各工艺环节、各种资源、技术、设备等，其质量由具体定性、定量的质量标准描述，可以直接地确定质量规格和操作规程；另一方面，物流是为客户提供时间、空间效应的物流服务，需要根据客户的不同需求提供不同的服务，物流服务提供企业必须有一套完整的服务质量考核体系，物流服务质量将直接由客户根据满足其需求的期望来评价。

物流质量管理体系，就是指为实施物流质量管理所需的组织结构、程序、过程和资源。物流质量管理体系是物流质量管理的核心，是组织机构、职责、权限、程序之类的管理能力和资源能力的综合体。物流质量管理体系又是物流质量管理的载体，是为实施物流质量管理而建立和运行的。因此，企业的物流质量管理体系，包括在该企业物流质量管理范畴之内，但不包括物流质量方针的制定。任何一个企业都存在着用于物流质量管理的组织结构、程序、过程和资源，也就必然客观存在着一个物流质量管理体系。企业要做的是使之完善、科学和有效。企业的物流质量管理体系的建立、健全必须根据本组织的具体特点和内、外部环境考虑。因此，各个企业不应该采用同样的物流质量管理体系模式。

物流质量管理体系涵盖物流对象的质量、物流工作质量、物流工程质量和物流服务质量四个方面的内容，其核心是物流服务质量。物流质量既包括物流对象质量，又包括物流手段、物流方法的质量，还包括物流协作质量，因而是一种全面的质量观。物流质量体系有以下两种形式。

1. 物流质量管理体系

企业是否处于合同环境或同时处于合同环境与非合同环境之中，在企业内部为了实施持续有效的物流质量控制所建立的内部物流质量管理体系，称为物流质量管理体系，即它是企业根据其物流质量管理的需要而建立的用于内部管理的物流质量管理体系。ISO 9004 标准为企业提供了可借鉴的建立物流质量管理体系的指南。

2. 物流质量保证体系

企业在合同环境下为满足顾客规定的产品或服务的外部物流质量要求，并向顾客证实质量保证能力的物流质量管理体系，称为物流质量保证体系。物流质量保证体系不是企业自身开展物流质量管理的固有需要，主要是为了满足第二方或第三方对提供各种证据的要求。它是用于外部证明的物流质量管理体系，即当需方对企业提出外部证明要求时，企业为履行合同、贯彻法令和进行评价以及向需方提供实施有关体系要素的证明或证实而建立的质量体系。

在两种类型的质量体系之间既有区别又有内在联系。内部物流质量管理体系应能广泛覆盖该企业的产品或服务，而物流质量保证体系的规定与要求则必须通过实施内部物流质量管理体系方可得以落实和提供证据。企业为了自身的利益长期稳定地为用户提供满意的产品和服务，并且不断改进和提高产品和服务的质量，贯穿整个物流的全过程，建立一套平衡、协调、高效的运作机构；明确规定各部门的质量职能和每个人的质量责任以及所赋予的权限，制定出各个管理部门的工作程序和工作标准以及现场物流生产的作业标准，建立完善的物流信息系统，实现各项工作标准化、程序化以及提高工作效率，保证产品和服务质量。

根据 ISO 9000 族标准的要求以及关于质量体系建立、保持与改进的实践经验，可对物流质量管理体系形成的基本认识归纳如下。

（1）在企业内部，不同的产品和服务可以有不同的要求，不同的顾客可以选择不同模式的物流质量保证体系，但企业只应建立并保持一个物流质量管理体系，这个体系应覆盖该企业所处的所有物流质量管理体系情况。

（2）ISO 9000 族标准是对技术规范中有关产品要求的补充。因此，企业为了能够长期、稳定地提供满足顾客要求的产品或服务，不仅要有适宜的技术规范，而且还要按 ISO 9000 族标准的要求建立和保持一个有效的质量体系，这两个前提是缺一不可的。

（3）物流质量管理体系既要满足企业内部物流质量管理的需要，也要充分考虑提供外部质量保证的要求。除顾客的一些特殊要求外，对实施体系要素的内容和要求，应力求协调一致，兼容互补。物流质量管理体系的效果应能满足物流企业和顾客的需求和期望，并落实到最终产品或服务上，使其他所有受益者受益，在企业和顾客的利益、经济性和风险等方面进行全面的权衡。

（4）无论采用"受益者推动"还是"管理者推动"方式，均应以 ISO 9001 作为企业物流建立和实施全面有效的内部质量体系的指南。该指南是不受任何具体的工业或经济行业所制约的通用标准。

建立并保持物流质量管理体系的关键是落实物流质量管理体系的管理职责，应将质量职能和体系要素分解并落实到与质量活动有关的各个职能部门，而不应将质量职能集中地让一个质量部门来承担。

（5）物流质量管理体系应形成文件，即编制与企业物流质量管理体系相适应的物流质量管理体系文件。体系文件应在总体上满足标准要求，在具体内容上反映本组织的特点，要便于本组织员工的理解和贯彻实施。

（6）按《ISO 9000 族标准》及其指南建立并保持有效运行的物流质量管理体系，并不是物流质量管理和物流质量保证的最高要求。物流质量管理体系应坚持不断地改进以使之完善，这是一个永无止境的活动过程，是实施外部物流质量保证的战略目标，企业的最高管理者应该确信在任何情况下本企业的物流质量管理体系均有不足之处，并有待改进，应通过经常性的物流质量监督、内部物流质量审核和管理评审等手段，实施物流质量管理体系的改进。

8.4.3 物流质量管理体系的组成要素及体系环境

1. 物流质量管理体系的组成要素

物流质量管理体系是企业中所有与物流质量有关的要素，即物流质量管理体系要素，为确保物流质量满足顾客需要这一共同目的而构成的企业物流质量管理工作的整体。常见的物流质量管理体系要素包括物流企业（如物流中心、配送中心等）、协作企业（如供应商、运输公司、业务分包商、协作商等）。根据研究对象的不同分为两大类：其一，研究对象为人；其二，研究对象为物化产品或者服务类产品。这两大体系相互依存和相互促进，从某种意义上讲，人的管理体系是物的管理体系的基础。对于任何一个组织，要推行全面质量管理，必须首先建立质量方针，制定质量目标，并且要在质量方针的指导下，依据所制定的质量目标，对物流企业中所有与质量有关的活动和工作内容进行有效管理。所有这些面向质量的管理活动和内容构成了质量管理体系的基本要素。

物流质量管理体系涉及物流活动中各类质量管理活动及内容、为实施物流质量管理所建立的组织机构、面向物流质量形成过程和物流质量管理活动的各种作业程序以及对物流质量形成过程中所需的种种资源的管理活动和程序等。图8-3是物流质量管理体系构成图。

原则上，一个企业只有一个质量管理体系。物流质量管理体系由组织结构和管理职责组成。物流质量管理体系是为实施质量管理而建的有机整体，它应覆盖企业所有的物流服务体系，而不是按单一物流服务产品建立的质量管理体系。

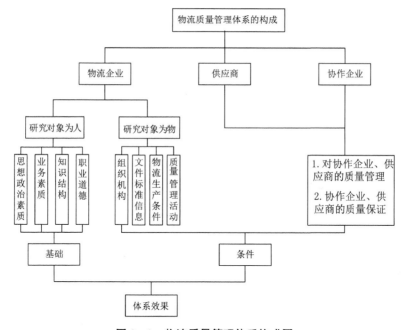

图8-3　物流质量管理体系构成图

2. 物流质量管理体系的环境

市场经济条件下，根据供需双方是否订有严密的有物流质量保证要求的合同，供方企业组建物流质量管理体系时就产生了两种不同的环境：合同环境与非合同环境。在不同的环境下，企业应建立不同的物流质量管理体系。物流质量管理体系环境的特点是以选择与使用系列标准为前提的。

（1）合同环境。

合同环境，是指供方有订货合同，需方在合同中对供方提出物流质量保证要求的质量体系环境。在合同环境下，需方除对产品及服务质量关心外，还关心供方对影响产品质量的要素的控制情况。因此合同中除了规定产品技术要求之外，还规定供方质量体系必须包含的要素。这样供方所建立和保持的质量体系要素中应包含有合同中提出的要素。在合同期内，供方应向需方提供各种证据，以证明其企业质量体系符合合同要求。

合同环境除了由需方要求产生外，有时还由第三方产生。第三方可包括国内外的、政府的、民间的权威机构和组织。当第三方发布的法规对生产企业要求是强制性的且在企业质量管理中处于主导地位时，企业物流质量管理体系也应视为处于合同环境中。因此可归结为在合同环境下，企业的质量体系必须符合合同与第三方的要求。

（2）非合同环境。

非合同环境，是指供需双方之间没有建立合同关系或虽有合同但合同中没有对对方提出的质量保证要求的物流质量管理体系环境。在非合同环境下，企业的产品及服务或直接进入市场凭客户选购，或按订货合同交货给需方，企业质量体系不受需方的约束，第三方的法规虽然是强制性的，但在企业质量管理活动中不处于主导地位。在这种环境下，企业应通过市场调查和预测，自行确定质量等级水平，根据产品及服务的特点和企业自身条件组建相应的质量体系。

以上两种质量体系环境的产生，取决于产品及服务的特点。通常对于那些设计难度较大、生产过程较复杂、检测手段要求较高的产品及服务以及涉及安全与健康、质量故障后果严重、价值昂贵的产品及服务，总要通过合同的形式明确技术要求或第三方要求，并对物流质量管理体系提出相应的要求，这就产生了合同环境；而对于那些面广量大的简单产品，其价格较低、质量故障后果不严重、生产批量较大，通常是由企业自行组织生产，产品及服务直接上市流通，这就产生了非合同环境。

对于一个具体企业而言，总处于一定的物流质量管理体系环境中，或处于合同环境，或处于非合同环境。有时一个企业往往同时属于以上两种环境。因此企业建立物流质量管理体系所适应的环境，时间应由企业的具体情况决定。

3. 物流质量管理体系的特点

物流质量管理体系是采用了系统工程中的系统思想、理论和方法，处理企业中有关物流质量的各种事务，它具有以下特点。

（1）整体性。

体系不是各种要素的简单集合，而是各体系要素按照企业物流的总体目标，根据一定的规则行动组成的集合体，它以整体或全局概念来协调体系各要素之间的联系，使体系的功能达到最优。

（2）相关性。

在体系内各要素之间具有一定的相互依赖、相互作用、相互促进和相互制约的特定关系，形成一定的结构秩序和活动规律。

（3）目的性。

体系是为了实现特定的目的而建立的，都是为实现特定目的而形成的特定结构与功能。

（4）环境适应性。

体系存在于一定的环境中，而环境又在不断变化和发展。因此，就要研究体系适应环境变化的运动规律和适应能力。物流质量管理体系就是按以上这些特点建立的母体系及子体系，各体系之间必须协调一致，体系的信息系统必须完整可靠，子体系的目标要保证总体系的目标。

体系要有应变能力即适应性，以及保证全部体系正常运转，为此要不断地对体系进行审核、评价和修正，即系统地分析、评价和变革，从而针对问题进行充分协调和系统控制，这样才能使体系不断地正常运转。

8.4.4　物流质量管理体系的建立

1. 建立物流质量管理体系的基本要求

（1）强调物流质量策划。

物流质量策划，是指确定物流质量以及采用物流质量管理体系要素的目标和要求的活动。策划的结果一般应形成计划。为提高产品或服务的质量，增强物流质量管理体系的有效性，需要精心地策划和周密地计划。任何一项新的工作和质量经营活动，取得成功的第一步就是做好物流质量策划，并制订物流质量计划。

（2）强调整体优化。

物流质量管理体系如同别的体系，是由若干个有关的事物相互联系、相互制约而构成的整体。建立物流质量管理体系必须树立系统的观念，采取系统工程的方法，其核心则是为了实现整体优化。企业在建立、保持和改进质量体系的各个阶段，包括物流质量管理体系的策划、物流质量管理体系文件的编制、各要素质量活动的接口与协调等，都必须以整体优化为原则。

（3）强调预防为主。

预防为主，就是将物流质量管理的重点从管理"结果"向管理"因素"转移。不是等出现了不合格才去采取措施，而是应当采取适当步骤消除产生现存或潜在不合格的原因，按问题的性质来确定采取措施的程度，避免再发生不合格，做到防患于未然。

（4）强调满足顾客对物流质量的要求。

满足顾客和其他受益者对物流质量的需求是建立物流质量管理体系的核心，任何物流企业首先关心的应是其产品和服务的质量。

（5）强调过程的概念。

ISO 9000 族标准指出，"所有工作都是通过过程来完成的。"每一过程都有输入、输出。输出是过程的结果。

（6）强调质量与效益的统一。

为实现质量与效益的统一，必须从顾客和组织两个方面权衡利益、成本和风险诸因素的关系。一个有效的质量体系，应该是既能满足顾客的需要和期望，又能保护组织的利益，成为使质量最佳化及对质量加以控制的有价值的管理资源。

ISO 9000 族标准提出"质量体系的财务考虑"就是要求以财务用语来度量质量体系的有效性，并以质量体系活动的财务报告等方法作为提供识别无效活动和发起内部改进活动的手段，从而促进质量体系的完善和产品质量水平的提高，实现质量和效益的统一。

（7）强调持续的物流质量改进。

致力于使顾客满意和实施持续的物流质量改进，是组织的各个职能和各个层次的管理者始终追求的目标。ISO 9000 族标准指出：质量管理的一个主要目的就是改进体系和过程，以便能达到不断改进质量的目的，一个组织应根据质量要求，达到、保持寻求不断改进其产品质量以及应改进其自身的工作质量，以持续满足所有顾客和其他受益者明确和隐含的需要。当实施质量体系时，组织管理者应确保质量体系能推动和促进持续的质量改进。质量改进是指为向本组织及其顾客提供更多收益，在整个组织内所采取的旨在提高活动和过程的效益和效率的各种措施。

（8）强调全面质量管理（TQM）的作用。

全面质量管理导致了长期的全球管理战略以及组织内的所有成员为了组织自身及其成员、顾客和社会的整体利益而参与的概念。

ISO 9000 族标准是推行 TQM 经验的总结和升华的产物，而且它的未来还将继续受 TQM 发展的影响，因此应该十分注重 TQM 的作用。

2. 物流质量管理体系建立的程序

按照 ISO 9000 族标准建立或更新完善物流质量管理体系，通常包括以下 5 个阶段。

（1）组织策划。

①学习 ISO 9000 族标准统一思想。

②组织管理层次决策。

③建立工作机制，进行骨干培训。

④制订工作计划和程序。

（2）总体设计。

①制定质量方针和质量目标。

②质量体系总体设计分析。

③依环境特点选择质量体系类型。

④对现有质量体系调查评价。

⑤确定体系结构，选择体系要素。

（3）体系建立。

①建立组织结构。

②规定质量职责和权限。

③配备质量体系所需基本资源。

（4）编制文件。

①编制质量体系文件。

②体系文件的审定、批准和颁发。

（5）实施和运行。

①质量体系实施的教育培训。

②质量体系的实施和运行。

③质量体系的审核和评审。

④质量体系实施中的检查考核。

目前，建立物流质量管理体系在我国有以下两种情况。

（1）新成立企业。

对于新成立的企业，可以按照体系内容的具体要求，在生产技术准备工作时，就应当纳入各项准备工作计划，待新成立的企业投入运营时，就按体系要求进行物流质量管理。

（2）已有企业。

对于已经运营的企业，可根据体系要求逐步充实完善各项内容，并充分分析当前生产的薄弱环节，根据需要的程度，提出先建什么，后建什么的规划。可以先建子体系，在各子体系建立过程中，逐步充实、修改和建立母体系。

在体系的建设过程中，充分应用现代物流管理、物流质量管理以及其他先进的技术成果。

3. 物流质量管理体系组织结构

组织结构是指组织为行使其职能按某种方式建立的职责、权限及其相互关系。在组织全部管理工作中，应设置与质量体系相适应的组织机构，理顺机构的职能，规定机构各部门的隶属关系和协调、联系方法。

质量体系的组织结构是构成体系本身以及经营管理组织结构的重要组成部分，是质量体系各个要素彼此之间协调联系的结构纽带和组织手段。

组织机构的设置取决于组织的规模和产品、服务的性质、特点等因素。同时，应考虑质量职能的实施和监督两个方面。建立健全强有力的质量管理和质量检验部门，负责质量活动的计划、组织、协调、指导、检查、监督和考核工作。这是质量体系组织机构中的重要方面，应足够重视地予以组织落实，以使其各自均能独立、有效地行使职权。物流质量管理体系的组织结构形式与系统工程的结构形式一样，由母体系和若干子体系构成，如图 8-4 所示。

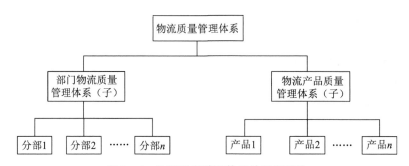

图 8-4 物流质量管理体系的组织结构

注意，在图 8-4 中，把物流公司所提供的服务视为产品。产品既可以是商品的成品，也可以是零部件。服务包括围绕商品从原材料直到消费后的与商品相关的废料回收物流等一系列工序环节中的所有服务。为提高物流质量管理体系的有效性，在质量体系组织结构的更新调整与建设发展中，应从其侧重点、效能、优化等方面注入一些新的考虑并付诸实施。

（1）提高市场调研和产品开发的能力。

这是实施以质量为中心的物流企业经营活动的关键。一个创新的物流产品和服务将可能把顾客潜在的需求变成现实的市场，开辟一个经营的新天地。因此，应使组织结构适应从偏重生产过程的"纺锤形"管理方式向以市场营销和产品开发为两大龙头的"哑铃形"的发展方式转变。在坚持技术进步、增加科技资源投入的同时，要运用组织手段确立新物流产品开发和物流新市场开发的重要地位。

（2）提高体系结构的效能。

为适应现代质量管理的需要，应将传统的职能型金字塔式的组织结构向过程型扁平式的组织结构转变。因为物流质量管理体系是由相关的过程连接而成的，所有的工作都必须通过过程才能实现和完成，因此，改善过程接口是提高体系总体效率的关键。所谓"纵向集中统一，横向分工协调"的原则，在现实中往往由于偏重前者，造成层次繁多，机构重叠、臃肿，致使职责权限过于集中，制约了横向协调功能的发挥，因而大大降低体系应变适应市场环境的精干高效功能。

（3）不断优化物流质量管理体系组织结构。

为提高物流质量管理体系的有效性，还必须应用现代质量管理的方法和手段不断优化物流质量管理体系组织结构。按体系要素和质量职能设置部门，一个要素必须有一个并且只能由一个职能部门主管，若干个其他职能部门配合，而一个职能部门则可以主管一个或几个要素。同时，应将计划与执行的职能分开。职能部门的设置数量，应以精简效能为原则，权衡至把管理层次减到最少而所有质量职能又都能落实到部门的程度为宜。职能部门设定之后，应理顺各物流质量活动的相互关系，明确相互间的接口，应因事设岗，按岗选人，按质量目标值的分解、落实，严格考核。

4. 物流质量管理体系的组成

作为建立质量方针和质量目标并实现这些目标的相互关联，相互作用的组成要素，质量管理体系整体上应分为四大部分，即管理职责、资源管理、物流质量形成过程、实施物流质量提升所需的测量、分析和改进。它们构成了质量管理体系的四大整体要素，质量管理体系的 4 个整体要素的相互间关系如图 8-5 所示。

1）管理职责

管理职责作为质量管理体系的一个大的整体要素，从组织机构的设置、领导者的职责和权限、质量方针和质量目标的制定以及如何有效地在一个组织实施质量管理进行了规定。其目的是通过组织机构的合理设置、领导者职责和权限的有效分配和控制、制定切实可行的质量方针和目标并在方针和目标的指导下开展各项质量管理活动以及通过质量管理科学化、规范化，使组织的质量管理达到要求并持续改进，管理职责的基本内容是制定质量方针，确定质量目标，并积极进行质量的策划，另外还涉及文件和质量记录的有效控制、对质量管理体系进行子评审，以确保质量管理体系的适宜性、充分性和有效性是管理职责的另一项必不可少的内容。

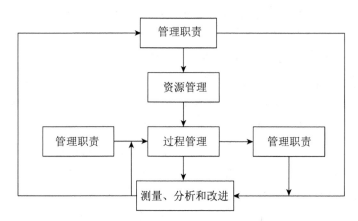

图 8-5　质量管理体系的 4 个整体要素的相互间关系

最高管理者是指在企业高层指挥和控制企业组织机构的一个人或一组人，应做出建立、实施质量管理体系并持续改进质量管理体系有效性的管理承诺，并提供开展以下活动的证据。

（1）通过"与产品有关要求的确定""内部沟通""设计和开发的输入""顾客满意"及会议传达、标语宣传等向组织的全体员工及时传达满足顾客、法律法规要求的重要性；

（2）制定质量方针；

（3）确保各职能层次制定合适的质量目标；

（4）对质量管理评价体系的适宜性、充分性、有效性进行评审，确定改进的机会并予以实施，使管理承诺得到落实；

（5）确保获得建立、实施质量管理体系并持续改进有效性的资源。

另外，企业领导的作用还表现在以下几个方面。

（1）营造一个良好的质量管理环境或氛围。

（2）组织最高管理者必须牢固树立"质量第一"的观念，在任何情况下都关心质量管理工作、关心质量问题，并围绕质量管理开展工作。在组织内部营造一个良好的质量管理环境或氛围，使组织中的每一个人都能充分认识到质量的重要性。组织的最高管理者必须履行三个方面的职责。

（3）公开声明和强调在各项工作中坚定贯彻执行质量方针，以组织的质量方针作为指导各项质量活动的准则，组织的管理者应采取各种措施，宣传、讲解质量方针和质量目标。

（4）积极向组织的全体员工宣传满足顾客要求及法律法规要求的重要性。

（5）通过宣传教育和培训，提高员工的质量意识、能动性和参与精神。

（6）制定质量方针，提出质量目标。

最高管理者应确立符合组织目的的质量方针和战略目标，为组织的质量管理指明方向。最高管理者还应对质量方针的展开负责，对质量目标的计划和实施负责。最高管理者不仅要以身作则、亲自参与，还应调动组织的全体员工积极参与。质量管理活动具体如下。

①建立组织结构，确定各级组织机构的职责和权限。

组织结构是组织为行使其职能，按某种方式建立的职责、权限及其相互关系，是对人员的职责、权限和相互关系的有序安排。组织结构的设置，应根据产品的特点、生产规模、工艺性质等方面的因素，并应考虑质量职能的实施和监督两个方面。建立强有力的质量管理和质量检验部门，以负责质量活动的计划、组织、协调、指导、监督和检查。

②确定资源要求，提供充分且适宜的资源。

资源是质量管理体系的基本组成部分，也是组织能生产出合格产品的必要条件。组织的质量保证能力主要反映在是否具有能满足产品质量要求的各种生产检验设备和一支经验丰富、训练有素的技术、管理和操作人员的队伍，质量管理体系是在固有的技术和管理相结合的基础上建立起来的，它的有效运行也需要两者的不断提高和改进。为了实施质量方针并达到质量目标，组织的管理者应保证必需的各类资源。

③识别产品实现过程。

最高管理者应识别产品的实现过程，也应识别那些影响产品实现过程效率或其他相关方需求的支持过程：确保对过程的最优化设计和策划；确保对过程输入、活动和输出做出明确的规定并予以控制；控制风险，把握机会。

④实施管理评审，实现持续改进。

最高管理者应规定组织业绩的测量方法，实施管理评审，实现质量管理工作的持续改进。

2）资源管理

资源是质量管理体系的组成和基础。为了实施质量方针并达到质量目标，管理者应确定资源要求并提供必需的、充分而且适宜的基本资源。资源管理是物流质量管理体系的主要内容。物流产品或服务的形成过程是利用资源实施增值转换的过程，离开资源就不能形成物流产品或服务。资源是物流产品或服务形成的必要条件，资源的优劣程度以及资源管理水平的高低，对物流产品或服务质量的形成有着十分密切的关系。为了实施质量方针并达到质量目标，组织的领导应保证必需的各类资源，并实施积极、高效的资源管理。

资源管理的主要内容有以下几个方面。

（1）人力资源。

人是管理的主体，组织要重视人员的教育和培训，搞好上岗资格认证工作，确保组织所有人员都能胜任其工作职责要求。组织还要运用各种激励措施，调动广大员工的积极性，不断提高人员的素质。

（2）资源供给。

组织应明确实施和实现物流质量管理体系的战略和目标所必需的资源，并及时地配备这些资源，以便实施和改进物流质量管理体系，提高顾客满意度。

（3）工作环境。

工作环境涉及人的因素和物理因素两个方面。这些因素直接或间接影响员工的能动性、满意度和业绩，同时，也对组织业绩的提高具有潜在的影响。组织应确定和管理达到产品符合性所需的工作环境中的人和物质因素。影响工作环境的因素主要包括：

①如何通过建立良好的工作环境，使所有的员工都能发挥出其潜在的创造性；

②建立科学的工作方法，使员工有更多的参与机会；

③安全规则和指南；

④人体工效学。

（4）基础设施。

基础设施是组织运行的根本条件。根据组织的产品，基础设施可包括工车间、硬件、软件、工具和设备、支持性服务、通信、运输和设施。组织应根据质量目标、业绩、可用性、成本、安全性、保密性和更新等方面的情况来确定和提供基础设施，并进行基础设施的维护和保养，以确保其能够持续地满足运行需求。

（5）自然资源。

组织应考虑影响其业绩的自然资源。组织通常不能直接控制这些资源，但它们却可能对组织的结果产生重要的正面或负面影响。组织应确保这些资源能得到，并制定防止或将负面影响减至最小的计划或应急计划。

（6）财务资源。

物流质量管理体系的有效性和效率可能对组织的财务结果产生影响，包括内部影响和外部影响。内部影响如物流产品或服务的形成过程、商品的故障或材料和交货期滞后；外部影响如由于物流产品或服务而导致的赔偿费用以及因失去顾客和市场所造成的损失等。

（7）信息。

信息是组织的基础资源。组织的知识积累、持续发展以及创新活动都离不开信息这一资源。信息对以事实为依据做出决策也是必不可少的。基于事实的决策方法是质量管理的基本原则。此外，组织应评审信息流管理的有效性和效率，并实施任何可能的改进措施。

（8）供应商和协作企业。

所有组织都通过与供应商和协作企业建立合作关系而获益。通过合作，双方能进行坦诚明确地交流，并促进创造价值过程。

9 电子商务供应链质量管理

9.1 电子商务概述

9.1.1 电子商务的概念

早在 20 世纪 90 年代，美国等发达国家就提出过电子商务的概念，后来，针对不同的角度，出现了不同的电子商务的定义，然而到目前为止，电子商务还没有一个权威的定义。下表是一些对电子商务代表性的定义。

电子商务定义综述

分类	来源	电子商务的定义
组织协会	经济合作和发展组织（OECD）	电子商务是指在开放网络上的商业交易，包括企业和企业、企业和消费者之间
	国际标准化组织（ISO）	电子商务是指企业和企业之间、企业和消费者之间交换需求与信息
政府部门	美国政府	电子商务是指在互联网环境下，买卖双方进行的交易、服务、广告、支付等商务活动
	欧洲议会	电子商务是指通过数字方式处理和传递数据进行的商务过程，包括文本、声音和图像
公司	惠普公司	电子商务是指买卖双方通过电子化进行的商务活动
	通用电气公司	电子商务是指买卖双方在网络上进行商业交换的活动

分类	来源	电子商务的定义
专家学者	美国的 Emmelhainz 博士	电子商务是指买卖双方通过电子化的方式进行的商业交易活动，包括企业与企业或企业与消费者
	吴丘林	电子商务是指利用信息技术进行的网络交易形态

综合各方面不同看法，可以将电子商务的概念作如下表述：电子商务通常是指在全球各地广泛的商业贸易活动中，在因特网开放的网络环境下，基于浏览器或服务器应用方式，买卖双方不谋面地进行各种商贸活动，实现消费者的网上购物、商户之间的网上交易和在线电子支付以及各种商务活动、交易活动、金融活动和相关的综合服务活动的一种新型的商业运营模式。一般可以将电子商务划分为广义的电子商务和狭义的电子商务。广义的电子商务是指使用各种电子工具从事商务活动；狭义的电子商务是指主要利用 Internet（网络）从事商务活动。其实，无论是广义的还是狭义的电子商务的概念，电子商务都涵盖了两个方面：一是离不开互联网这个平台，没有了网络，就称不上电子商务；二是通过互联网完成的一种商务活动。

9.1.2　电子商务的特征

与传统商务相比，电子商务具有普遍性、便利性、整体性、安全性、协调性等基本特征。

1. 普遍性

电子商务作为一种新型的交易方式，将生产企业、流通企业以及消费者和政府带入了一个网络经济、数字化的新天地。

2. 便利性

在电子商务环境中，人们不再受地域的限制，客户能以非常简捷的方式完成过去较为繁杂的商务活动，如通过网络银行能够全天候地存取账户资金、查询信息等，同时企业对客户的服务质量得以大大提高。

3. 整体性

电子商务能够规范事务处理的工作流程，将人工操作和电子信息处理集成为一个不可分割的整体，这样不仅能提高人力和物力的利用率，也可以提高系统运行的严密性。

4. 安全性

在电子商务中，安全性是一个至关重要的核心问题，它要求网络能提供一种端到端的安全解决方案，如加密机制、签名机制、安全管理、存取控制、防火墙、防毒保护等，这与传统的商务活动有很大的不同。

5. 协调性

商业活动本身是一种协调过程，它需要客户与公司内部、生产商、批发商、零售商间的协调。在电子商务环境中，它要求银行、配送中心、通信部门、技术服务等多个部门通力协作，电子商务的全过程往往是一气呵成的。

9.1.3 电子商务的功能

电子商务通过互联网可提供网上交易和管理等全过程的服务，具有广告宣传、咨询洽谈、网上订购、网上支付、服务传递、意见征询、交易管理、信息管理八大功能。

1. 广告宣传

电子商务可使企业借助本企业的网站、知名媒体网站或综合性门户网站发布广告信息，获取良好的网络广告效果。客户可借助访问相关网站或者利用搜索引擎等方式找到所需商品或服务信息。与以往的各类广告相比，网上的广告成本最为低廉，而给顾客的信息量却最为丰富。

2. 咨询洽谈

电子商务可借助非实时的电子邮件、新闻组（News Group）和实时的讨论组（Chat）等了解市场和商品信息、洽谈交易事务，如有进一步的需求，还可用网上的白板会议（Whiteboard Conference）来交流即时信息。在网上的咨询和洽谈能超越人们面对面洽谈的限制、提供多种方便的异地交谈形式。

3. 网上订购

电子商务可使企业在网站上实现在线订购。网上的订购通常都是在产品介绍的页面上提供十分友好的订购提示信息和订购交互格式框。客户如需要订购商品，则根据提示填写订单，当客户填订购单后单击确认时，通常系统会回复确认信息单来保证订购信息的收悉。电子商务的客户订购信息采用加密的方式使客户和商家的商业信息不会泄露。

4. 网上支付

网上支付是电子商务整个流程的重要环节。客户和商家之间可采用信用卡账号进行支付。网上支付必须要有电子金融的支持，即银行或信用卡公司及保险公司等金融单位为电子商务提供网上账户管理服务。网上支付需要相应的安全技术措施（如数字证书、数字签名、数据加密等技术手段）的应用来保证电子账户操作的安全性，防止欺骗、窃听、冒用等非法行为的发生。在网上直接采用电子支付手段可节省交易中很多人员的开销。

5. 服务传递

电子商务通过服务传递系统将客户所订购的商品尽快地传递到已订货并付款的客户手中。有形的商品可以存放在本地的仓库，也可以存放在异地的仓库，服务传递系统可以通过网络进行调配并通过第三方物流企业完成商品的传送。而信息产品，如软件、电子读物、信息服务等无形的商品则在网上直接传递，即直接从电子仓库中将货物发到用户端。

6. 意见征询

电子商务能使企业十分方便地采用公司网页上的"选择""填空"等格式文件及时收集用户对商品和销售服务的反馈意见，这样使企业的市场运营形成一个良性的封闭回路。客户的反馈意见不仅能够提高网上交易售后服务的水平，更能使企业获得改进产品并发现潜在市场的商业机会。

7. 交易管理

交易管理涉及企业完成交易活动全过程中的人、财、物等多个方面，包括企业和企业、企业和客户及企业内部等各方面的协调和管理。要促进电子商务的发展和应用，就需要一个良好的交易管理的网络环境及多种多样的应用服务系统。

8. 信息管理

电子商务可以使企业高效地进行信息管理，即管理网上需要发布的各种信息，包括企业内部网、企业外部网和互联网等。一方面要保证企业内部信息畅通，另一方面也要保证企业与供应商、经销商、合作伙伴之间的信息沟通。

9.1.4 电子商务的类型

按照商业活动的运行方式，电子商务可以分为完全电子商务和非完全电子商务；按照商务活动的内容，电子商务主要包括间接电子商务（有形货物的电子订货和付款，仍然需要利用传统渠道如邮政服务和商业快递车送货）和直接电子商务（无形货物和服务，如某些计算机软件、娱乐产品的联机订购、付款和交付，或者是全球规模的信息服务）；按照开展电子交易的范围，电子商务可以分为区域化电子商务、远程国内电子商务和全球电子商务；按照使用网络的类型，电子商务可以分为基于专门增值网络（EDI）的电子商务、基于互联网（Internet）的电子商务、基于企业内部网（Intranet）的电子商务；按照交易对象，电子商务可以分为 B2B、B2C、C2C、B2A、C2A、C2B、C2B2S、B2M、M2C、ABC 等。

1. B2B（Business to Business）

B2B 是指商家（泛指企业）对商家的电子商务，即企业与企业之间通过互联网进行产品、服务信息的交换。简单地说，是指进行电子商务交易的供需双方都是商家（或企业、公司），它们使用了 Internet 技术或者各种商务网络平台，完成商务交易的过程。这些过程包括发布供求信息，订货及确认订货，支付过程及票据的签发、传送和接收，确定配送方案并监控配送过程等。B2B 按服务对象可分为外贸 B2B 及内贸 B2B，按行业性质可分为综合 B2B 和垂直 B2B。B2B 的典型是阿里巴巴、中国制造网、敦煌网、慧聪网等。

2. B2C（Business to Customer）

B2C 模式是我国最早产生的电子商务模式，以 8848 网上商城正式运营为标志，消费者通过网络在网上购物、在网上支付。这种模式节省了客户同企业的时间和空间，大大提高了交易效率。如今的 B2C 电子商务网站非常多，比较典型的有京东商城、天猫商城、苏宁易购、国美在线等。

3. C2C（Customer to Customer）

C2C 同 B2B、B2C 一样，都是电子商务模式之一。不同的是，C2C 是消费者对消费者的模式，C2C 商务平台就是通过为买卖双方提供一个在线交易平台，使卖方可以主动提供商品上网拍卖，而买方可以自行选择商品进行竞价。C2C 的典型是百度 C2C、淘宝 C2C 等。

4. B2A（Business to Administration，即 B2G，Business to Government）

B2A 指的是企业与政府机构之间进行的电子商务活动，如政府采购、海关报税的平台税局和地税局报税的平台等。因为政府可以通过这种方式树立政府形象，通过示范作用促进电子商务的发展。除此之外，政府还可以通过这类电子商务实施对企业的行政事务管理，如政府用电子商务方式发放进出口许可证、开展统计工作，企业可以通过网上办理交税和退税等。

5. C2A（Consumer to Administration，即 C2G，Consumer to Government）

C2A 即消费者对行政机构的电子商务，指的是政府对个人的电子商务活动。这类电子商务活动目前还没有真正形成。然而，在个别发达国家，如澳大利亚，政府的税务机构已经通过指定私营税务或财务会计事务所用电子方式来为个人报税。这类活动虽然还没有达到真正的报税电子化，但是它已经具备了消费者对行政机构电子商务的雏形。随着电子商务的发展，政府将会对社会的个人实施更为全面的电子方式服务。

6. C2B（Customer to Business）

C2B 是电子商务模式的一种，即消费者对企业，最先由美国流行起来。C2B 模式的核心是通过聚合分散分布但数量庞大的用户形成一个强大的采购集团，以此来改变 B2C 模式中用户一对一出价的弱势地位，使之享受到以大批发商的价格买单件商品的利益。

7. C2B2S（Customer to Business‐Share）

C2B2S 模式是 C2B 模式的进一步延伸，该模式很好地解决了 C2B 模式中客户发布需求产品初期无法聚集庞大的客户群体而致使与邀约的商家交易失败。全国首家采用该模式的平台是晴天乐客。

8. B2M（Business to Manager）

B2M 是相对于 B2B、B2C、C2C 而言的一种全新的电子商务模式。B2M 与 B2B、B2C 及 C2C 的根本区别在于目标客户群的性质不同，B2B、B2C、C2C 的目标客户群都是作为一种消费者的身份出现，而 B2M 所针对的客户群是该企业或者该产品的销售者或者为其工作者，而不是最终消费者。B2M 本质上是一种代理模式，企业通过网络平台发布该企业的产品或者服务，职业经理人通过网络获取该企业的产品或者服务信息，并且为该企业提供产品销售或者提供企业服务，企业通过职业经理人的服务达到销售产品或者获得服务的目的，职业经理人通过为企业提供服务而获取佣金。

9. M2C（Manager to Consumer）

M2C 是 B2M 的延伸，也是 B2M 这个新型电子商务模式中不可缺少的一个后续发展环节。在 M2C 环节中，经理人将面对 Consumer，即最终消费者。M2C 类似于 C2C，但又不完全一样。C2C 是传统的盈利模式，赚取的基本就是商品进出价的差价。而 M2C 的盈利模式则丰富、灵活得多，既可以是差价，也可以是佣金。而且 M2C 的物流管理模式也可以比 C2C 更富多样，比如零库存；现金流方面也较传统的 C2C 更有优势。

10. ABC（Agents to Business to Consumer）

ABC 模式是新型电子商务模式的一种，被誉为继阿里巴巴 B2B 模式、京东商城 B2C 模式、淘宝 C2C 模式之后电子商务界的第四大模式，是由代理商（Agents）、商家（Business）和消费者（Consumer）共同搭建的集生产、经营、消费为一体的电子商务平台。三者之间也可以转化，大家相互服务，相互支持，你中有我，我中有你，真正形成一个利益共同体。

9.1.5 电子商务优势和劣势分析

1. 电子商务优势分析

电子商务是一种依托现代信息技术和网络技术，集金融电子化、管理信息化、商贸信息网络化为一体，旨在实现物流、资金流与信息流和谐统一的新型贸易方式。与传统商务相比，电子商务具有以下优势。

（1）市场全球化。电子商务交易不受时间与空间的限制，凡是能够上网的人，无论是在南非上网还是在北美上网，都将被包容在一个市场中，有可能成为上网企业的客户。

（2）交易虚拟化。电子商务是通过以互联网为代表的计算机互联网络进行的贸易，贸易双方从贸易磋商、签订合同到支付等，无须当面进行，均通过计算机互联网络完成，整个交易完全虚拟化。电子商务的发展打破了传统企业间明确的组织界限，出现了虚拟企业，形成了"你中有我，我中有你"的动态联盟，表现为企业有形边界的缩小，无形边界的扩张。

（3）交易低成本化。电子商务可以使买卖双方的交易成本大大降低。一是通过网络进行远距离信息传输要比信件、电话、传真的成本低很多。此外，缩短录入信息的时间及减少重复的数据录入也降低了信息成本。二是买卖双方可以通过网络直接进行商务活动，无须中介者参与，减少了交易的中间环节。三是卖方可通过互联网进行产品宣传、促销，避免了在传统方式下做广告、发印刷品等大量费用。四是电子商务实行"无纸贸易"，可减少90％的文件处理费用。五是通过互联网能够使买卖双方即时沟通供需信息，使无库存生产和无库存销售成为可能，从而使库存成本降为零。六是企业利用内部网实现"无纸办公"（OA），提高了内部信息传递的效率，节省时间，并降低管理成本。七是传统的贸易平台是地面店铺，电子商务贸易平台则是网吧或办公室，大大降低了店面的租金。

（4）交易高效率化。电子商务能在世界各地瞬间完成传递与计算机自动处理，而且无须人员干预。克服了传统贸易方式费用高、易出错、处理速度慢等缺点，极大地缩短了交易时间，使整个交易非常快捷与方便。

（5）交易连续化。国际互联网的网页可以实现24小时服务。任何人都可以在任何时候向网上企业查询信息、寻找问题的答案。企业的网址成为永久性的地址，为全球用户提供不间断的信息源。

（6）交易透明化。电子商务中的双方洽谈、签约，以及货款支付、交货通知等整个交易过程都在电子屏幕上显示，因此显得比较透明。而且通畅、快捷的信息传输可以保证各种信息之间互相核对，可以防止伪造信息的流通。例如，通过应用 EDI 系统加强了发证单位和验证单位之间的通信和核对，使虚假信息在通过该系统时很容易就被发现。

2. 电子商务劣势分析

电子商务虽然取得了一定的发展，但是由于网络自身的局限性、搜索功能不完善、网络交易的安全隐患、网上支付问题、电子商务法律问题及电子商务管理的不规范，制约了电子商务的快速发展。

（1）网络自身的局限性。通过电子商务交易的许多商品都存在着买回来的实物和描述商品不符的现象。其原因是商家将商品输入计算机时，是把一件立体的实物缩小许多变成平面的图片，商品本身的一些基本信息会丢失，输入计算机的只是人为选择的商品的部分信息，人们无法从网上得到商品的全部信息，尤其是无法得到对商品的最鲜明的直观印象。但商家却认为商品信息已被输入，从而形成了误解。由此可见，从某种意义上说，并不是商家有意欺骗消费者，网络自身的局限性会自然地误导消费者，可能使消费者不再轻易相信自己的眼睛，对电子商务的可靠性产生怀疑。

（2）搜索功能不够完善。当网上购物时，用户面临的一个很大的问题就是如何在众多的网站中找到自己想要的商品，并以最低的价格买到。搜索引擎看起来很简单：用户输入一个查询关键词，搜索引擎就按照关键词到数据库去查找，并返回最合适的 Web 网页链接。但根据 NEC（日本电气股份公司的简称）研究所与美国搜索引擎公司 Inktomi 最近研究结果表明，目前在互联网上至少 10 亿个网页需要建立索引，但是现有搜索引擎能提供的索引只占到一半。这主要不是由于技术原因，而是由于在线商家不愿意公开其销售价格，希望保护商品价格的隐私权。因此当用户在网上购物时，不得不逐个查询商家或者网页，直到找到满意价格的商品。

（3）网络交易存在安全隐患。电子商务的安全问题仍然是影响电子商务发展的主要因素。目前电子商务主要面临的几个安全隐患问题是网络通信是否安全可靠，信息系统是否有效防护连接在互联网上，个人信息及资料是否能得到保密而不被盗取或盗用。尽管现在有数字签名、密码验证、数字时间戳等技术，但尚不能完全解决安全问题，安全已成为电子商务发展中最大的障碍。

（4）网上支付问题。对于通过电子商务手段完成交易的双方来说，需要银行等金融机构的介入来提供支持和服务，如通过银行的信用卡等方式完成支付。但是，由于各家银行的信用卡标准不一样，不能通用，所以真正能在网上支付的很少。支付问题在很大程度上阻碍了我国电子商务发展的进程。

（5）电子商务法律问题。网上交易作为一种交易手段也要受到法律的约束，涉及关税、信息安全、知识产权等诸多法律问题。而目前我国电子商务方面的立法很少，相应的标准也不健全，这就导致网上交易不规范，影响了电子商务的发展。

（6）电子商务的管理还不够规范。电子商务给世界带来了全新的商务规则和方式，必须在管理上做到规范，这就涉及商务管理、技术管理、服务管理等多方面。而要同时在这些方面达到一个比较令人满意的规范程度，不是一时半会就能够做到的。此外，电子商务平台的前后端相一致也是非常重要的。前台的网页平台是直接面向消费者的，是电子商务的门面。而后台的内部经营管理体系则是完成电子商务的必备条件，它关系到前台所承接的业务最终能不能得到很好的实现，这也最终决定了电子商务公司的经营效益。

9.2 电子商务质量管理

9.2.1 电子商务与质量管理整合研究

1. 电子商务和质量管理整合的必要性

（1）质量管理是电子商务发展的基础保障。质量管理的目的就是通过组织和流程，确保产品或服务达到内外顾客期望的目标，确保产品开发、制造和服务过程合理、正确。中国质量万里行和中国消费者协会年度投诉分析显示，电子商务投诉比例在不断地增加，如网络购物的产品质量较差，缺少售后服务，购买容易、退货难，极端的电子商务欺诈，承诺不兑现等。覆盖面也随着电子商务的发展越来越大。因此，在电子商务中实施质量管理刻不容缓。质量管理的实施就是在电子商务企业中建立一种保障体系，消除电子商务企业中的浪费，提高顾客的产品和服务价值，满足内外顾客的需求，树立忠诚度和美誉度，从而实现电子商务企业的经营目标。

（2）电子商务是质量管理创新的重要内容。电子商务是商务与信息技术的结合，商务的发展为各种技术的应用提供了广阔的舞台，技术的发展又有力地促进了电子商务的产生和发展。电子商务模式与技术的推广是企业质量管理新的内容，是新时代的创新发展。质量管理注重人的因素，电子商务时代的互动学习、网上员工服务、自我服务、员工与顾客满意度测评、公司整体运营质量控制、网络营销效率控制、个性化服务等都是质量管理理念或技术的重要内容。

2. 电子商务和质量管理整合的目标

（1）提供高质量的商务网站。一个高质量的网站有利于树立企业形象，提高企业的知名度。企业网站应该从客户的角度出发，认真考虑客户想了解什么信息，多提供对用户有价值的信息，如产品的特点、优势、附加服务以及企业的发展方向等。在首页设置一些企业的新闻区、用户之声、行业动态之类的栏目以保持网站有规律的变化和更新。网站必须要实现与客户的交流。简单的办法是在网上提供自己的电子邮箱或客户反馈表，或通过论坛、聊天室、会员等级等手段与客户交流。提供各种专门的订货系统、调查系统、拍卖系统、招标系统等应用系统与客户实现各种交互。

（2）提供高质量的业务技术。在建设网站时根据可靠、经济、可扩展的原则来选择软件、硬件、网络宽带、可靠性、预期负荷等技术，实现设计需求。

（3）提供高质量的辅助服务。辅助服务包括电子支付、参与者的身份认证、物流、售后服务和纠纷处理等。在保证产品质量的前提下，为客户提供简单、快捷、友好的辅助服务，这样就可以抓住客户的心，赢得客户的信任，从而为企业带来一批忠实的客户。

（4）提供高质量的运营方式。高质量的运营方式能使电子商务有良好的安全保障。由于网络的开放性带来的安全隐患，以及电子商务企业的虚拟性和电子商务物流与资金流分离的特性，电子商务的安全问题一直是顾客最关注的问题。其次，高质量的运营方式是指网页内容能够尽快展示给顾客。据调查，页面内容显示时间过长是顾客抱怨最多的问题之一。除非特别想看的网页，否则顾客只愿意等待 10～15 秒。也就是说，如果一个页面需要超过 15 秒的时间才能完全显示，顾客就会失去耐心，转移到另一个网站上，企业也就失去了一个潜在的消费者。对于网页设计者来说，在文字之外增加图片、Flash、视频等可以使网页更漂亮，更具有吸引力，但是这也意味着顾客需要更多的时间下载网页内容。因此，需要在网页吸引力和顾客耐心之间寻找到一种合适的平衡。

3. 电子商务和质量管理整合的内容

（1）电子商务产品与产品质量管理的整合。电子商务中交易的产品包括实物产品和信息产品。由于交易过程的虚拟化，消费者事前无法看到商品的实样，不能当面交易。在电子商务中，买方仅通过网站中部分产品介绍或图片来决定是否购买，比传统市场中直观的接触产品要承担更大的风险，货不对版的现象也更容易发生。信息产品的质量只有在使用之后才能了解，而多数信息商品只会被购买一次。一方面，卖方难以让消费者相信他们的产品质量，消费者也不会购买。另一方面，生产者的多样性可能导致产品质量的不确定性，更有可能出现类似的问题。因此，电子商务中产品质量管理势在必行。

（2）电子商务服务与服务质量管理的整合。电子商务的服务质量与传统的服务质量存在一定的相似性，但存在新的差距，即信息差距、设计差距、沟通差距和实现差距。信息差距主要反映了顾客对电子商务服务的需求与管理者对这种需求的准确感知存在一定的差距。设计差距反映了网站的设计和功能无法完全体现顾客与企业的互动过程。沟通差距非常明显，顾客与企业没有面对面交流，沟通缺乏声音、肢体等方面的信息与效果。实现差距出现在顾客层面上，反映了顾客期望与顾客经历之间的总差距。从企业层面看，实现差距是信息差距、设计差距和沟通差距的联合效应。电子商务服务应利用服务质量管理的方法与技术减小或消除以上差距的产生，做到电子商务服务与服务质量管理的整合。

（3）电子商务系统与过程质量管理的整合。过程是指将输入转化为输出的一组彼此相关的资源和活动。过程质量是指过程满足明确和隐含需要的能力的特性之总和。电子商务系统的建造包括了电子商务系统的规划阶段、系统的设计阶段、系统开发集成阶段、系统实施阶段、系统运行及维护阶段。电子商务系统可以被看作是一个过程，其每个阶段都可以被看作是子过程。只有把过程质量贯穿于每一个阶段，才能保证电子商务系统的顺利开发、运行，从而有利于企业的内部整合，确保电子商务企业的顺利运营。

9.2.2 全面质量管理在电子商务中的实施

1. 全面质量管理（TQM）与电子商务的整合

全面质量管理的关键要素有：以顾客为核心，科学的方法，长期的承诺，团队的合作，持续的改进，教育和培训，统一的目标以及全员参与授权等。全面质量管理的主要原则是：对内部和外部顾客的需求一视同仁；任何时候都必须满足顾客的需求；通过质量改进减少浪费和降低总成本；预防为主；质量改进必须按计划进行；每一项工作都必须创造价值；全员参与；对满足需求和实现质量目标的工作进行测评；必须形成持续改进的企业文化以及鼓励创新。这表示，TQM的思想是通过对产品、服务、人员、过程和环境的持续改进来增强企业的竞争力。

2. TQM在电子商务中的实施

电子商务企业实施 TQM 的目的是实现企业质量目标，进而提升自己的竞争力。因此，电子商务中的 TQM 就必须覆盖网站内容、技术应用、辅助服务和运营质量等问题，并要包括 TQM 的所有关键要素和遵循 TQM 的所有实施原则。根据 PDCA 循环，电子商务企业的 TQM 可以分为以下阶段。

计划（Plan）阶段：企业管理层根据顾客的需求，对网站内容设计、技术选择、所提供的辅助服务和运营质量作出计划，制订出全过程的质量解决方案。

执行（Do）阶段：执行在"计划"阶段制订的质量解决方案。

检查（Check）阶段：根据顾客的反馈信息，检查在"执行"阶段是否严格执行了"计划"阶段的质量方案。

处理（Act）阶段：分析顾客的满意度，将相关信息反馈到"计划"阶段，对质量目标和质量计划作出进一步调整。这样经过不断的循环，取得质量的持续改进。

3. 在电子商务中实施 TQM 需要解决的难点

由于电子商务自身的特点，在电子商务中实施 TQM 需要着重解决以下难点。

（1）电子商务面对的是一种动态的顾客群，比传统企业的顾客群具有更大的不可预测性。企业需要从数量庞大的网站访问者中找到真正的潜在顾客，然后针对他们的需求确定企业的质量目标。这是一项非常艰巨的任务，即 TQM 在"计划"阶段就面临着很大的挑战。

（2）对质量目标的执行情况进行测评，是 TQM 过程中的一个非常重要的阶段。对于电子商务企业的四个质量目标，除了技术因素的质量评价比较容易实现，其余三个目标的测评都比较困难。例如，要了解分布极为广泛的网站访问者对网页内容的满意度，尽管可以通过在线调查的方式了解部分访问者的反馈信息，但是很可能有更多的访问者在网页尚未显示完整时就已经离去，这部分显然是不满意占多数的访问者的意见就无法获得，难以进行全面质量测评工作，对实现质量持续改进的目标增加了困难。

（3）电子商务中的大量信息来源导致决策难度增加。传统企业经常会由于缺乏足够的信息辅助决策，而电子商务虽然能够比传统商务更加容易收集来自顾客、供应商等的反馈信息，但是要从这些大量的信息中找出真正有用的信息，从而协助管理层进行正确决策，是有相当难度的。技术的发展提供了一些从大量数据中寻找规律的工具，如联机分析处理（OLAP）、数据仓库（Data Waerhouse）、数据挖掘（DataMin－ing）等，但目前距离这些技术的大规模成熟应用还有一段距离。决策难度的增加自然会对决策的及时性和准确性产生影响，在一定程度上影响

PDCA 循环的执行。

9.2.3　建立电子商务质量管理标准体系

据预测，到 2020 年，我国电子商务规模将达到美国、英国、日本等电商市场规模总和，达 40 万亿元。随着我国电子商务的飞速发展，我国亟须建立电子商务质量管理标准体系，并争取电子商务国际标准话语权。

目前，我国电子商务在发展过程中存在的问题主要包括以下几个。

①诚信发展问题。部分网络贸易假劣商品达 40％以上，"双十一"刷单额占贸易额的 30％，存在侵犯知识产权和消费者权益行为。②监管不到位问题。实体工业、商业质量管理标准体系难以适应电子商务贸易。电子商务质量管理标准缺失，存在假冒伪劣商品，违法行为查处存在源头追溯困难，取证手段不足，消费者权益维权难等问题。③跨境网络贸易问题。跨境电商方面，存在国家间政策、法规、标准差异等问题。④世界各国纷纷抢占电子商务国际标准话语权。2015 年，法国提案成立"网络声誉"国际标委会并成功担任秘书国，我国缺少电子商务国际标准制定话语权。

为解决上述问题，必须规范电子商务发展，建立电子商务标准体系，奠定电子商务发展的重要基础，不断提高电子商务监管水平。

①颁布强制性国家标准。制定颁布《电子商务商户实名制规范》国家性标准，通过个人身份证、组织机构代码对电子商务平台商户的真实性进行验证，从而实现线上线下的一一对应，强化监管。②制定商品网络贸易技术标准。加快研制《电子商务交易商品可追溯通用规范》、网上抽查、网上取证等推荐性标准，进一步规范我国电子商务产品交易，促进电子商务健康发展。③争取电子商务国际标准主导地位和话语权。2016 年 4 月，中美两国商定联合提案成立国际标准化组织（ISO）"电子商务交易保障"技术委员会，秘书处由中国电子商务质量管理标准化技术委员会承担。经过三次中美会谈基本达成共识，2017 年中美专家组建立交流、互访、视频会议的沟通机制，2018 年协调其他相关国家达成共识，并提交联合提案，争取 2019 年中美联合提案通过世界标准化组织 156 个成员国和 15 个技术局成员国二轮投票，并获 ISO 中央秘书处批准。为全球电子商务建立互联互通标准体系，保障电子商务稳步健康发展。希望得到国家相关部门大力支持。④研究制定跨境电子商务标准。建议科技部重点支持"电子商务信息共享及交易保障共性技术标准研制"和"互联网＋电子商务领域国际标准研制"两个科技项目。

9.3 电子商务供应链管理

9.3.1 电子商务供应链管理的发展及内涵

1. 电子商务供应链管理的概念及结构模型

电子商务的发展使传统供应链管理模式受到了很大的冲击，形成了崭新的更高效率的供应链管理模式；同时，供应链管理方法也逐步得到电子商务企业的认识，越来越多的企业开始研究如何更好地利用供应链管理系统进行合理的电子商务管理，通过吸收供应链管理的基础理论思想，逐步形成具有供应链管理能力的电子商务企业。

相比于传统供应链，电子商务供应链打破了最终用户与制造商之间的"隔阂"。企业与企业之间已经不是单纯的链式结构关系，而是形成了复杂的"供应需求网络"。电子商务"供应需求网络"中包括中心制造厂商，以及以它为中枢的产业链上游供应商、产业链下游经销商、物流运输及服务商和往来银行。电子商务供应链管理系统可以顺畅企业内部和外部的供应链过程，向管理层提供准确的生产、存储、运输等方面的信息。如果一个企业实施了一个网络化的、集成的供应链管理系统，就能使供应与需求相匹配，降低库存水平，改善运送服务，加快产品上市时间，使资产利用更加有效。电子商务借助信息技术从整个供应链的角度对所有节点企业的资料进行集成和协调，强调战略伙伴合作、信息资料集成、市场快速响应以及为用户创造价值等。

基于以上分析，对电子商务供应链管理的界定为：电子商务供应链管理是随着互联网商业供应环境的出现而逐步形成的一种新型的管理模式，通过对供应链中各类产品的合理组织和管理，优化整个电子商务管理过程中的各项指标，提高供应链管理的净利润水平，提高企业电子商务运营的效率，对物流、信息流和资金流三大项目进行有效整合，增强电子商务管理过程中各项问题之间的管理控制关系，从而提高商业管理的效率。

电子商务供应链管理应以市场需求为导向、以客户需求为中心，使合作伙伴组成一个完整的、极具竞争力的战略联盟。电子商务供应链管理结构模型如图9-1所示。电子商务供应链管理的优势在于通过网络技术可以方便迅速地收集和处理大量信息，使供应商、制造商、销售商及时得到准确的数据，制订切实可行的需求、生产和供货计划，利于供应链的组织和协调运作。采用电子商务，企业可以及时处理信息，跟踪客户订单执行，进行有效的采购管理、存货控制以及物流配送等系统服务，促进供应链向动态的、柔性的、虚拟的、全球网络化的方向发展，提高供应链的持续竞争优势。

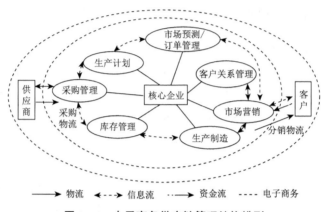

图 9-1　电子商务供应链管理结构模型

2. 电子商务对供应链管理的创新作用

网络的迅速发展使电子商务逐渐进入普通百姓和企业的视野之中，尤其对企业而言，电子商务的应用能够为供应链管理带来更广阔的发展空间。对电子商务的重视和推广能够为企业管理带来新的生机与活力，通过加强信息技术的使用能够丰富供应链管理的内涵，提升工作效率，增强创新力度。电子商务能够给供应链管理创新带来变化，一方面，促进电子商务与供应链的整合，要求企业内部以及供应链上各成员通过信息技术加强资源共享，从而实现更综合更全面的管理，不仅能够更好地协调各方面的关系，还能最大化地提高工作效率；另一方面，加强先进网络技术与先进管理模式的整合，能站在供应链联盟的角度帮助企业优化经营管理的流程，有助于创造更大的价值，提升企业的增值能力。

（1）提升供应链管理效率。电子商务的优势在于其通过互联网技术实时掌握市场动态，将顾客的需求转化为数字信息供企业参考。在电子商务环境下，企业将供应链的管理中心转向对数字信息的管理，通过对数据的管理达到供应链上各个环节的优化配置。通过电子商务的手段对供应链进行高效集成化的管理，可以最大限度地协调企业与顾客之间的供求关系，从而使企业与顾客达到利益双赢。如企业可以通过第三方交易平台的顾客需求信息，进行产品的采购与生产，最后配送到顾客手中，达到企业零库存、产品生产直线化。企业供应链采用电子商务管理模式，可以有效地提高交易效率，降低产品交易成本，提高货物周转速率，降低库存成本，加快市场突发事件反应速度，做到时时为顾客服务，提高顾客满意度，提升供应链管理效率。

（2）精简供应链管理的中间环节。电子商务是通过互联网技术实现顾客与企业"不见面"的交易模式。在这样的交易模式下，企业可以通过第三方服务平台最大限度地满足顾客的个性化需求，提高顾客满意度水平。在电子商务环境下，企业供应链管理实现了点对点的管理形式，企业可以根据顾客的需求完成产品的原材料采购、产品加工及成品配送的全过程，在产品到达顾客手中的整个过程中不存在任何的分销商，精简了供应链管理过程。电子商务环境下的供应链信息得到了同步，消除了中间商存在产生的信息滞后现象。

（3）增强供应链管理的稳固程度。与传统供应链信息的单向逐级传递相比，电子商务环境下的供应链信息属于双向直接传递集合起来的一个协调整体，电子商务环境下的供应链正趋向于"集成化"。

（4）深化供应链企业间的信任程度。由于企业的本质是盈利，所以在传统的供应链管理中很难实现信息的公开与资源的共享，从而导致供应链企业间的不良竞争及资源的大量浪费，很难实现供应链的高效管理。而在电子商务环境下，供应链借助电子商务有效地实现了信息资源共享，通过第三方服务平台将顾客与供应链上的生产、销售等企业有机地结合在一起，建立良好的供应链企业间的信任机制，从而实现在达到顾客满意度的前提下的供应链管理成本最低的双赢目的。

（5）加强供应链信息化管理。电子商务环境下的供应链管理实际上就是对供应链的信息化管理。供应链的稳定主要取决于供应链信息的通畅、真实，如果在供应链管理方面缺乏一套有效的信息管理手段，将会对供应链的稳定造成巨大影响。拥有良好的供应链信息管理可以实现信息资源的共享，提高产品的流动效率，降低供应链管理成本，提高顾客满意度，减少供应链失调的不良现象。所以，加强供应链信息化管理是十分必要的。

（6）转化供应链管理模式。传统的供应链管理模式主要是指实现企业的"一站式服务"，即在了解到顾客的需求后，企业需要完成产品原材料采购到产成品配送到顾客手中的整个服务过程。而电子商务环境下的供应链管理则是根据顾客的需求各司其职，原材料采购、产品生产及产品的配送由专门的企业进行经营管理。只有这样的"横向一体化"管理，才能提高企业的核心竞争力，实现供应链企业联盟，提高供应链的总体竞争力。所以，在电子商务环境下，"横向一体化"的供应链管理模式是其发展的方向。

阅读材料

如今的电子商务市场并非知识电商企业舞台，传统企业也在转型，越来越多的零售、制造企业以各种方式进入电商领域，像服装、家电、食品、化妆品等行业的制造企业都希望搭上电子商务的"顺风车"。有的企业推出了自有网购平台，例如中粮集团推出的"中粮我买网"、贝因美旗下的"妈妈购"电商平台、茅台集团的茅台网上商城等；还有的是借助现有的品牌电商平台进行渠道开拓，例如，李宁、七匹狼等企业在天猫、京东等平台上推出自己的旗舰店。与制造企业相比，传统零售企业在电商之路上走得更远一些。例如，苏宁、国美这些在传统零售市场呼风唤雨的企业，如今也在大踏步地进入电商这块新战场，由线下向线上延伸，推出各自的购物平台。以苏宁为例，2009年启动变革，并推出苏宁易购电商平台，2013年年初苏宁再进一步，将"苏宁电器"更名为"苏宁云商"，向电子商务企业全面转型并拓展到全品类经营，开放电商平台，试图在更宽广的领域抢占更大的市场。与传统经营模式相比，电子商务不仅拓宽了企业的销售渠道，而且使企业更加及时、准确地了解销售情况和供求信息，有针对性地调整生产和销售计划，大大降低库存成本。但对于传统企业而言，如原油的大规模生产、批量营销模式难以适应电子商务订单小、速度快的特点。企业需要重新组织生产、营销和物流模式，对业务流程进行改造，在原油的大规模生产、销售的基础上，提升对接电子商务小批量、个性化需求的能力。可以说，电子商务正在深刻改变和重塑着企业的经营模式、物流模式和整体的供应链架构。线上线下进一步融合也将成为必然。无论是苏宁、国美还是天猫、京东，都在探索当中，可以肯定的是，实体经济与网络经济的融合将成为电子商务未来发展的重要方向。全渠道的时代即将到来，处在供应链上下游的企业将面临又一次重大调整。

3. 电子商务供应链管理的核心思想

协同运作、全面电子化、业务外包是实施电子商务供应链管理的核心思想，它们既是目标也是原则。

（1）协同运作。在电子商务供应链管理中，企业的定位从企业本身的局限思维向供应商、制造商、顾客三位一体转变。商业原则同时也变成协调、竞争、合作。协同的市场关系可以让联盟企业采用联合推广的方式推出产品，甚至可以分摊市场营销费用。协同商务的推行会引起企业文化和内部管理深层次的转变，也会引起与供应商、制造商、分销商和服务提供商合作关系的改变，带来企业经营管理模式的创新。

（2）全面电子化。电子化企业是实施供应链管理的个体，电子化企业的竞争优势表现为真正意义上的电子商务。电子化企业应具备 EIP、ERP 和 ESM 等基本的电子化系统。实现电子化后，企业可通过收集大量信息来指导生产，真正实现用户需求拉动产品和供应链的运作，对整条供应链进行有效整合，在降低成本的同时提高服务水平，形成有效的竞争优势。

（3）业务外包。电子商务环境下供应链管理的另一个重要方面，就是利用业务外包，把不属于核心能力的功能弱化，把资源集中在企业的核心竞争力上，以便获取最大的投资回报。业务外包可以使企业充分利用联盟企业的资源，获得更大的竞争优势。

9.3.2　电子商务供应链管理模式

电子商务在供应链管理中的运用愈加普遍，为供应链管理模式的创新带来了可能。现今网络购物成为流行趋势，各大制造商纷纷开设网络直销渠道，双渠道供应链模式已成为各大制造商主要采取的渠道战略，但随之而来的渠道冲突相继发生，甚至影响了供应链效率。为了保持竞争优势，如何高效地管理双渠道供应链并提高供应链效率，是目前企业制定供应链管理策略时主要考虑的问题之一。

1. 双渠道供应链

双渠道供应链是指供应链系统在分销商品时采取两种分销渠道，电子商务环境下的双渠道，指制造商网络直销渠道与传统零售渠道。在这一供应链系统中，制造商是供应链系统的核心企业，其他经济主体在制造商影响下制定相关决策。在该分销系统中，因为制造商与零售商各自的核心业务不同、所具有的优势不同以及侧重点不同，故两个渠道上提供的服务质量以及价格不同。渠道的差异性将锁定不同的客户群体，但同时存在客户群体交叉的现象。因此双渠道供应链一方面扩大了产品市场覆盖面，另一方面也会引起不同渠道间的冲突。

2. 双渠道供应链消费者行为

双渠道供应链消费者行为将直接影响供应链的需求，从而影响整个供应链的效益，以及制造商、零售商的效益。随着信息技术的发展以及消费观念的改变，消费者在进行决策时考虑的不只是价格，还有服务质量、零售商的信誉等。而同样的商品经由不同渠道分销时，因不同渠道消费者对于服务质量、价格的要求不同，会对商品产生不同的评价，即产品的效用不同，消费者通常会在比较后选择效用高的渠道购买。而不同的商品，消费者对于价格和服务质量评价的权重也不同，例如，对于贵重商品，消费者相比较价格更注重服务质量；对于价格较低的商品，消费者则更注重价格。供应链提供的商品价格以及服务质量将直接影响消费者的购买行为，因此制造商与零售商应根据不同的商品特性制定不同的服务策略与价格策略。

（1）双渠道供应链消费者的形成及属性。

网络技术的发展对消费者的购物观念以及行为产生了巨大影响。根据对实际情况和有关研究的分析，双渠道供应链消费者主要有以下几个特征：①客户可通过双渠道享受定制化服务。网络渠道和传统分销渠道分别针对不同客户群体，传统的市场细分方法存在许多局限性，目标不够明晰，而且由于成本因素和技术上的困难无法对市场进行准确细分。但是由于信息技术的运用，自动对客户进行锁定，客户可通过自己的需求选择不同的渠道购买商品，同时信息技术也使客户可以以较低的价格享受定制服务。②双渠道营销模式是以客户为中心的模式。虽然市场营销已进入以客户为中心的阶段，但仍然是以企业的角度对客户的需求进行预测，具有片面性和盲目性。随着网络技术的发展，企业与客户互动沟通增强，客户作为供应链中心的作用日益凸显。以戴尔公司为例，客户根据戴尔公司官网主页上的内容选择所需要的配置，由公司为客户组装特别定制的计算机。网络流行的团购不再由公司做主，由客户提出需求并寻求能够进行生产的厂商。通过信息数据的传递，企业能够快速获得准确的信息资源，进行科学、客观的市场定位。网络技术甚至使产品定价权改变，如易贝等为消费者提供拍卖平台以供消费者自行定价。③双渠道供应链消费者可以以低成本获得产品信息。消费者通过商品主页介绍获得产品基本信息，大多数企业主页都留有以往购买客户的相关评价，是消费者决策的主要参考因素之一；此外在诸如人人、豆瓣之类的大型网络社区上，消费者分享并讨论商品购买体验也是消费者主要信息来源之一，消费者还可通过信息技术与卖家直接就产品进行沟通，进一步了解产品质量和服务情况。④商品的购买不受时间、空间的限制，消费者可在任何时间，运用个人计算机或手机进行网络购物，并认为这种购买方式的安全性是得到保障的。

（2）影响消费者渠道选择的因素。

消费方式体现了一种价值判断，是消费者在内心驱使和外部条件引导下实现的。一些学者认为消费者的渠道选择行为受到消费者自身、零售商等多个因素的影响。结合双渠道供应链框架分析中各渠道的不同特性，可知主要影响消费者渠道选择的因素有以下几点：①消费者因素。消费者对于产品服务质量的敏感度以及价格的敏感度将影响其对于产品的评价，从而影响消费需求。消费者因素包括年龄、性别、学历、收入、消费观念、购买动机等方面。高收入的消费者注重购物的便利性，商品以及服务质量，对价格敏感度较低，通常更愿意通过经销商获得商品直接体验后再决定是否购买。购物动机反映了购买行为的总体倾向并用于解释消费者对特定零售商或零售形式的偏好。有些客户注重选择商品过程中所获得的购物体验，会花大量的时间充分收集信息仔细考虑后再作出决定，对于这类消费者而言，购买过程本身就是获得过程，有些客户则更看重商品是否满足需求，以较少的时间尽快完成购买任务通常更愿意选择效率高的渠道。不同渠道因其特性不同对应于不同类型的客户。②制造商与零售商因素。制造商与零售商分别提供不同的价格与服务，消费者根据所提供的服务质量与价格，并赋予其不同的权重，综合判断后决定是否购买商品以及选择哪个渠道购买。此外，企业的规模、声誉以及其他客户的具体评价也是消费者进行决策的条件。③渠道特征因素。对于不同的产品，消费者有不同的渠道偏好度，消费者接受网络直销渠道的程度不同，因此应将综合考虑渠道接受度、价格与服务水平。例如，消费者通过网络购物时通常会考虑支付安全等因素，而在当地零售商处购物时不会考虑。因为网络渠道的特性，消费者行为会受特定渠道的感知有用性和感知易用性的影响。此外网络渠道上的营销往往很有针对性，如利用微博进行营销可锁定某一特有客户群体，在传统零售渠道中，面对面的服务方式可以实现即时反馈，同时传递语言符号和非语言符号，此种方式信息最为丰富。互联网可通过书信、语音及视频传递信息，速度与传统分销渠道近似，但信息的丰富度与表现力稍差。

3. 双渠道供应链的冲突与管理

（1）双渠道供应链冲突产生的原因。

电子商务的发展使供应链的结构和管理模式都发生了改变。消费者不仅可以通过网络渠道购买商品，也可在实体店购买商品，供应链在结构上呈现出双渠道的特征。网络渠道和零售渠道面对同一个消费者群体，必然会发生竞争。双渠道供应链产生冲突的主要原因包括：①客户资源的分配。网络渠道以其特有的便捷和价格优势吸引了一批消费者，虽然有新的消费者产生，但也有原来属于零售渠道的客户资源，客户资源的流失导致零售商对直销渠道的强烈抵触，冲突在所难免。②搭便车现象。搭便车包括服务搭便车和信息搭便车，具体指消费者通过网上商城充分收集商品的信息后在零售商处购买商品，或是在零售商处享受提供的服务后通过网络渠道购买商品，这都会对双方造成损失。甚至零售商不愿意再提供高质量的服务，对产品的长远影响极为不利。③现实理解偏差。制造商和零售商对渠道的理解不同，例如制造商将网络渠道视作零售商渠道的补充，零售商将其视为竞争对象。

（2）双渠道供应链的管理。

双渠道供应链协调模式。由于供应链中不同经济主体追求自身利益，分散决策以及信息不对称等因素导致各成员的决策与供应链总体利益相冲突，产生了所谓的双重边际化现象，导致供应链效率降低。因此应在供应链纵向进行协调，消除双重边际化效应，使供应链成员的个体利益和系统整体利益一致，以优化供应链整体绩效。当供应链存在多渠道时，因面向同消费群体导致的渠道竞争同样也会降低供应链的效率，因此也要在供应链的横向方面进行协调，即进行渠道间的协调。其中一种方式就是渠道间的合作，包括信息共享和服务合作等纵向协调。通过信息技术、网络通信等手段实现供应链上的信息传递和共享，以供应链整体利益最大化为目标进行统一决策，制定相关的服务策略和价格策略，从而消除双重边际化效应，提高供应链效率。集中控制即利用统一决策得到的价格和服务策略进行供应链的协调分散控制则是供应链中各经济主体追求自身利益自主制定价格和服务策略的情况。

横向合作。各渠道依据其各自具有的优势进行合作。双渠道各有其特点：一是网络直销渠道带来的灵活性，网络渠道直接面向消费者，可以针对性地、快速地调整策略，制造商可与零售商直接进行一对一的沟通，提供定制服务；网络渠道覆盖面广，无须依托实体店，只需通过网络就可传播商品信息；传播的信息量大，消费者可自主进行同类产品的比较或是通过网络社区收集信息。二是零售渠道可以提供更高质量的服务，消费者可以直接体验，且商品得到的信息也更为丰富；零售渠道的销售人员与服务人员更为专业，而不少消费者更加信赖某些大型零售商；零售商的网店遍布全国，在网络没有普及的小城市，零售渠道是销售的主力。因此考虑双渠道间的合作时可将双方的优势结合起来，充分发挥各自的核心能力，从整体上优化供应链。双渠道间的合作可表现为将网络渠道的灵活性和传统渠道的服务及信誉方面的优势结合起来，如由零售商来提供整个供应链上的服务，制造商与其共同承担成本，或是由零售商接收订单，由制造商集中发货等。

阅读材料

戴尔一直以直销模式闻名，曾一度成为世界上最大的计算机制造商。因为戴尔直接面对消费者，迅速而准确地提供消费者所需要的商品的同时，保持较小的库存，并没有考虑零售商带来的额外库存。但在进入我国市场后，戴尔坚持的直销模式并没有带来预想中的利润。首先我国消费者的观念仍是到实体商店中购买计算机等一些较贵重的产品，网络覆盖率并不高，此外在二、三线城市中，戴尔的普及率并不高。戴尔采用直销模式虽然省去了经过经销商带来的巨大成本，但也失去了经销商带来的销售优势，因此在其他方面必须投入更多的资源。面对中国这样一个庞大的市场，戴尔必须投入更多的资源加大营销力度，建立一个健全的销售网络体系，而这将产生巨大的培训、管理成本。尽管戴尔承诺在全球提供相同品质的服务，但戴尔现有的销售、服务资源并不能实现这一承诺，特别是在一些二、三线城市戴尔的售后服务饱受诟病，甚至被媒体批为"店大欺客"，这对戴尔的产品品牌产生了严重的负面影响。戴尔后来进行战略调整，采取分销渠道和直销渠道并存的方式，即保有其原有的直销渠道，同时开拓分销渠道，具体包括IT卖场和经销商。戴尔的IT卖场有苏宁、国美和宏图三胞等，经销商包括神州数码和翰林汇等，同时在全国大量开设零售店，形成了典型的多渠道体系。戴尔将物流、零部件管理、呼叫中心、售后维修等业务外包给一些专业公司。随着戴尔市场的日益扩大，以及消费者对售后服务质量的越加看重，戴尔不得不花费巨大的成本以维持高质量的服务水平，而经销商拥有遍布全国各地的网点，以及优秀并具有经验的销售及售后服务人员，戴尔通过与当地的经销商进行合作，并对其进行培训和认证，使当地经销商也可以提供符合戴尔标准的服务，因此戴尔将售后服务一同外包给经销商。此外，由于消费者更容易对国美、苏宁等一些大型经销商提供的服务产生认同感，从而形成经销商和戴尔双赢的局面。

9.3.3　电子商务精益供应链管理模式

精益供应链源于精益生产方式，是指对供应链的各个流程进行优化，取消不必要的环节及资源的浪费，实现最大限度地降低成本的同时又能最大限度地满足客户需求的一系列对供应链计划、实施和控制的过程。精益理念在供应链中的应用即为精益供应链管理，其目标是消除包含库存在内的一切浪费，利用最少的资源创造最多的价值。它要求企业不能仅凭自身立场考虑，而是要以客户的实际需求为着手点，从客户的立场创造企业价值，并对价值链中的生产设计和产品制造、客户订单、物流配送等环节进行详细分析，及时发现无法提供增值的环节，减少浪费，循序渐进，不断追求完美，提升价值。

1. 电子商务精益供应链管理模式的特性分析

精益供应链管理模式为企业提供了一个新的思维方式，它要求企业削减整个流程的成本及浪费，尽可能找到供应过程中任何无价值或无法增值的活动项目，同时要优化供应链的各个流程，增加生产柔性，可以为客户带来更多的价值。因此，基于电子商务的精益供应链管理模式应该具备以下特性。

（1）网络化。随着电子商务的发展及应用，企业与客户之间、企业与供应商之间的信息交流逐渐从传统的电话交流转为互联网交流，供应链网络管理模式也进一步优化，精益供应链管理模型从垂直单向的线性模型转化为交叉的网络化模型。各种精益生产网络技术不但可以应用于产品生产车间中，还能进一步扩展到上下游企业及合作商，为参与企业及个人创造价值。

（2）可视化。企业借助网络技术与电子商务技术，不断增强供应链管理的透明度，真正做到信息共享。在尽可能降低成本的基础上，充分实现供应链各个流程的协同性，使客户的需求得到及时、快速的满足，同时对供应链管理的各个流程进行全程监控，使关联企业产生快速联动的动力，进而提升市场竞争力。

（3）智能化。企业利用智能化信息技术对供应链进行智能化管理，以提升产品质量和服务质量。如利用电子射频技术对原材料、零部件的数量、日期、批次进行识别，对半成品及成品的库存数量、生产日期进行追踪，以强化对产品数量与质量的控制，一旦发现问题则可以得到及时处理，以确保产品质量。

（4）柔性化。企业通过对供应链的整体结构、人员调配、运作模式及市场营销等方面进行精益管理，借助各种信息技术及时掌握生产及库存情况，使产品制造环节能够快速适应客户需求并作出相应改变，同时消除铺张浪费，通过查看库存情况及生产进度及时采购原材料，以提升流水线及库存的平衡性。

（5）信息化。精益供应链管理的灵敏化是以企业核心业务为主，通过最快的响应方式获取有价值的资源，实现供应链上企业资源的优化重组和自动聚合，在数据整合及共享时，将会产生数以万计的数据。这些数据需要利用新型网络应用模式（云计算）中大量的计算资源、信息资源和存储资源进行处理，加快各参与企业对供应链的反应速度，同时做到不限区域、不限时间地进行信息共享、网络交易等业务活动。

2. 电子商务精益供应链管理模式模型

精益供应链管理的主要目标是简化流程、消除整个供应链的任何不必要消费。因此，电子商务精益供应链管理模型应该包括企业、供应商、客户之间的各个业务流程，其模型如图9-2所示。

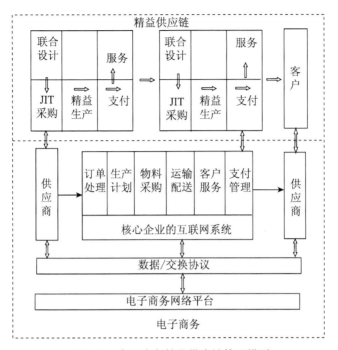

图9-2 电子商务精益供应链管理模型

（1）订单处理。精益生产是一种按需生产方式，即先接收客户订单再进行生产，它要求供应链流程中各个参与方都必须紧密配合，逐一对客户订单按物料需求进行采购，并按计划生产。在该过程中要对订单所需成品的数量及制造成品所需的原材料数量、成本等情况进行详细分析计算，再结合企业现有的库存合理安排采购，再进入生产。同时将整个供应链的流程公布在电商系统上，使所有的产品都能与订单相对应，以降低订单出错率，提升运营效率。

（2）生产计划。精益生产是一个柔性化、同步化的生产过程，在电商时代，要求企业与供应商共同建立需求分析系统，及时追踪客户的需求变化，获取市场的最新资讯。在该过程中，主体企业要和供应商共同制订生产计划，为供应商及时提供精确的生产进度表与采购需求，这在很大程度上满足了精益物流系统的要求，达到库存量少且不影响订单需求的目的。

（3）物料采购。精益供应链管理的物料采购是一种动态的采购模式，在电商时代，核心企业和供应商之间可以及时共享数据，企业可以借助互联网通过采购招标等方法获取更多的采购选择，使采购方式及进度更为简化、合理化。另外，企业可以通过互联网提供的相关信息获取物料报价，实现货比三家后再采购，这样不仅降低了采购成本，也提升了采购效率。

（4）运输配送。在电商时代，当核心企业接收到客户的订单变化后，可以通过互联网快速联系供应商，并通知订单变化的详细信息，要求供应商及时进行调整。在这一过程中，企业可以随时对货物运输及配送情况进行追踪和监控，使运输配送的整个流程透明化，同时也能做到对补货、加工等环节进度的快速确定，进而实现小批量、高效率的运输配送，并将物料和成品的库存量降到最低，仓储产品的安全性也能获得保障。

（5）客户服务。精益供应链管理要求企业活动必须以客户为核心，在电商时代，核心企业可以及时接收客户的订单需求、问题咨询、意见和建议等信息，并及时向客户提供技术支持，汇报服务进程，进而提升客户的满意度。

（6）支付管理。在电商时代，企业可以借助互联网进行电子支付，实现与供应商及客户之间的瞬时支付业务，这样不仅大大降低了人工支付的出错率，减少结算成本，同时也促进货款及时回收，有效提升了资金的使用率。合理利用信息技术，结合精益生产，使核心企业与供应商、核心企业与客户之间组成一个网络结构，充分体现精益供应链的管理特性，实现生产计划。

3. 电子商务精益供应链管理要点

（1）消除浪费，减少成本。

精益生产的基本原则就是"消除所有浪费"，因此要求核心企业尽力找出供应链各个流程中所有多余的、无法产生价值的环节，进而消除延误、等待、数据垃圾等资源的浪费。浪费与成本是紧密相关的，过多的浪费必然会增加成本，这与精益生产的原则是背道而驰的。消除浪费则可以降低成本，因此企业都乐于实施。

（2）建立快速准确的需求响应系统。

精益生产要求按需生产，并按照客户的实际订单情况确定生产计划，为了实现满足订单需求的同时又能使库存量最小化，企业可以通过信息共享让所有供应商都能及时准确地接收到订单需求，并快速给予回应。为实现这一目标，要求需求响应系统能够做到根据订单的需求信息产生交货及补货需求，自动提醒工作人员留意订单变化。通过系统信息的自动反馈，能够确保信息的真实性，同时也提升了工作人员的响应效率，有效解决了传统供应链流程中因为信息失真而造成多生产或少生产的问题。

（3）采用行业标准生产模式。

标准化的方法和原理对大规模定制式生产的意义非凡，有助于企业降低产品差异的复杂性，不但能满足客户订单的多元化需求，也能实现大规模生产。采用行业标准生产模式，能够在上下游之间建立"标准语言"，进而减少企业与供应商及客户之间的沟通成本，做到按需求生产并进行物流配送。

（4）产品标准化，简化品种。

实行产品标准化是企业精益供应链管理的基础，它能够简化产品品种，缩短产品设计及安排生产计划的时间，进而提升产品的生产效率；另外，产品标准化还能够促进产品与服务在整个供应链管理模式中进行无间隙的流动，便于上下游之间进行产品信息共享。

（5）供应链流程标准化。

流程标准化有利于企业对员工开展培训工作，降低产品不合格率。实现供应链流程标准化的基本条件是确定什么是最佳流程，然后将此流程标准化、书面化，以降低供应链管理过程的复杂性，进而提升流程的价值流。

（6）建立精益管理部门。

精益供应链管理的实施对象包括整个供应链上下游的各个企业，因此要求所关联企业要在核心企业内部建立精益管理部门，部门组员应来自供应链核心环节部门，如采购、财务技术、客服等。精益管理部门各组员之间要进行沟通交流，共同分析整个供应链流程是否合理，是否有再优化的空间，并提出相应的解决方案。

（7）增强员工的精益管理意识。

精益供应链管理的实施需要全体员工的配合与执行，由于实施精益供应链管理模式优化了业务流程，个别岗位需要精减人员，导致部分员工的利益受到影响，使其不愿意参与新模式的变革。因此，要求企业制定明确的企业发展规划，向全体员工普及精益供应链管理的相关知识，以提升精益管理意识，确保精益供应链管理得以有效实施。

9.4 电子商务环境下供应链质量控制

9.4.1 电子商务环境下供应链质量控制的特征

1. 质量信息集成的系统性

电子商务环境下的供应链质量控制是对质量信息的提取、处理、分析、共享并实现信息的系统集成的过程，具有系统性特征，是供应链中与产品质量形成相关的信息、功能和过程的集成，与整个供应链环境协同运行的过程。

2. 质量信息处理的实时性

电子商务环境下的质量信息处理具有实时性，需要超越时空的限制，对客户做到快速反应。客户可通过网络直接参与企业的质量控制和决策工作。为此，需要应用质量功能展开（QFD）等相关工具进行实时处理，及时反映到相应过程中，调整质量体系文件；质量审核员、质量专家也可以实时在线审核和评价。

3. 质量信息处理的海量化

电子商务环境下的供应链中，质量信息分布在动态的、跨越空间的合作伙伴中，通过分布式数据库系统及计算机网络可以实现质量信息共享和远程交互访问的能力。因此，可以利用分布式网络数据库系统，存储大时间跨度和大空间跨度的海量质量信息数据，并进行海量处理。

4. 质量控制环节的周期性

电子商务供应链质量控制既是对其产品的质量控制，又是对供应链生命周期的质量控制；既包含了产品质量的各个活动，也包括了供应链从孕育、组建、运行各阶段的过程活动，通过过程集成实现对产品质量及供应链运行质量的控制，通过周而复始的集成过程实现持续的质量改进。

5. 质量控制范围的广泛性

电子商务环境下，分布于全球的客户质量需求可以通过 Internet 传到供应链核心实体，而核心实体与各联盟实体可通过 Extranet 或 Internet 实现质量信息的远程交互访问，各实体内部的质量信息进入 Intranet 网络，以 Internet/Intranet/Extranet 网络为基础，实现全球化的广泛性质量控制。

6. 质量控制过程的整体性

电子商务环境下，供应链质量控制过程是协同化、整体性的活动，是合理的分布性与集中统一性的有机结合，其质量控制系统模型必须建立在分布式结构的基础上。采用分布式网络数据库等先进的信息管理技术，精心策划和设计质量信息模型和数据结构是实现其质量控制过程整体性的根本保证。

9.4.2　电子商务环境下供应链质量控制方法

1. 集成质量控制方法

（1）面向供应链网络的信息集成质量控制。从供应链网络结构看，其节点主要包括各功能实体，它们之间有许多的质量信息交流。供应链质量信息处理不能由单个功能实体单独实现或闭环处理，而是开放的、面向供应链网络的信息集成质量控制过程，其信息交互过程借助电子商务 EDI 技术、电子邮件、电子合同、文件传输技术、视频等技术完成。

（2）面向供应链流程的过程集成质量控制。供应链质量控制的过程集成是对各实体的核心业务进行集成，包括横向集成与纵向集成。横向集成是一种环状的过程型集成，起始于营销过程质量控制，经过设计过程、制造过程、辅助过程、供应过程、售后服务过程的质量控制，又回到营销质量控制这一全过程的集成。其中，工作质量控制贯穿于供应链的全过程。横向集成后，由供应链中各相应实体分别进行管理、实施和执行。纵向集成是一种层次型集成，在决策层、管理层、实施层和执行层之间，形成的与质量有关的自上而下和自下而上的信息流和工作流集成。纵向集成与横向集成分别从供应链的管理体系和产品质量形成过程这两个不同的角度组织集成质量系统。纵向集成与横向集成相互交错，在纵向和横向两个维度上要同时保证集成的实现，从而实现质量信息在供应链各层次间顺畅传达，质量活动在产品形成过程中有序进行，质量目标和计划在供应链范围内有效贯彻。

（3）面向供应链生命周期的系统集成质量控制。除了在上述纵向和横向维度上集成之外，还必须从时间维度上，即从供应链生命周期的角度集成控制。供应链是以特定产品为核心组建的一个联盟体，尤其是对于动态供应链，具有明显的周期性，由孕育期、构建期、运行期三个阶段构成，新产品的出现，伴随着供应链的构建，产品的消亡则意味着供应链的解体。各阶段均有其质量控制的任务和特征，应联系横向和纵向过程，面向供应链生命周期，结合各阶段的过程任务，进行集成质量控制。

2. 分布式质量控制方法

在电子商务供应链中，针对其信息处理实时化和海量化特点，可借助模块化思想，建立供应链质量控制信息系统，在系统内部，主要通过构建网络分布式数据库实现；在系统外部，一方面通过信息交换协议与接口规范实现与 CAD、PDM、CAPP、ERP 与 CRM 等系统之间的信息集成，另一方面通过质量信息采集系统与各成员企业和用户建立紧密联系。分布式网络控制系统的功能模块可设置为质量综合管理、质量管理体系评审、质量信息采集、产品实现和质量改进等模块。其中，质量综合管理模块主要为供应链成员实体的质量控制制定目标和任务；质量管理体系评审模块实现产品设计、制造和使用过程的综合质量评估以及内部质量管理体系的运行状况（如 ISO 9001 等）的评估；质量信息采集模块用于质量数据采集和分析；产品实现质量控制模块对产品生命周期的全过程实施监控；质量改进模块与各模块综合集成，实现各阶段过程的持续改进。

3. 虚拟质量控制方法

（1）核心实体建立虚拟质量控制中心。虚拟供应链是未来发展的趋势，即由其中一个或多个核心实体为盟主，联合外部合作成员实体共同组建的动态网络组织体系将成为企业发展的主流模式。在虚拟供应链中，其关键功能节点是核心实体，需要建立网上虚拟质量控制中心，以实现对整个供应链质量信息的无缝连接。整个供应链的运行质量、各成员实体的质量目标的制订，质量任务的分解、实施、检查与改进，各成员实体之间的质量信息的交互，贯彻全面质量管理思想和执行 ISO 9000 族系列标准的情况均由该虚拟质量控制中心管理和控制。如果某个成员实体暂时不能满足用户和市场需求，虚拟质量控制中心可以利用整个供应链的资源来帮助解决问题。

（2）成员实体实施基于任务驱动的质量控制程序。虚拟供应链中，各成员实体根据各自的质量任务执行能力和相关要求签订目标任务合同，并将目标任务分解为若干个子任务，形成工作任务分解结构。这些子任务根据各自的流程和计划安排，形成一种多任务串联或并联的混合网络结构，并由集成产品开发团队 IPT（Integrated Product Development Team）完成，IPT 的人员既可来自虚拟供应链中的一个成员实体，也可由多个成员实体的相关人员组成。各成员实体实施以 IPT 为最小组织单元的任务驱动质量控制程序，即通过控制各 IPT 质量任务的完成来实现成员实体的质量控制。

（3）各实体之间建立基于客户关系管理（CRM）的信誉与协调机制。在传统的商务环境下，企业更强调的是产品质量；在电子商务环境下，要更加强调服务质量，供应链中的各实体企业要加强以客户关系管理（CRM）为核心的服务质量管理。通过向功能实体的销售、市场和服务的专业人员提供全面、个性化的客户资料，并强化跟踪服务、信息分析的能力，他们能够协同建立和维护与客户和生意伙伴之间的一对一关系，以提供更快捷和周到的优质服务，提高客户满意度。现在无论是有形产品还是无形产品，服务已成为最终产品重要组成部分。在整个供应链中，必须创建一种"顾客完全满意，创造整体卓越"的供应链质量文化。电子商务时代，虚拟供应链的成功组建和运营，成员实体之间的信誉是基础。在虚拟供应链中，各成员实体必须以诚信为核心，拒绝不道德行为，建立与合作伙伴的信誉机制，提高虚拟供应链中各成员实体之间的信誉度。

参考文献

［1］陈新平.基于结构平衡模型的供应链质量管理研究［J］.商业时代，2012（1）：38－39.

［2］李海刚.电子商务物流与供应链管理［M］.北京：北京大学出版社，2014.

［3］陈佳贵，冯虹总.现代质量管理［M］.北京：经济管理出版社，2005.

［4］苏秦.现代质量管理学［M］.北京：清华大学出版社，2005.

［5］伍爱.质量管理学［M］.广州：暨南大学出版社，2006.

［6］孙克武.电子商务物流与供应链管理［M］.北京：中国铁道出版社，2017.

［7］方磊.物流与供应链管理［M］.北京：清华大学出版社，2016.

［8］吴颖茂，李林.基于六西格玛的供应链质量管理方法研究［J］.中国集体经济，2013（34）：54－55.

［9］张东翔，成斌.基于供应链管理的大数据应用分析［J］.物流技术，2015，34（16）：193－195.

［10］刘强，苏秦.供应链质量控制与协调研究评析［J］.软科学，2010，24（12）：123－127.

［11］汪邦军.供应链质量风险管理及其应用［J］.航空标准化与质量，2005（3）：12－16.

［12］刘彧.基于非合作博弈理论的供应商选择问题研究［D］.北京：北京交通大学，2010.

［13］蒋家东，赵晗萍，冯允成.供应链质量风险特征研究［J］.航空标准化与质量，2008（1）：29－34.

［14］郭延景，孙世民.乳制品供应链质量控制研究进展［J］.物流科技，2017，40（4）：133－136.

［15］张翠华，邢鹏，王语霖.考虑质量偏好的两阶段服务供应链质量控制策略［J］.运筹与管理，2017，26（4）：37－46.

［16］段春艳，黄志明，武小军，等.供应链质量控制模型构建的参数设置比较［J］.同济大学学报（自然科学版），2014，42（8）：1292－1297.

[17] 秦娟娟. 基于博弈论的供应链协调机制研究 [D]. 天津：天津大学，2007.

[18] 罗延发. 供应链管理协调机制研究 [D]. 武汉：武汉理工大学，2003.

[19] 谭娟娟. 基于权力结构分析的供应链质量协调与控制机制研究 [D]. 杭州：浙江工商大学，2013.

[20] 翟羽佳，李帮义，李菁. 基于博弈分析的供应链质量协调机制设计 [J]. 价值工程，2010，29 (31)：23 - 24.

[21] 申强，侯云先，杨为民. 双边道德风险下供应链质量协调契约研究 [J]. 中国管理科学，2014，22 (3)：90 - 95.

[22] 杜向阳. 企业供应链失调及对策探析 [J]. 沿海企业与科技，2006 (4)：45 - 46.

[23] 谢磊. 基于委托—代理理论的供应链契约协调研究 [D]. 镇江：江苏大学，2009.

[24] 张长虹，卢敏. 供应链绩效的衡量指标及管理方法 [J]. 冶金财会，2005 (3)：4 - 6.

[25] 樊雪梅. 供应链绩效评价理论、方法及应用研究 [D]. 长春：吉林大学，2013.

[26] 李海娇. 基于 BSC - SCOR 模型的供应链绩效评价研究 [D]. 镇江：江苏大学，2009.

[27] 查敦林. 供应链绩效评价系统研究 [D]. 南京：南京航空航天大学，2003.

[28] 杨黎波. 基于博弈分析的供应链绩效评价指标体系研究 [D]. 重庆：重庆大学，2008.

[29] 张根保，张淑慧，陈国华，等. 供应链质量绩效动态评价平衡记分卡模型 [J]. 计算机应用研究，2011，28 (6)：2180 - 2183.

[30] 尹懿. 供应链节点企业间质量管理协调的机理与策略研究 [D]. 南昌：江西财经大学，2015.

[31] 冯良清，彭本红. 电子商务环境下供应链质量控制特征与方法 [J]. 现代管理科学，2008 (6)：65 - 66.

[32] 石道元. 基于电子商务的企业供应链管理研究 [D]. 重庆：重庆大学，2006.

[33] 肖炜华. 电子商务和质量管理整合研究 [J]. 中国商贸，2010 (12)：78 - 79.